LES DERNIERS MOIS

DE MU[RAT]

— LE GUET-APENS DU P[IZZO]

PAR

LE MARQUIS DE SASSENAY

DEUXIÈME ÉDITION

PARIS

CALMANN LÉVY, ÉDITEUR

RUE AUBER, 3, ET BOULEVARD DES ITALIENS, 15

A LA LIBRAIRIE NOUVELLE

—

1896

LES

DERNIERS MOIS DE MURAT

LES DERNIERS MOIS

DE MURAT

— LE GUET-APENS DU PIZZO —

PAR

LE MARQUIS DE SASSENAY

DEUXIEME ÉDITION

PARIS

CALMANN LÉVY, ÉDITEUR

ANCIENNE MAISON MICHEL LÉVY FRÈRES

3, RUE AUBER, 3

1896

LES DERNIERS MOIS

DE MURAT

— LE GUET-APENS DU PIZZO —

AVANT-PROPOS

LES SOURCES HISTORIQUES[1]

Mémoires anciennement publiés. — Mémoires et documents parus récemment. — Recherches des mobiles qui ont fait agir Murat. — La question du guet-apens. — Les lettres du baron de Koller.

Jusqu'à une époque assez récente, on ne possédait, sur les derniers mois de la vie de Murat et sur sa folle tentative de restauration, d'autres renseignements certains que ceux contenus dans les Mémoires de cinq de ses contemporains, dont deux, le général Franceschetti et le commissaire Galvani, avaient

---

1. Voir à la fin du volume la liste des sources imprimées et manuscrites.

été ses compagnons inséparables depuis son arrivée en Corse jusqu'à son exécution. Des trois autres, l'un, l'Anglais Macirone, qui lui avait servi d'agent auprès de Fouché, de Wellington et de Metternich, s'était trouvé en situation de recevoir ses confidences, et les deux autres, le général Colletta et le général Pepe passaient, le premier surtout, pour avoir puisé leurs informations aux sources les plus sûres.

Ce n'est que depuis peu d'années que d'autres documents, longtemps enfouis dans les archives publiques et privées, ont enfin vu le jour. En Italie MM. Romano et Gasparri ont publié plusieurs Mémoires dont les auteurs furent témoins de l'arrestation et de la mort du compétiteur malheureux de Ferdinand IV. En Sicile, M. Travalli a fait connaître les rapports officiels du général Nunziante. En Autriche, M. le baron de Helfert a composé, après de patientes recherches dans les archives impériales de Vienne, une histoire des dernières années du règne de Joachim qui complète son beau travail sur Marie-Caroline de Naples. Enfin, en Styrie, le savant directeur des archives de Gratz, M. le docteur Von Zahn, a découvert, dans des papiers de famille des comtes de Saurau, quatre lettres qui éclairent d'un jour nouveau la mystérieuse et sanglante tragédie dont le dénouement a eu le Pizzo pour théâtre.

Si nous sommes exactement renseignés sur les actes extérieurs de Murat pendant la période qui nous occupe, nous le sommes très imparfaitement sur les mobiles qui l'ont fait agir. Il serait pourtant intéressant de connaître les causes du changement que nous pouvons constater entre les projets du roi déchu, avant son départ de France, et ceux que nous le voyons nourrir après son arrivée en Corse. Le même homme qui, pendant son séjour en Provence, ne songeait qu'à obtenir un asile des souverains alliés, se reprend, pour ainsi dire, au lendemain de son installation à Vescovato, à l'idée de reconquérir le royaume qu'il venait de perdre et qu'occupait pourtant toujours l'armée victorieuse qui l'en avait chassé.

Franceschetti, qui a été, sans nul doute, l'homme de confiance du roi pendant son séjour en Corse, et qui ne lui a pas ménagé les conseils de prudence, est muet sur les motifs qui l'entraînèrent dans sa folle expédition. Son récit est celui d'un soldat discipliné qui suit aveuglément les ordres qu'il reçoit. Galvani, qui tient à faire croire qu'il a été le confident de Joachim, nous raconte que l'ex-roi, à peine monté à bord du bateau-poste qui le recueillit entre Toulon et Bastia au moment où il allait périr, l'entretint de ses projets de restauration. Cela paraît d'autant moins vraisemblable qu'il n'est pas certain du tout que cet écrivain ait parlé au royal proscrit avant leur débarquement à Bastia. Macirone, qui ne rejoignit Murat que quelques heures avant son départ d'Ajaccio, ne nous donne pas d'autres motifs que ceux consignés dans la lettre destinée à la publicité et dont il sera question plus loin. Il est fort possible que Joachim lui ait fait des confidences, mais il n'était pas dans l'intérêt de cet Anglais de les dévoiler, son but, en écrivant ses Mémoires, étant de démontrer à ses compatriotes qu'il n'avait uniquement cherché qu'à obtenir des souverains alliés un asile sûr pour le prince malheureux auquel il s'était attaché, et qu'il n'avait été mêlé en rien aux préparatifs de l'expédition.

Seul l'historien Colletta cherche à expliquer la folle résolution prise par Murat. Elle doit être attribuée, d'après lui, à l'enivrement dans lequel l'aurait plongé l'accueil enthousiaste des Corses. Cette explication ne repose sur aucun fondement sérieux ; mais ce n'est pas sans motifs qu'elle a été donnée par cet historien. Il ne faut pas oublier que Colletta a été accusé par ses contemporains, comme l'ont été d'ailleurs d'autres généraux muratistes, d'avoir prêté la main à une trame odieuse ourdie par la police napolitaine contre son ancien maître. Pepe nous dit qu'il composa son mémoire sur la fin malheureuse du roi Joachim pour se disculper des accusations qui pesaient sur lui. On le croirait volontiers, à voir avec quelle âpreté il s'efforce de démontrer qu'il n'y a point eu de guet-apens, et que c'est sans y avoir été poussé par personne que le beau-frère de Napoléon s'est jeté dans la folle entreprise qui lui a coûté la vie.

Malgré les affirmations contraires de Colletta,

il y a pourtant eu une machination fort
habilement ourdie, vraisemblablement à l'insu
de leur maître, par les ministres de Ferdinand IV. Elle nous est dévoilée dans tous ses
détails par les lettres dont nous devons la
découverte à M. le docteur Von Zahn.

Leur auteur n'est ni un ami de Murat, ni
un adversaire des Bourbons de Naples. C'est,
au contraire, un partisan déclaré et convaincu
de la Sainte-Alliance. Issu d'une famille de
l'aristocratie autrichienne, le feld-maréchal
lieutenant baron Franz de Koller avait gagné
ses grades dans les guerres de son pays contre
la France. Sa conduite, pendant la campagne
de 1814, lui avait valu la faveur des souverains alliés. Après la paix il avait rempli deux
missions importantes. Il avait été l'un des
commissaires des puissances chargés de conduire Napoléon à l'île d'Elbe et, au retour, il
avait accompagné l'empereur de Russie et le
roi de Prusse dans leur voyage en Angleterre.
En 1815, il se trouvait à Naples et remplissait
les fonctions, en partie politiques, en partie
militaires, d'intendant général de l'armée
d'occupation. C'était un homme d'une grande

droiture. Un trait qui l'honore et qui se trouve rapporté dans les dépêches du prince Jablo- nowski à Metternich suffira pour donner une idée de son caractère.

L'entretien de l'armée autrichienne était à la charge du gouvernement napolitain. Pour les premières fournitures, le chevalier de Medici, ministre des finances, passa un marché pour la somme de six cent mille ducats. Le baron de Koller, trouvant le prix exagéré, entra en pourparlers avec l'entrepreneur et l'amena à se contenter de trois cent quarante mille ducats. Même à ce prix l'affaire devait être encore belle, puisque ce même entrepreneur apporta à Koller, comme une prime qui lui était légitimement due, un pot-de-vin de dix pour cent, soit trente-quatre mille ducats. L'intendant général accepta la somme et la versa immédiatement au Trésor napolitain.

Politiquement, le baron de Koller était placé sous les ordres d'un commissaire impérial chargé des rapports de l'armée d'occupation avec le gouvernement de Ferdinand IV. C'était le comte Franz de Saurau, ancien ministre et pour lors gouverneur de la Lombardie.

C'est à lui que sont adressées les lettres dont nous nous occupons. Par ces fonctions, le baron de Koller était tenu d'être exactement renseigné sur tout ce qui se passait dans le royaume de Naples et, pour cela, d'avoir une police. Par elle il apprit le coup monté contre Murat par les ministres de Ferdinand IV et il s'empressa de transmettre au comte de Saurau, à mesure qu'elles lui parvenaient, les informations qui lui étaient fournies par ses agents. Ses lettres sont de véritables rapports adressés par un subordonné à son chef. Le style en est bref, précis, d'allure toute militaire. Le comte de Saurau sait à quelle source sûre sont puisés les renseignements fournis. Koller les lui transmet sans commentaires.

Il est à remarquer qu'influencés par Colletta, nos principaux historiens : Thiers, Henri Martin, Vaulabelle, n'ont vu, dans la dernière expédition de Murat, que l'acte d'un fou. M. le baron de Helfert, le dernier historien de Joachim, qui n'a rien trouvé sur les agissements des ministres napolitains, dans la correspondance officielle de l'ambassadeur d'Autriche à Naples, en 1815, repousse l'idée d'une machination. Les lettres du baron de Koller, qui n'ont paru que postérieurement à son ouvrage, viennent infirmer ses conclusions et donner raison aux soupçons conçus par les contemporains dont on trouve l'écho dans bien des écrits de l'époque.

Si, après une lecture attentive de ces lettres, on étudie le rapport du ministre de la police napolitaine des 16/17 octobre 1815 et ceux du général Nunziante des 9 et 10 du même mois, on est frappé de trouver dans ces documents officiels la confirmation de plusieurs faits racontés par l'intendant général de l'armée autrichienne.

C'est à l'aide des lettres du baron de Koller et des autres publications énumérées au commencement de ce chapitre, qu'après de nouvelles recherches dans nos grandes archives et dans celles des affaires étrangères, de Londres, de Vienne et de Naples, j'ai essayé de refaire l'histoire des derniers mois de la vie du vaillant soldat qui porta, pendant six années, cette brillante couronne que le frère de saint Louis avait arrachée aux derniers des Hohenstaufen.

1.

I

LA CHUTE DU TRONE ET LA ROUTE DE L'EXIL[1]

La campagne de 1815 et le triomphe des Autrichiens. — Murat vaincu rentre à Naples. — Convention de Casalanza. — Départ de Naples. — Vaine tentative pour entrer dans Gaëte. — Retour à Ischia. — Murat est accueilli à bord du « chebec » qui emmenait le général Manhès. — La traversée d'Ischia en France. — Arrivée à Cannes. — Exode de la reine Caroline.

La dernière campagne de Murat, en 1815, ne fut, à l'exception de quelques engagements

1. Le général Colletta, *Sur la catastrophe de l'ex-roi de Naples, Joachim Murat*, pages 1 à 5. — Le général Colletta, *Storia del Reame di Napoli*, 2e volume, pages 172 à 179. — Le baron de Helfert, *Joachim Murat*, pages 70 à 75. — *Notice historique sur le lieutenant général Manhès*, pages 30 à 52. — Le général Pepe, *Mémoires*, vol. I, pages 302 à 312.

heureux au début, qu'une suite ininterrompue
de revers. Après avoir refoulé jusqu'au Pô les
petits corps autrichiens cantonnés en Toscane,
dans les Romagnes et dans l'Émilie, l'ancien
lieutenant de Napoléon se vit obligé de reculer
à son tour devant des forces supérieures. Le
3 mai, à Tolentino, acculé à la frontière de
son royaume, il voulut faire tête à ses ennemis. Malgré son incomparable vaillance, malgré le courage déployé, ce jour-là, par ses
troupes, il succomba sous le nombre et dut se
mettre de nouveau en retraite. A partir de
cette défaite, ses soldats démoralisés ne tinrent
plus sérieusement nulle part et se débandèrent
en masse. Lorsque le malheureux roi arriva,
toujours combattant, sous les murs de Capoue,
à peine lui restait-il une douzaine de mille
hommes. Sur ses derrières, les Anglais, qui
avaient jeté le masque, se préparaient à transporter une armée sicilienne en Calabre et
avaient arraché à la reine, en menaçant de
bombarder Naples, une capitulation qui leur
avait livré la flotte.

Comprenant que la partie était irrévocablement perdue, Joachim remit le commandement

des troupes au général Carascosa et prit la route de sa capitale, après avoir chargé son ministre des relations extérieures, le duc de Gallo, d'entamer des pourparlers avec le vainqueur. Il rentra à Naples, le 18 mai, sur les cinq heures du soir. S'il faut en croire le général Pepe, la population l'accueillit avec autant d'enthousiasme que s'il fût revenu en triomphateur.

Il n'en fut pas de même dans son propre palais : la reine Caroline, qui avait tout fait pour l'empêcher de déclarer la guerre à l'Autriche, le reçut assez mal. L'infortuné monarque lui adressa ces douloureuses paroles : « Madame, ne vous étonnez pas de me voir vivant, j'ai fait tout ce que j'ai pu pour mourir. » Il disait vrai. Pendant cette triste retraite, il avait fait des prodiges de courage et avait cherché cent fois la mort dans les rangs ennemis.

A la nouvelle du retour de Joachim, la plupart de ses courtisans accoururent au palais. Il les reçut avec calme et dignité. Jamais, nous dit Colletta, il ne se montra plus roi qu'au moment où il allait cesser de l'être.

Le 19, au matin, le duc de Gallo put s'aboucher avec le baron Bianchi, commandant en chef de l'armée autrichienne. Celui-ci déclara durement au ministre napolitain qu'il considérait la conquête du royaume comme achevée; qu'il n'y avait plus pour lui de roi Joachim et qu'il ne pouvait que conclure, avec l'armée vaincue, une convention militaire dont il entendait exclure le maréchal Murat.

La nouvelle de l'insuccès de la mission dont il avait chargé le duc de Gallo dut parvenir le 19 d'assez bonne heure au roi vaincu. Pour éviter une effusion de sang, désormais inutile, il se décida à ne pas prolonger la lutte et confia aux généraux Carascosa et Colletta la tâche douloureuse de traiter avec le vainqueur. Ces deux négociateurs se rencontrèrent le lendemain 20 mai, à trois milles de Capoue, dans une maison appartenant à la famille Lanza avec les généraux autrichiens Bianchi et Neipperg, et avec le représentant de l'Angleterre, lord Burghersh. Les alliés avaient tout intérêt à en finir promptement avec la guerre de Naples pour pouvoir tourner toutes leurs forces contre Napoléon. Ils concédèrent donc aux vaincus des conditions honorables et avantageuses. Ils ajoutèrent d'eux-mêmes à la convention que Ferdinand IV accordait à ses sujets une amnistie pleine et entière pour tous les faits politiques, et que l'empereur François II s'en portait garant.

Après avoir donné ses instructions à Carascosa et à Colletta, Murat passa le reste de la journée du 19 mai enfermé dans son palais où il ne reçut que quelques personnes de son intimité. Son intention était de se jeter dans Gaëte, qui tenait toujours et qui allait être exceptée de la convention, et de s'y défendre jusqu'à la mort. Ses amis combattirent ce projet en lui représentant que sa vraie patrie était la France, et que maintenant qu'il était tombé du trône, il ne pouvait mieux faire que d'aller offrir son épée à l'empereur. Il parut se rallier à cet avis.

Avant de se mettre en route, Joachim distribua, avec une étrange prodigalité, à ceux à l'attachement desquels il croyait, une partie des ressources qui lui restaient. Ce fut dans la nuit du 19 au 20 qu'il quitta son palais et sa capitale. Il partit à cheval escorté d'un

petit nombre de fidèles : le duc de Roccaromana ; son grand écuyer ; le prince d'Ischitella,
ses aides de camp, le baron Rossetti, le marquis Giuliano et de Beaufremont ; le colonel
polonais Malcieski ; les deux Bonnafoux, ses
neveux ; son secrétaire de Coussy, et son valet
de chambre Leblanc. Le départ eut lieu dans
le plus grand secret. Tout ce monde était en
habits bourgeois. Murat avait échangé son
pompeux uniforme contre un costume des
plus simples : une lévite brune, un gilet et
un pantalon blancs et des bottes à la Gaston.
Tout son bagage consistait en un élégant
porte-manteau aux deux bouts duquel étaient
brodés en or son chiffre et sa couronne, qui
renfermait quelques chemises, et un sac de
vivres consistant en saucissons, fromages anglais et biscuits. Comme ressources le roi
déchu emportait trois cents à quatre cent mille
francs dans trois sacoches en toile et, en outre,
cousus dans son gilet ou enfermés dans sa
ceinture, un grand nombre de diamants représentant une grosse valeur[1].

1. Le biographe de Manhès ne parle que de quelques diamants, mais Murat a dû en emporter pour une grosse somme,

La petite troupe suivit en silence cette route si connue des touristes qui, après avoir traversé la grotte de Pausilippe et la ville de Pouzzoles et longé, en partie, le golfe de Baïa, vient déboucher au pied du mont Procida sur la plage de Miniscola. En traversant le bois du Fusaro, les fugitifs y abandonnèrent leurs chevaux. A Miniscola, ils louèrent deux barques de pêche. Le vent soufflait du sud. Murat revint à son projet d'aller s'enfermer dans Gaëte. Les barques mirent le cap sur cette forteresse, mais celle que montait le colonel Malcieski et qui était destinée à éclairer la route, ayant été capturée par les croiseurs anglais, le roi dut reconnaître qu'il lui serait impossible d'éviter le même sort s'il persévérait dans son dessein. Il se résigna donc à rebrousser chemin et vint aborder à l'île d'Ischia où il trouva l'hospitalité dans la demeure d'un négociant français. Le lendemain matin on lui signala un « chebec » qui, remorqué par sa chaloupe, cherchait à sortir du canal qui

puisque non seulement il en laissa pour 100 000 francs en gage à Ajaccio, mais qu'il accusa Barbara, dans son interrogatoire du 8 octobre de lui en avoir volé pour trois millions.

sépare les deux îles d'Ischia et de Procida.
Murat chargea son neveu Bonnafoux d'aller
offrir une grosse somme au capitaine de ce
bâtiment pour le conduire en France. Bonnafoux, monté sur une petite barque, put, grâce
au calme, atteindre le chebec, fort inquiet
d'ailleurs de l'accueil qu'il y recevrait. Quels
furent son étonnement et sa joie d'y trouver
un des lieutenants français de Murat, le général comte Manhès, qui fuyait Naples avec sa
famille !

Ce n'était pas sans peine que Manhès avait
pu prendre la mer sur laquelle les Anglais
exerçaient la plus stricte surveillance. Ce général, qui s'était acquis la réputation d'un in-
flexible et terrible justicier en délivrant des
brigands qui les infestaient les Abruzzes et les
Calabres, avait été au moment de la guerre
avec l'Autriche, appelé au commandement
militaire de Naples où il avait su maintenir
l'ordre pendant les journées difficiles des 15,
16, 17, 18 et 19 mai. Informé dans la soirée
du 19 du départ du roi, il s'était rendu aussitôt au palais. Il trouva la reine dans un découragement complet. « Tout est désespéré, lui

dit-elle, pensez à votre sûreté, le roi vient de partir, son intention est de se jeter dans Gaëte ou de se rendre en France. Dieu sait s'il le pourra. Il m'est impossible d'après la capitulation que j'ai signée avec les Anglais, d'emmener avec moi aucun officier de marque. »

Craignant non sans raison que les Français ne fussent pas compris dans la capitulation que Carascosa et Colletta étaient chargés de négocier, Manhès ne songea plus qu'à échapper à la captivité qui le menaçait. Il remit son commandement au successeur désigné par la reine et s'embarqua dans la nuit même sur le chebec maltais, la *Santa-Caterina*, battant pavillon anglais qu'il avait nolisé depuis plusieurs jours en prévision de la catastrophe qui se réalisait. Il emmenait avec lui sa jeune femme, son beau-père, le lieutenant général prince Pignatelli Cerchiara, son frère Louis, le juge Vollaro, oncle de sa femme, le chevalier d'Azzia et l'adjudant général Garnier qui avait fait partie de son état-major.

Dès que les fugitifs furent montés à bord, le patron du chebec sortit du port et voulut mettre à la voile. Les chaloupes des navires

de guerre anglais qui faisaient le guet s'y opposèrent. La plus grande partie de la journée du
20 se passa en négociations. Par bonheur
Manhès s'était lié avec le colonel Campbell,
frère du commandant de l'escadre anglaise.
Cet officier s'entremit fort habilement et finit
par obtenir pour Manhès l'autorisation de
prendre la mer avec des laissez-passer pour
les croiseurs qu'il pourrait rencontrer. Le général donna aussitôt l'ordre d'appareiller. Au
patron qui lui faisait observer que le vent était
contraire, il répliqua brusquement: « Mets
toujours à la voile, quand même tu devrais te
rompre la tête sur les rochers de Capri. »

La sortie de la baie fut loin de s'effectuer
aussi rapidement que l'eussent souhaité les
fugitifs. A un vent contraire, assez violent,
succéda un calme plat. Il fallut faire remorquer
le chebec par sa chaloupe. Le 21 au matin, le
navire n'était pas encore débouqué du canal
d'Ischia, lorsqu'on aperçut un détachement de
l'escadre anglaise qui croisait devant Gaëte. Le
pavillon anglais flottant à bord, aucune embarcation des navires de guerre ne vint visiter
la *Santa-Caterina*.

Si Bonnafoux fut agréablement surpris en abordant le chebec d'y rencontrer Manhès, celui-ci dut éprouver des sentiments fort différents en entendant la demande qui lui était faite. L'arrivée de Murat à son bord changeait sa situation et l'exposait à de véritables dangers si le navire venait à être visité par quelque croiseur anglais. Pourtant le général n'hésita pas: « Retournez à terre, dit-il à Bonnafoux et prévenez le roi que je ne peux pas prendre tout son état-major, mais qu'il vienne sans perdre un instant, je l'attendrai jusqu'à ce soir. » La *Santa-Caterina* était en effet bondée de monde. En dehors de l'équipage et des personnes nommées plus haut, le patron avait embarqué à l'insu de son affréteur, une douzaine d'officiers appartenant à l'armée du royaume d'Italie qui étaient venus se réfugier à Naples après les désastres de 1814, et qui, maintenant, fuyaient les Autrichiens.

Bonnafoux, de retour à terre, rendit compte au roi de l'offre de Manhès. Après en avoir délibéré avec ses officiers, Joachim se décida à partir en n'emmenant avec lui que son neveu le colonel, son secrétaire de Coussy et son

valet de chambre Leblanc. Il prit affectueuse-
ment congé de ceux qu'il était obligé de laisser en arrière, et à une heure il montait à
bord du chebec. Manhès s'avança sur le pont
pour le recevoir, lui donna la main, l'embrassa
et le conduisit sans tarder dans la chambre du
bâtiment où se trouvaient le comtesse et son
père.

Après les premiers épanchements, le général
tint à faire comprendre à Joachim que tout
danger était loin d'être écarté. « Avant que
vous fussiez avec nous, Sire, lui dit-il, nous
pouvions à l'aide de nos passeports voyager
avec la plus grande sécurité ; mais à présent
nous avons pour ennemis, la terre et la mer.
Nous avons tout à craindre sur les côtes d'Italie occupées par les Autrichiens et nous n'a-
vons pas moins de dangers à courir si nous
sommes visités par les Anglais. Dans cette triste
alternative nous n'avons qu'un parti à prendre :
cacher nos forces à ceux qui viendront nous
visiter. Nous sommes ici une quarantaine
d'hommes armés et résolus et si le destin nous
seconde nous pourrons bien arriver en France
sur un brick anglais. »

Pour ce vaillant batailleur qu'était Murat, la perspective d'enlever un croiseur à l'abordage n'avait rien de déplaisant. Il se mit donc, comme tous les autres passagers, à préparer ses armes pour l'éventualité que craignait Manhès, et qui heureusement ne se produisit pas.

Il n'y avait qu'une chambre sur le chebec. On la sépara en deux par une voile. Un côté fut occupé par le roi, l'autre par le comte et la comtesse Manhès. Pendant la traversée, les hommes se tinrent presque constamment sur le pont où se prenaient les repas. Le général et sa femme, le prince Pignatelli, le chevalier d'Azzia et l'adjudant général Garnier, à qui nous devons tous ces détails, mangeaient avec le roi. Manhès avait emporté des vivres en abondance, et l'on put faire assez bonne chère, ce qui n'eût pas été le cas pour Joachim, s'il eût été réduit à ses maigres provisions.

Vers le soir du 21, il s'éleva une petite brise, et l'on put faire assez de chemin pour être à la nuit tombante à la hauteur de Gaëte. On distinguait la croisière anglaise et, chose extraordinaire, aucune des embarcations que l'on voyait ne s'approcha du chebec. Dans la nuit du 21 au 22, un nouveau calme condamna le chebec à une immobilité dangereuse. Joachim ne quitta pas le pont, demandant à tout instant s'il ne serait pas possible de profiter de l'obscurité pour pénétrer dans la forteresse assiégée. On eut beaucoup de peine à le convaincre qu'une pareille tentative serait un acte de folie.

Le 22 au matin, on avait à peine dépassé Gaëte. Heureusement une forte brise du sud s'éleva dès les premières heures et permit au chebec de faire enfin un peu de chemin. Le soir on était par le travers de Civita-Vecchia et le 23 dans la matinée, en vue de l'île d'Elbe. Un nouveau calme arrêta le navire dans l'après-midi du 23 jusqu'au 24 au matin. A ce calme succéda un véritable gros temps qui incommoda la plupart des passagers. Joachim fut un des seuls épargnés par le mal de mer. Il se tint constamment sur le pont. On l'entendit dire : « Parbleu ! il nous fallait une petite tempête ! » Enfin, le 25 mai, à dix heures du matin, la *Santa-Caterina* mouillait dans le port de Cannes.

Le prince Pignatelli et l'adjudant général

Garnier descendirent à terre pour s'informer si l'on pouvait prendre communication. On leur recommanda de ne pas dire que le roi était à bord. Les deux messagers revinrent en annonçant qu'on leur avait montré une circulaire qui prescrivait une quarantaine de dix jours pour toutes les provenances de Naples. Joachim en fut extrêmement contrarié et écrivit au sous-préfet de Grasse une lettre qu'il data de Caserte, pour le prier de ne pas retarder, par une quarantaine, le voyage de son secrétaire qu'il envoyait à Paris avec les dépêches de la plus grande importance. Pendant le temps que cette lettre mit à aller à Grasse, les passagers obtinrent la permission de débarquer et de faire leur quarantaine à l'auberge des Trois-Pigeons, située à peu de distance de la ville.

On était installé dans cette auberge avec des gardes sanitaires à toutes les portes, lorsque le sous-préfet arriva à quatre heures de l'après-midi. Après un entretien avec le prince Pignatelli, et après s'être assuré que les voyageurs étaient en bonne santé, il accorda la libre pratique. Il ne vit point Murat qui voulait garder l'incognito jusqu'à ce qu'il eût reçu de Paris la réponse aux lettres qu'il s'empressa de faire partir par une estafette.

Pendant que Joachim s'éloignait en fugitif de sa capitale et de son royaume et ne devait son salut qu'au dévouement de Manhès, la reine Caroline avait, elle aussi, d'humiliantes et douloureuses épreuves à supporter. La nuit du 21 au 22 mai vit éclater un soulèvement de la populace napolitaine. La noblesse et la bourgeoisie terrifiées envoyèrent une députation au quartier général autrichien pour hâter l'occupation de la ville. Quant à la reine, elle se vit contrainte de demander à ses pires ennemis, les Anglais, de débarquer des troupes pour défendre son palais et d'aller chercher refuge sur un de leurs navires le *Tremendous*, avec trois de ses ministres : Macdonald, Zurlo et Mosbourg et quelques autres personnes peu confiantes dans l'amnistie promise au nom de Ferdinand.

Pour que rien ne manquât à son humiliation, la souveraine déchue dut passer plusieurs jours en rade de son ancienne capitale. De sa prison flottante, car c'en était bien une, elle put entendre les salves d'artillerie et voir les illuminations par lesquelles ses sujets célé-braient la restauration des Bourbons. Dans tous les pays la populace n'a ni générosité ni respect pour les grandes infortunes. Celle de Naples fut odieuse pour cette reine qu'elle avait acclamée jadis. Des gens du peuple, montés sur de petites barques, vinrent huer la prisonnière et l'assourdir de chansons inju-rieuses et obscènes.

Quelques-uns du moins de ses anciens ser-viteurs tinrent à lui apporter le tribut de leur respect. Les généraux Florestan et Guglielmo Pepe furent du nombre de ces courtisans de l'infortune. Guglielmo nous raconte dans ses Mémoires que Caroline se plaignit vivement à lui de ce que Carascosa et Colletta n'eussent, malgré les recommandations du roi, rien sti-pulé pour sa famille dans la convention de Casalanza. Pepe ajoute qu'il défendit de son mieux Carascosa mais qu'il ne prit nul souci de disculper Colletta qu'il tenait en médiocre estime. Le commodore Campbell, qui com-mandait l'escadre anglaise, avait promis à la reine qu'elle aurait sa liberté. L'amiral lord

Exmouth ne ratifia pas les engagements pris par son subordonné. Caroline fit alors appeler le comte de Neipperg, qui venait d'occuper Naples avec l'avant-garde de l'armée autrichienne. Elle connaissait le futur mari de Marie-Louise qui était venu à Naples, en 1814, chargé d'une mission diplomatique. Elle lui déclara qu'elle se mettait sous la protection de l'Autriche. D'accord avec le prince Léopold, second fils de Ferdinand et avec lord Burghersh, qui représentait l'Angleterre, les généraux actrichiens décidèrent qu'elle serait conduite à Trieste sous le nom de comtesse de Lipona (anagramme de Napoli) pour y attendre les résolutions de François II à son égard.

On fit venir ses enfants de Gaëte, puis le *Tremendous* prit la mer. En route, la reine eut un dernier affront à subir. Son navire rencontra celui qui amenait de Messine à Naples l'heureux compétiteur de Joachim. Le *Tremendous* tira une salve en l'honneur de Ferdinand. Avant d'en donner l'ordre, le capitaine crut devoir prévenir sa passagère en l'engageant à ne point s'effrayer. Caroline lui répondit avec hauteur que jamais coups de canon n'avaient fait peur à des gens de sa race.

Le 8 juin, le vaisseau anglais jetait l'ancre dans le port de Trieste, et y débarquait l'ex-reine et ses enfants sous la conduite d'un commissaire autrichien, le baron de Sunstenau.

A l'heure où elle mit le pied sur cette terre ennemie, l'altière Bonaparte, convaincue du prochain triomphe de son frère, ne croyait qu'à un exil temporaire et se berçait de l'espoir de remonter bientôt sur son trône. Les événements qui allaient s'accomplir à courte échéance lui préparaient d'amères et cruelles désillusions.

II

LE SÉJOUR EN PROVENCE ET LA FUITE
EN CORSE[1]

Démarche faite par Murat pour servir dans l'armée française. — Refus de l'Empereur. — Murat à Cannes. —
Brouille avec Manhès. — L'ex-roi se rend à Toulon. —
Situation de Murat après Waterloo et l'abdication. — Ses
agents à Paris cherchent à lui obtenir un asile des souverains alliés. — La Provence après les Cent Jours. — Murat
est traqué par des bandes d'assassins et recherché par les
autorités. — Il prend la résolution de se rendre au Havre
par mer. — Il manque le navire qui devait l'emmener. —
Son odyssée en Provence. — Il se décide à fuir en Corse
sur une barque non pontée. — Épouvantable traversée.
Il est recueilli au moment de périr par le bateau-poste.
— Débarquement clandestin à Bastia.

En touchant la terre de France, Murat n'était
pas sans inquiétude sur l'accueil qu'allait lui

1. Le général Colletta, *Sur la catastrophe de l'ex-roi de
Naples, Joachim Murat*, p. 6 à 22. — Le général Franceschetti,

faire Napoléon. Pauline Borghèse avait bien, pendant son séjour à l'île d'Elbe, amené un rapprochement entre les deux beaux-frères, mais, depuis, Joachim avait tenu si peu de compte des conseils de prudence que lui avait donnés l'Empereur, que celui-ci était en droit de s'en montrer fort mécontent. Il avait bien écrit au roi, le 29 mars 1815, peu après sa rentrée aux Tuileries, qu'il le soutiendrait de toutes ses forces, mais c'était dans l'hypothèse d'une invasion du royaume de Naples par les Autrichiens, et non d'une action offensive de Murat. Celui-ci, se sentant fautif, n'osa pas s'adresser directement à son beau-frère. Ce fut à son ami Fouché qu'il écrivit pour lui apprendre son retour en France et le charger d'offrir ses services à l'Empereur. Ce dernier, pour toute réponse, demanda à son ministre quel traité de paix avait été conclu entre la France et Naples depuis 1814. Comme il l'a dit depuis à Sainte-Hélène, il ne se crut pas assez puissant pour imposer à l'armée un

Mémoires, p. 1 à 12 ; *Macirone (Francis)*, p. 25 et suiv. — *Grandes Archives de France.* F⁷. 9021 et F⁷. 6788. — *Notizia storica su tenente generale Manhès*, p. 234 à 240.

homme qui, si peu de temps auparavant, avait tourné ses armes contre la France.

Fouché, qui connaissait son maître, n'essaya pas de le ramener à d'autres idées. Il s'empressa d'écrire au roi déchu une lettre qu'il lui fit porter par un ancien précepteur de ses enfants. Cette lettre, écrite au nom de Napoléon, était conçue dans les termes suivants :

« L'Empereur n'oubliera jamais que c'est à cause de lui que vous avez perdu votre trône. Votre présence à Paris, dans le moment actuel, produirait un mauvais effet ; elle ferait connaître trop tôt les événements malheureux qui viennent de s'accomplir dans les Deux-Siciles.

» Restez encore quelque temps dans le midi de la France, jusqu'à ce que le corps d'armée destiné à déboucher en Italie soit prêt. L'Empereur vous a désigné pour prendre le commandement de cette armée qui devra vous ramener à Naples où vous vous referez de vos pertes. Il vous récompensera de ce que vous avez fait pour lui et pour la France dans cette occasion. »

En écrivant ainsi, Fouché traduisait-il bien

les sentiments et les vues de son maître? c'est
ce que je ne saurais dire. Ce qui est certain,
c'est que cette lettre paraît authentique. Elle
se trouve dans une notice sur Manhès publiée
à Naples en 1846, sous le voile de l'anonymat,
mais dont ce général est tout au moins l'ins-
pirateur. L'auteur nous dit qu'il garantit l'authenticité de la lettre, et il en appelle, pour
attester la vérité des faits qu'il avance, au
secrétaire de Murat, en 1815, de Coussy, qui,
en 1846, exerçait à Paris une charge d'agent
de change.

Le même auteur raconte que, peu de jours
après l'arrivée de cette lettre, plusieurs corps
de troupes, placés sous les ordres du maréchal Brune, traversèrent Cannes en se dirigeant vers la frontière. Le maréchal rendit
visite au roi et déjeuna avec lui, le général
Manhès et le prince Pignatelli. Le repas fut
gai. Brune but à la santé de Murat et aux
nouvelles victoires qui le ramèneraient en
triomphateur dans son beau royaume.

La réponse de Fouché avait été longue à
venir. Joachim, qui tenait à garder l'incognito
jusqu'à ce qu'il l'eût reçue, ne sortait qu'à la

nuit tombée. Ses journées se passaient à jouer
aux échecs avec Manhès ou à interroger la
mer avec une lunette d'approche, dans l'attente du navire qui devait lui amener sa femme
et ses enfants. C'est pendant cette période que
se produisit un incident rapporté par le dernier biographe de Manhès qui tendrait à prouver que Joachim et Caroline s'étaient quittés
en mauvais termes. Peu de jours après l'arrivée à Cannes de la *Santa-Caterina*, un trois-
mâts venant de Naples jeta l'ancre au golfe
Juan. Murat, convaincu qu'il amenait sa famille, loua toutes les voitures qu'il put trouver et se rendit en toute hâte au lieu de débarquement. Le navire avait pris la mer
quelques jours après l'entrée des Autrichiens
et la retraite de la reine sur le *Tremendous*. Il
avait à bord quelques officiers français qui
apprirent à Manhès que Caroline s'était mise
sous la protection de l'Autriche et qu'elle allait être internée à Trieste. Cette nouvelle allait détruire toutes les illusions caressées par
le roi déchu. Ce fut au général et à sa femme
qu'échut la pénible mission de l'en instruire.
Ils le firent avec tous les ménagements pos-

sibles, mais le coup n'en fut pas moins terrible
pour Joachim. Sous l'impression des scènes
violentes qui avaient probablement précédé
son départ, il se crut trahi par sa femme
alors qu'elle n'avait fait qu'obéir à une im-
placable nécessité. Il éclata en sanglots et on
l'entendit prononcer des phrases entrecoupées
dont les dernières devaient être prophétiques :
« J'avais tout souffert : la perte de ma fortune, la perte de mon royaume, et quel
royaume ! mais me voir trahi, abandonné par
la mère de mes enfants qui préfère se livrer
à mes ennemis plutôt que de se réunir à
moi, non... je ne résisterai pas à un pareil
coup. Quelle infortune que la mienne ! je ne
reverrai plus ma femme, je ne reverrai plus
mes enfants ! »

Peu de jours après l'arrivée de la lettre de
Fouché, le 4 juin, Manhès prit brusquement
congé de Murat et partit pour Marseille avec
sa femme et son beau-père. Une brouille avait
éclaté entre l'ex-roi et le serviteur dévoué qui
l'avait arraché à ses ennemis. Que s'était-il
passé entre eux ? A en croire les biographes
du général, il semblerait que Joachim aurait

courtisé la comtesse Manhès. Quoi qu'il en soit, le général abandonna sans retour la cause de Joachim et se rallia même aux Bourbons après Waterloo.

Murat, resté seul à Cannes, que les autres passagers du chebec avaient pu quitter depuis quelques jours, grâce à ses libéralités, se rendit à Toulon où il trouva sa nièce la duchesse de Corigliano et les officiers de son état-major qu'il avait laissés à Ischia : Roccaromana, Ischitella, Beaufremont et Rossetti. Tout ce monde avait quitté Naples sur un bâtiment neutre et en apportait des nouvelles fraîches. L'ex-roi s'installa aux environs de Toulon dans une villa appartenant au général Lallemand.

Ce fut là qu'il apprit, coup sur coup, le désastre de Waterloo, la marche des alliés sur Paris, l'abdication et le départ de l'Empereur. Ces événements ruinaient à jamais l'espérance dont il s'était nourri de remonter sur son trône avec l'aide des armées françaises. Très préoccupé de sa sûreté, il écrivit aux magistrats du département pour leur donner l'assurance qu'il ne chercherait jamais à troubler la tranquillité publique et pour leur demander l'autorisation de pouvoir rester dans sa campagne jusqu'à ce que les souverains alliés eussent fixé son sort.

Son grand désir du moment était d'obtenir du gouvernement britannique un asile qui ne fût pas une prison. C'était à lui faire accorder cet asile que travaillait, à Paris, un homme fort intelligent et fort actif qui s'était attaché à sa fortune depuis 1814, et dont les Mémoires sont une source précieuse pour l'histoire qui nous occupe.

Francis Macirone, tel était son nom, était de nationalité anglaise, quoique d'origine italienne. Son père, qui appartenait à une famille de la petite noblesse romaine, était venu, après des vicissitudes diverses, s'établir en Angleterre où il s'était marié et faisait du commerce. Pour apprendre à son fils le métier de négociant, il l'envoya, en 1805, faire un stage chez un de ses correspondants de Naples. En 1806, à la suite de la conquête du royaume par les Français, tous les Anglais qui s'y trouvaient, soit pour leurs affaires, soit pour leur plaisir, furent faits prisonniers de guerre. Macirone subit le sort de ses compatriotes. Il était encore à Naples, en 1814, lorsque Murat, devenu l'allié des ennemis de Napoléon, tourna ses armes contre la France. Le jeune Anglais prit du service dans l'armée napolitaine. Joachim, auquel il fut recommandé, en fit l'un de ses aides de camp. Macirone s'attacha sincèrement à son nouveau maître qui, en 1815, le chargea d'une mission de confiance auprès du gouvernement anglais. La mission échoua parce que le cabinet de Saint-James, informé de l'insuccès des Napolitains sur le Pô, n'ayant plus aucun intérêt à ménager Murat, s'était décidé à jeter le masque. Macirone revint à Paris en mai 1815. Il apprit ou plutôt il devina, à travers les fausses nouvelles données par les journaux sur les événements militaires d'Italie, que les choses tournaient fort mal pour le beau-frère de Napoléon. Il se mit en rapport avec Fouché dont il connaissait l'amitié pour Murat. Ce ministre lui avoua la vérité, tout en se plaignant très vivement des imprudences commises par le roi de Naples. Au commencement de juin on apprit l'arrivée de Joachim en France et, un peu plus tard, on sut que l'Empereur ne lui avait pas permis de quitter le Midi. Macirone ne tarda pas à se mettre en rapport avec lui par l'entremise de de Coussy qui était venu à Paris.

Après la bataille de Waterloo, Macirone fut chargé par Fouché d'une mission particulière auprès de Wellington. Il profita des relations ainsi nouées avec le généralissime anglais pour tâcher de l'intéresser au sort de Murat. Wellington ne consentit à prêter son appui auprès du cabinet de Saint-James, qu'à la condition que Joachim le solliciterait par écrit. Ici Macirone ne nous dit pas toute la vérité dans ses Mémoires. Le vainqueur de Waterloo exigea, en outre, que le beau-frère de Napoléon renonçât formellement au trône de Naples. Nous le savons par une lettre écrite le 15 juillet par le roi à de Coussy. dont un rapport de police du 8 août 1815 nous donne la teneur et des extraits. Murat dit, dans cette lettre, qu'il désirait par-dessus tout qu'il lui fût permis de rester en France comme simple particulier en donnant toutes les garanties ; que, quant aux offres du duc de Wellington, il renonçait à l'Angleterre s'il

fallait commencer par abdiquer, et que c'était
d'ailleurs un acte qu'il ne pouvait faire qu'a-
près avoir vu la reine et ses enfants. « Je dois
avouer, ajoutait-il, que j'avais une autre opinion du caractère de ce général. Je le croyais
aussi généreux qu'illustre, et j'étais loin de
supposer qu'il aurait exigé un aussi grand
sacrifice pour de simples passeports que lui
faisait demander un guerrier malheureux. »
Malgré cela, il écrivit ce même jour, au général anglais, une lettre dont le même rapport
de police ne nous donne que le commencement qui est écrit dans le style redondant de
mode à l'époque. Voici ce commencement :
« Un prince malheureux, un capitaine qui
n'est pas sans renommée, s'adresse avec confiance à un capitaine aussi généreux qu'illustre pour obtenir un asile en Angleterre.
Milord, j'ai perdu le royaume de Naples pour
avoir voulu être fidèle à mon système de
rester invariablement attaché à l'alliance de
la Grande-Bretagne. »

Cette lettre ne fut pas remise au duc. Elle
contenait, paraît-il, une phrase que de Coussy
trouva un peu déplacée. D'ailleurs lorsqu'elle

arriva à Paris, la question qui l'avait motivée était déjà à demi résolue. Macirone avait remis le 12 juillet à sir Charles Stuart, ambassadeur de Georges III en France, une note adressée à lord Castlereagh dans laquelle au nom du roi Joachim, il demandait, pour lui, un asile en Angleterre. Sir Charles Stuart lui accusa réception de sa note par une lettre en date du 14 juillet et, le 26 juillet il lui écrivit officiellement pour l'informer qu'il était chargé par lord Castlereagh de lui dire que le prince régent ne jugeait pas à propos pour le moment, et par rapport aux circonstances, d'accéder à la demande du maréchal Murat : Macirone avait écrit, dès le 17 juillet, à Joachim pour lui rendre compte de ses démarches. La lettre fut remise à de Coussy qui l'expédia au roi par le chef de bataillon Guichet. Celui-ci fut arrêté en route par la police et jeté en prison. Decazes, mis au courant par les papiers trouvés sur le messager, des agissements de de Coussy et de Macirone, s'empressa de s'assurer de leurs personnes.

De Coussy avait été tout aussi actif que Macirone, mais il n'avait pas été plus heureux.

Il avait obtenu de la commission du gouvernement, qui avait pris le pouvoir après l'abdication de Napoléon, un arrêté qui réintégrait
le prince Murat dans ses propriétés : le palais
de l'Élysée, les domaines de Neuilly et de
Villers et la terre de la Mothe-Saint-Héray ;
mais cet arrêté, transmis le 7 juillet par le
comte de Montalivet à de Coussy, à l'heure
même où les Prussiens entraient dans Paris,
resta à l'état de lettre morte. De Coussy avait
fait agir les amis de son maître auprès des
souverains et des ministres. En ce faisant, il
n'avait fait que suivre les instructions qui lui
étaient données. Voici en effet ce que nous
trouvons dans cette même lettre du 15 juillet :
« Enfin, maintenant que tous les souverains
sont à Paris, il vous sera facile de savoir quel
sera celui qui serait le plus disposé à me
donner un asile. Je ne voudrais jamais, s'il
m'est possible, aller en Autriche. Cette résolution m'est sans doute bien pénible puisqu'elle pourrait me séparer pour longtemps
de la reine et de mes enfants, et il faut croire
que j'ai de bien justes motifs de me plaindre
de ce gouvernement pour pouvoir même

concevoir ce projet. » Ailleurs il est dit :
« Annoncez à nos amis que je compte toujours sur eux. Dites-leur surtout qu'ils soient
tranquilles sur mon compte, que mon courage
est inaltérable. Je ne vois pas pourquoi le
gouvernement provisoire aurait fait quelques
difficultés pour me restituer mes biens, aucun
acte légal n'ayant jamais détruit mes titres et,
si Louis XVIII remontait sur le trône, je
compte assez sur sa justice pour qu'il me fasse
donner l'équivalent des propriétés qu'il ne
jugerait pas convenable de me faire restituer.
Je dois présumer qu'à l'époque où le congrès
se réunira de nouveau, la reine agira de son
côté pour nous faire obtenir une existence
convenable, car je n'ai pas moins de droits
que n'en ont eu et n'en ont l'empereur Napoléon, le roi Charles et la reine d'Etrurie, car
comme ces princes j'ai été reconnu par tous
les souverains de l'Europe. Faites agir de votre
côté pour chercher à nous rendre favorables
les ministres des princes les plus influents. Je
n'écris pas à nos amis craignant de les compromettre si ma lettre venait à être inter-
ceptée. »

De Coussy s'était également occupé de mettre à l'abri les fonds que Murat avait çhez différents banquiers de Paris. Mais nous ne possédons sur les ressources du roi de Naples que des renseignements très incomplets sur lesquels nous reviendrons plus tard.

Macirone, plus heureux que de Coussy qui resta assez longtemps captif, recouvra la liberté au bout d'une quinzaine de jours. Aussitôt arrêté il avait prévenu Fouché qui lui fit dire par son secrétaire qu'il ne perdrait pas de temps à le tirer de prison. Il avait également prévenu Sir Charles Stuart qui adressa au préfet de police des réclamations réitérées. Decazes se vit donc obligé de relâcher le jeune Anglais. Ce dut être bien à contre-cœur, car il paraît avoir été animé contre Murat d'une haine qu'on a peine à comprendre chez un ancien serviteur des Bonaparte.

Une fois hors de prison, Macirone s'occupa plus activement que jamais d'obtenir un asile pour le prince malheureux auquel il s'était attaché. Nous dirons plus loin quel fut le résultat de ses efforts.

Pendant que ses deux agents travaillaient

pour lui à Paris, Murat se voyait exposé aux plus grands dangers dans la retraite où il attendait la décision des souverains alliés. Dès la fin de juin, le Midi devint le théâtre de la réaction la plus violente. Des bandes de forcenés s'attaquèrent partout, dans les villes comme dans les campagnes, aux partisans du régime déchu, brûlant et pillant les propriétés et tuant les individus. Le mouvement commença le 25 juin, à Marseille, par le massacre d'une colonie de mameluks ramenés d'Égypte par Napoléon ; hommes, femmes et enfants, tous périrent. Soit impuissance, soit complicité, les autorités assistèrent impassibles à ces sanglants désordres.

Averti qu'on en voulait à ses jours, Joachim prit le parti de quitter la villa qu'il occupait et de chercher un refuge chez des amis, après s'être séparé de ses gens et leur avoir donné ordre de répandre le bruit qu'il était parti pour Tunis. Ses persécuteurs ne se laissèrent pas tromper par ce stratagème et continuèrent à le rechercher activement. S'il faut en croire Macirone, Galvani et Colletta, ce fut le marquis de Rivière, commandant la division militaire, qui mit le plus d'acharnement à vouloir s'emparer de sa personne.

Murat lui avait pourtant sauvé la vie en 1804, en obtenant de l'Empereur une commutation de peine après sa condamnation à mort, dans le procès Cadoudal. Mais, hélas ! la passion politique aveugle les plus nobles natures. Après les Cent Jours, les chefs légitimistes exaspérés d'avoir vu le sceptre s'échapper si facilement des mains de leur roi, et d'avoir dû eux-mêmes reprendre le chemin de l'exil, apportèrent dans la répression presque autant de passion qu'en avaient mis à les traquer et à les envoyer à l'échafaud leurs persécuteurs de 1793. Toujours d'après Macirone et Colletta, le marquis de Rivière chercha à connaître par un subterfuge la retraite de Murat. Il y avait à Toulon, à cette époque, un commissaire de police du nom de Joliclerc, à qui sa réputation d'honneur et de probité avait valu l'estime et la confiance de tous les partis. Le marquis s'adressa à lui en lui demandant de trouver le moyen de faire parvenir à Joachim une lettre qu'il lui remit. Dans cette lettre, conçue en termes fort doux, le général

royaliste engageait l'ex-roi à se confier à lui
et à lord Exmouth. Il ne fut pas difficile à
Joliclerc de se faire révéler le secret de la
retraite du proscrit avec qui il eut une entrevue. Murat refusa catégoriquement de se confier au marquis et à lord Exmouth qui, peu
de temps auparavant, n'avait consenti à le
recevoir sur sa flotte que comme prisonnier
de guerre. Joliclerc ne put que rapporter cette
réponse au marquis qui lui ordonna sur-le-
champ d'arrêter Joachim dont il connaissait
maintenant la retraite. L'honnête commissaire
de police refusa courageusement de se prêter
à un acte qu'il considérait comme une trahison.
Il fut destitué.

La situation devenait de jour en jour plus
critique pour Murat. Afin d'échapper aux
dangers qui le menaçaient, il résolut de
quitter la Provence et de se rendre secrètement à Paris pour s'y mettre sous la protection des puissances. Le voyage par terre
paraissant trop périlleux, il se décida à se
rendre par mer au Havre. Son grand écuyer,
le duc de Roccaromana, ses aides de camp et
ses neveux les Bonnafoux étaient restés à

Toulon. D'après ses ordres, ils répandirent le bruit qu'il avait quitté le pays, puis ils affrétèrent pour eux-mêmes un navire suédois sur lequel ils embarquèrent ses effets et l'argent (deux cent mille francs environ). Ils fixèrent le départ au 2 août et se rendirent à bord dans la soirée de ce jour. Il avait été convenu qu'ils enverraient un canot dans un endroit écarté de la baie de Toulon où le roi serait prêt à s'embarquer. Par un malentendu déplorable dans des circonstances aussi graves, le canot se rendit sur un autre point que celui indiqué à Joachim. Après de longues et minutieuses recherches, la personne qui dirigeait l'expédition retourna au navire pour prendre de nouvelles instructions. A peine l'avait-elle rejoint qu'il fut accosté par une bande de forcenés qui, ayant eu vent des projets de l'ex-roi, venaient pour y mettre obstacle et s'emparer de sa personne. Ils visitèrent minutieusement tous les coins et recoins du bâtiment et, après avoir acquis la certitude que Joachim n'y était point caché, ils obligèrent le capitaine à se mettre en route et ne s'éloignèrent que lorsque le navire fut sous voile.

Pendant ce temps, Murat attendait le canot
au lieu où on lui avait donné rendez-vous. Son
attente se prolongea vainement toute la nuit.
Ce que ce malheureux proscrit dut souffrir
pendant ces longues heures d'épreuve, on peut
se l'imaginer sans peine. Au point du jour il
aperçut le bâtiment qui courait des bordées à
portée de la côte. Il finit par trouver une
barque qui consentit à l'y mener. Mais à peine
eut-il poussé au large qu'un coup de vent
survint et que le navire s'éloigna vers la haute
mer. Que s'était-il passé à bord pour que les
amis du roi l'abandonnassent ainsi sans ressources sur une terre ennemie ? La mer était
sillonnée de croiseurs anglais. Le capitaine,
craignant qu'un séjour prolongé en vue de la
terre n'attirât leur attention et ne lui valût
d'être visité insista pour prendre le large. Les
amis de Murat tinrent conseil. Les deux Bonnafoux se prononcèrent énergiquement pour
qu'on attendît leur oncle. Les autres prétendirent que s'il n'était point venu au rendez-
vous c'est qu'il n'avait pu le faire, et que dès
lors il était inutile de rester plus longtemps
sur la côte. Comme cela arrive en pareille cir-

constance ce fut l'avis le plus pusillanime qui prévalut. Ordre fut donné de faire route pour le Havre.

Murat, après avoir vu partir le bâtiment qui emportait ses amis, ses bagages et sa fortune, regagna tristement la terre. Ce départ le laissait dans le plus complet dénuement. Il restait sans autres vêtements que ceux qu'il avait sur lui et sans autres ressources que les diamants emportés de Naples et cinq cents napoléons enfermés dans sa ceinture. Tout autre que ce vaillant soldat se fût abandonné au désespoir. Lui ne perdit pas courage. A partir de ce moment commença pour lui, jusqu'à son débarquement en Corse, une suite d'aventures qui tiennent bien plus du roman que de l'histoire.

Nous possédons sur ces aventures trois versions qui diffèrent sinon sur le fond, du moins dans les détails. Elles sont dues à Macirone, à Franceschetti et à Galvani. Chacun de ces auteurs affirme qu'il a recueilli de la bouche de Joachim le récit qu'il nous donne. J'ai adopté la version de Macirone parce que c'est celle qui a été écrite à l'époque la plus voisine des événements. Il est à présumer que peu de mois après la mort de Murat, en 1816, l'officier anglais aura été servi plus fidèlement par sa mémoire que ne purent l'être, au bout de longues années, Franceschetti en 1826 et Galvani en 1843.

Une fois débarqué, le royal proscrit se demanda où il allait porter ses pas. Après réflexion, il se décida à ne pas regagner le gîte qu'il avait quitté la veille au soir. L'inspiration fut heureuse. Il y aurait rencontré la horde altérée de sang qui le cherchait autant pour le tuer que pour le dépouiller, car le bruit s'était répandu dans le pays qu'il portait sur lui une grosse somme en or et des pierreries. Il partit à l'aventure sans autre but que d'éviter les habitations où il pouvait être reconnu. Pendant deux jours et deux nuits il erra dans les bois et dans les vignes, couchant à la belle étoile et se nourrissant de fruits et de légumes crus. Enfin épuisé de fatigue et de besoin, il se risqua à demander l'hospitalité dans une ferme isolée de pauvre apparence. Il n'y trouva qu'une vieille servante à laquelle il demanda de lui donner à manger, en lui expliquant qu'il était officier de la garnison de Toulon, qu'il s'était égaré dans une promenade, qu'il avait dû passer la nuit sans gîte et qu'il était depuis vingt-quatre heures privé de nourriture. La servante lui fit bon accueil en lui disant que son maître était absent, mais qu'en sa qualité d'ancien militaire il serait heureux d'héberger un officier. Elle se mit incontinent à préparer une omelette. Avant qu'elle fût prête le fermier rentra. Mis au courant par sa servante il se commanda une seconde omelette et s'assit en face de son hôte à qui il versa à boire. Murat que l'arrivée du nouveau venu n'avait pas laissé que d'inquiéter faisait bonne contenance. La servante lui servit son omelette qu'il dévora à belles dents, en homme qui meurt de faim. Pendant qu'il mangeait, le fermier ne se lassait pas de le dévisager. La belle figure du roi de Naples était de celles qu'on n'oublie pas. L'ancien militaire avait vu son portrait dans la salle des maréchaux aux Tuileries et son effigie sur les monnaies du grand-duché de Berg et du royaume de Naples. La mémoire lui revint tout à coup en se rappelant qu'il avait entendu dire que Murat était caché dans le pays et que les autorités étaient à sa recherche.

Se levant de son siège avec le plus grand respect, il demanda pardon au souverain déchu des familiarités qu'il avait prises avec lui et lui jura qu'il était prêt à risquer sa vie pour le sauver. Il lui offrit sa maison, sa fortune et sa personne. En entendant le discours de son maître et en apprenant qu'elle avait affaire à un roi, la vieille servante fut saisie d'une telle émotion qu'elle laissa tomber dans le feu la poêle et l'omelette qu'elle préparait.

Murat resta quelques jours dans la ferme. Le fermier lui servit d'intermédiaire auprès des amis qu'il avait encore à Toulon. Ceux-ci lui trouvèrent un autre asile dans une maison isolée, située sur une éminence où ils l'installèrent avec une vieille femme dévouée pour le servir. Un d'eux, officier de marine, probablement Donnadieu, venait chaque jour lui apporter des provisions. La réaction dont j'ai parlé plus haut n'avait pas diminué de violence. Le maréchal Brune avait été massacré à Avignon, le 2 août, le jour même où Murat avait dû s'embarquer. Des hordes de gens fanatisés étaient toujours à la recherche de l'ex-roi et les autorités rivalisaient d'acharnement avec elles. Au dire de Macirone, elles avaient offert une récompense de vingt-quatre mille francs à quiconque s'emparerait de sa personne. C'était vouloir sa tête, car il était peu probable qu'on pût le prendre vivant. Les Anglais n'étaient pas les moins ardents à désirer sa capture. J'ai trouvé dans les archives de Londres une lettre écrite de Marseille, le 12 août 1815, par le colonel Church à lord Burghersh, ministre de Georges III en Toscane, où il est dit : « Murat est ici ou à Toulon, nous faisons les plus grands efforts pour découvrir sa retraite et l'arrêter[1]. »

Cette retraite, les fanatiques qui le poursuivaient finirent par la connaître. Comme elle était située sur une éminence et qu'il leur était difficile de s'en approcher de jour sans être vus, ils résolurent de faire le coup pendant la nuit. Le 13 août, vers onze heures du soir ou minuit, une soixantaine de forcenés arrivèrent près de l'habitation sous la conduite du fils d'un général. Heureusement pour le roi, sa vieille et dévouée servante veillait.

1. *Record office. F. O. Tuscany. June to Dec. 1815.* Vol. CIII, lettre 69.

Les assassins commirent l'imprudence d'allumer une lanterne pour se guider. La servante, en voyant cette lumière, éveilla le roi qui dormait tout habillé. Il s'enveloppa dans sa capote et, s'armant d'un poignard et de deux paires de pistolets, il alla se cacher dans une vigne à quelque trente pas de l'habitation. Il était à peine sorti de la maison par une porte de derrière que les bandits frappaient violemment à l'entrée principale. La servante fit semblant de s'habiller, et ne vint ouvrir qu'après avoir arrangé le matelas du roi et mis tout en ordre. Les malandrins envahirent la maison qu'ils visitèrent de la cave au grenier, puis ils fouillèrent en tous sens le jardin et les vignobles qui l'avoisinaient. Murat les entendit à diverses reprises passer auprès de lui en proférant d'horribles menaces. Il n'était question de rien moins que de le couper en morceaux, mais aussi de le dépouiller. Enfin, après une recherche longue et infructueuse, ils prirent le parti de s'éloigner, et le roi put quitter son abri. Si brave qu'il fût, le temps dut lui paraître long. Il dit depuis à Macirone que s'il eût été découvert, il aurait tué autant de ses assassins qu'il aurait pu et que, plutôt que de se laisser prendre vivant, il se serait fait sauter la cervelle avec son dernier pistolet. Après en avoir conféré avec Donnadieu, Murat prit le parti de ne pas changer de retraite. Il eut raison, car on ne l'y inquiéta plus.

La situation n'en était pas moins intenable. Ses persécuteurs pouvaient revenir d'un instant à l'autre. Il ne recevait aucune réponse aux lettres qu'il avait adressées à Fouché. Il avait appris l'arrestation de de Coussy et de Macirone et ignorait que ce dernier fût sorti de prison. Ne comptant plus obtenir un asile de la pitié des souverains alliés, il se décida à se rendre en Corse où s'étaient retirés nombre de ses anciens serviteurs, et où le caractère chevaleresque des habitants lui faisait espérer de trouver un refuge assuré.

S'il n'est pas facile aujourd'hui de s'embarquer contre la volonté des autorités, la chose était bien plus difficile encore dans les mois troublés de 1815, où gendarmes, douaniers et gardes sanitaires exerçaient, sur les navires en partance, la plus stricte surveillance. Mais les époques de crise sont celles des grands dévouements. Des gens, que le roi connaissait à peine ou ne connaissait pas du tout, se dévouèrent pour l'arracher à ses ennemis. Un Corse, le capitaine Oletta, acheta de ses deniers, pour six cents francs, d'après les rapports de police, une barque sur laquelle s'embarquèrent deux anciens officiers de marine, Donnadieu et Langlade, et Blancard, ancien employé à la suite des armées d'Espagne. Ils avaient donné rendez-vous au roi sur un point isolé de la côte. Ils l'y trouvèrent à l'heure fixée, dans la nuit du 22 au 23 août, et aussitôt qu'ils l'eurent recueilli, ils firent voile vers la Corse.

Avant de quitter la Provence, Murat avait adressé une dernière lettre à Fouché. Elle était datée : « Du fond de ma ténébreuse retraite, le 22 août. » Elle était à peine lisible et paraissait avoir été écrite dans l'obscurité.

Dans cette lettre, le roi, après avoir mis le ministre sommairement au courant de l'abandon où il s'était trouvé le 3 août, ainsi que de la poursuite acharnée dont il avait été l'objet de la part d'assassins à gages, se plaignit vivement de l'arrestation de Macirone et de de Coussy, ainsi que de la conduite de Talleyrand à son endroit. Il déplorait le silence que Fouché avait gardé vis-à-vis de lui, et finissait en annonçant son intention de se rendre en Corse sur une barque non pontée, pour y attendre la décision que prendraient, à son égard, les souverains alliés.

A une petite distance de la côte, la frêle embarcation fut assaillie par une terrible tempête. Pendant de longues heures elle fut le jouet des éléments en fureur, et menacée à tout instant d'être engloutie par les vagues. Ce ne fut qu'avec la plus grande difficulté, et en rejetant l'eau hors du bateau avec leurs chapeaux, que les voyageurs purent l'empêcher de couler bas. Dans l'après-midi ils aperçurent un petit bâtiment qui faisait voile vers l'est. Ils s'en approchèrent. Le roi héla le patron et lui offrit une grosse somme pour le conduire à Bastia. Celui-ci, effrayé sans doute par la vue de quatre hommes armés et de mauvaise mine, qu'il prenait pour des forbans, essaya de couler l'embarcation. Les malheureux voyageurs réussirent à éviter en partie le choc. Le roi voulait enlever le navire à l'abordage pour se venger de ce misérable. Ce ne fut pas sans peine que ses amis parvinrent à le calmer,

La situation devenait de moment en moment plus critique. Enfin, dans la nuit les voyageurs aperçurent la balancelle qui faisait le service de la poste entre Toulon et Bastia. Ils demandèrent à être recueillis. Le capitaine Oletta, qui était au nombre des passagers et qui était lié avec le patron, Michel Bonnelli, reconnut le roi et le fit recevoir à bord avec ses compagnons. Il était temps. A peine les naufragés eurent-ils quitté leur embarcation qu'elle disparut dans les flots.

La balancelle emmenait un assez grand nombre de passagers, parmi lesquels nous pouvons citer Galvani, l'ordonnateur Boerio, Rossi, neveu de Bacciochi, et le lieutenant général comte Casabianca. Plusieurs d'entre eux connaissaient Murat personnellement. Quelques-uns s'empressèrent de lui offrir leurs félicitations et leurs hommages, mais quelques autres aussi furent médiocrement satisfaits de son arrivée à bord qui ne laissait pas que d'être compromettante pour ses compagnons de voyage en des temps aussi troublés que ceux qui nous occupent. Le comte Casabianca fut du nombre des mécontents. Comme il le dit dans sa lettre du 6 décembre 1815, au ministre de la police générale, il n'eut qu'un court entretien avec l'ex-roi, se renferma dans sa cabine et ne le revit plus.

Le 25 août, la balancelle jetait l'ancre dans le port de Bastia. D'après une lettre du gouverneur militaire de la Corse au ministère de la guerre, datée du jour suivant, Murat eut l'habileté ou la bonne fortune d'esquiver la visite de l'officier chargé de vérifier les passeports. Moins heureux que lui, ses trois sauveurs, Donnadieu, Langlade et Blancard furent arrêtés faute de papiers et jetés dans les prisons de la citadelle.

III

LA HALTE A VESCOVATO[1]

Rencontre de Galvani. — Court arrêt à Bastia. — L'ex-roi
se rend à Vescovato chez son lieutenant Franceschetti. —
Hospitalité cordiale. — Tentative d'arrestation. — Les habitants de Vescovato y mettent obstacle. — Démêlés avec
le colonel Verrier. — Projets sur l'île d'Elbe et sur Naples.
— Mission confiée à Lambruschini. — Les projets sur l'île
d'Elbe dévoilés au grand duc de Toscane. — Les Anglais
en éveil. — Projets de départ entravés par le colonel Verrier. — Joachim mis hors la loi. — Fin de ses hésitations
à la suite de lettres et de conseils reçus de Naples. — Départ pour Ajaccio avec 400 hommes.

L'intention de Murat, au moment de son
arrivée en Corse, était d'aller demander

---

1. Le général Colletta, *Sur la catastrophe*, etc., p. 21 à 28.
— Le général Franceschetti, p. 19 à 22. — Grandes archives,
fonds Murat. F 7. 9021. — *Record office* (F. O.). Tuscany,
103. *Lettres* 71, 72 et 73. Lord Burghersh à Lord Castlereagh,
8, 15 et 22. Sept. 1815. — Galvani, *Mémoires*, etc., p. 18 à 42.

l'hospitalité à un homme sur le dévouement
duquel il savait pouvoir compter, le général
Dominique-César Franceschetti. Cet officier,
entré en 1806 au service de Joseph comme
capitaine de la garde royale avec cent quarante
carabiniers corses qu'un décret avait cédés au
royaume de Naples, s'était élevé par son mérite au grade de général de brigade. Après la
convention de Casalanza, il avait trouvé moyen
d'échapper aux Autrichiens et de quitter Naples.
Passionnément attaché au roi, il était allé le
rejoindre à Toulon. Celui-ci n'ayant alors aucun
besoin de ses services, il était parti pour retrou-
ver en Corse sa femme et ses enfants établis
chez son beau-père Colonna Ceccaldi, dans la
bourgade de Vescovato, non loin de Bastia.

La balancelle étant arrivée dans la nuit du
24 au 25 août, le débarquement avait eu lieu
de très grand matin. Joachim, séparé de ses
compagnons de route, emprisonnés comme
nous l'avons dit, errait sur le port, ne sachant
trop où diriger ses pas, lorsque Galvani vint
lui offrir ses services. L'ex-roi accepta l'offre
avec reconnaissance et pria le commissaire de
le conduire à Vescovato où il avait appris

qu'habitait Franceschetti. Un guide du pays était un précieux auxiliaire pour un proscrit dont l'aspect misérable était fait pour inspirer la défiance. Ceux qui avaient connu Murat au temps de sa splendeur, lorsqu'il paradait dans les rues de sa capitale revêtu des plus éclatants costumes, auraient eu peine à le reconnaître dans l'état où il était en descendant de la balancelle ; sa barbe n'avait pas été faite depuis bien des jours, sa tête était enveloppée d'un bonnet de soie noire et il n'avait pour vêtements qu'un vieil uniforme de simple soldat, usé jusqu'à la corde, acheté sans doute à l'un de ses hôtes pendant le temps où il fuyait les massacreurs provençaux.

Les deux voyageurs se dirigèrent tout d'abord vers l'hôtel Fourcy, près de l'église des jésuites, où Galvani descendait ordinairement. Mais il était de si bonne heure que tout le monde y dormait d'un profond sommeil. N'ayant pu se faire ouvrir, ils allèrent chercher un gîte dans une autre auberge tenue par un nommé Couturier, au vieux marché. Galvani y installa le roi et sortit pour chercher sa malle ; dans la rue il rencontra le comman-

dant Biguglia, ex-chef de bataillon au service
de Naples, qui avait vu passer le roi, mais qui,
s'étant aperçu qu'il gardait l'incognito, n'avait
pas voulu s'approcher de lui. Biguglia engagea Galvani à éloigner promptement Joachim
de Bastia en lui représentant qu'il ne tarderait
pas à être reconnu et qu'il risquait d'être arrêté. Il promit d'amener deux chevaux à un
endroit appelé la Torretta, petite colline plantée
en vignes et en oliviers, et située à une très
petite distance de la ville. Le roi et son compagnon, après avoir rapidement pris du café
au lait à l'auberge Couturier, se rendirent à
pied au lieu où le commandant leur avait
donné rendez-vous. En sortant de Bastia,
Murat eut un moment d'amer découragement:
« Mon Dieu ! mon Dieu ! s'écria-t-il, je ne trou-
verai donc plus un endroit où reposer ma
tête ! » Une heure après son arrivée à la Torretta, Biguglia amena deux chevaux, et il partit avec Galvani pour Vescovato.

Les montures étaient de vraies rosses ;
quoique la distance à franchir ne fût que de
vingt-cinq kilomètres, il fallut, pour leur laisser
reprendre haleine, faire halte dans un hameau

situé à mi-chemin. Murat et Galvani entrèrent dans une maison de paysans et demandèrent si on pouvait leur donner à manger. On leur servit du pain, du fromage, des poires et du vin. Murat, à qui le fromage du pays répugnait, se contenta de pain et de fruits. Ce modeste repas terminé, il remonta à cheval avec son compagnon. A midi il arrivait à Vescovato par une chaleur accablante. Comme cela est l'habitude dans les contrées méridionales, tout le monde était renfermé chez soi, le village semblait désert. Les deux cavaliers s'arrêtèrent devant la maison Ceccaldi, attachèrent leurs chevaux et se firent ouvrir. Joachim demanda, sans décliner son nom, à parler au général Franceschetti. Celui-ci se trouvait à ce moment-là dans sa chambre, dans la tenue la plus négligée. Il donna ordre d'introduire l'étranger. Quelle fut sa stupeur en voyant entrer le roi dans le costume misérable que j'ai décrit plus haut! Il se jeta à ses pieds. Le prince le releva, le pressa sur son cœur. « Il faut me donner l'hospitalité, lui dit-il, il faut me sauver. Trouverai-je encore un fidèle sujet... Je m'abandonne à vous. »

« Sire, répondit le général, je ne trahirai pas votre confiance ; ma fortune est à vous, vous pouvez en disposer ; vos droits sont toujours les mêmes sur moi, ma famille n'a jamais méprisé les malheureux. »

Pour les Corses d'alors, les devoirs de l'hospitalité étaient tenus pour sacrés. Quoiqu'il appartînt au parti royaliste et que ses opinions l'eussent même fait exiler sous l'Empire, Colonna Ceccaldi, prévenu par son gendre de l'arrivée du roi, s'empressa de lui répéter que sa maison était sienne. Le malheureux proscrit put enfin prendre sous ce toit hospitalier le repos dont il avait un si grand besoin après tant d'épreuves.

Colonna Ceccaldi était maire de Vescovato. Il crut de son devoir d'écrire immédiatement au colonel Verrier, gouverneur militaire de la Corse, pour lui annoncer l'arrivée de Murat dans sa maison, en ajoutant que ce malheureux prince n'avait d'autre but que de trouver un asile sûr, en attendant qu'il pût faire valoir ses droits auprès de Louis XVIII, et qu'il n'y avait point à craindre qu'il troublât la tranquillité publique dans l'île. Cette lettre ne parvint au destinataire que le 26 vers les six heures du matin.

Le colonel avait été informé dès la veille de l'arrestation de Donnadieu, de Langlade et de Blancard, et avait appris en même temps qu'un quatrième voyageur avait trouvé moyen de débarquer sans passeport et s'était rendu à Vescovato. Il se décida à le faire arrêter sans retard, et il fit partir à cet effet, dans la nuit du 25 au 26 août, dix gendarmes sous les ordres du lieutenant Serra. La petite troupe arriva au village à la pointe du jour. A la vue des gendarmes, les habitants, qui savaient déjà que Joachim était l'hôte de Colonna Ceccaldi, s'armèrent à la hâte, et vinrent se ranger autour de l'habitation du maire. Celui-ci et son gendre firent comprendre au lieutenant qu'il ne pourrait exécuter son mandat que par la force, et qu'il n'était pas vraisemblable qu'il eût le dessus. Ils l'engagèrent à réclamer de nouveaux ordres de son chef, auquel il envoya un exprès. En attendant une réponse à sa lettre, Serra demanda à voir le roi; Franceschetti le présenta à Joachim qui le reçut avec beaucoup d'affabilité, et qui lui

répéta qu'il ne voulait en aucune façon troubler la paix publique. A la réception du rapport de son subordonné, Verrier lui écrivit de
rentrer à Bastia. Il lui était impossible, faute
de troupes, de faire exécuter l'ordre qu'il avait
donné. Il écrivit en même temps à Colonna
Ceccaldi en l'engageant à faire partir son hôte
le plus tôt possible.

La nouvelle de l'arrivée de Murat et des
mauvaises intentions des autorités à son égard
se répandit rapidement dans le pays. En peu
de jours le village fut rempli de gens armés
accourus pour défendre l'hôte de Colonna
Ceccaldi. Parmi ces gens se trouvaient
nombre d'officiers et de soldats corses qui
avaient été au service du roi de Naples.

La tentative faite par le colonel Verrier
pour s'emparer de sa personne exerça une
fatale influence sur la destinée de Murat, en
le poussant au désespoir. Traqué en Corse
comme il venait de l'être en Provence par
les agents de Louis XVIII, il se vit tombant
un jour ou l'autre entre les mains de ses
ennemis, et il se dit que mieux valait, pour
un soldat comme lui, périr les armes à la

main que de finir sa vie dans une prison.
C'est à ce moment que naquit, dans son cer-
veau troublé par l'infortune et les inquiétudes,
l'idée de tenter un coup de main pour sortir
d'une intolérable situation. Deux projets se
présentèrent tout d'abord à son esprit : l'un
était de s'emparer de l'île d'Elbe avec le concours de la garnison française qui l'occupait
encore; l'autre, d'essayer, en débarquant en
personne dans son ancien royaume, d'y pro-
voquer un soulèvement en sa faveur. Avant
de mettre ces projets à exécution, il résolut
de s'assurer s'ils présentaient quelques chances
de succès, d'une part en s'abouchant avec le
gouverneur de l'île d'Elbe, et d'autre part,
en consultant ses principaux partisans de
Naples et surtout le général Filangieri, dont il
connaissait l'esprit clairvoyant et le sens rassis.

Pour sonder les dispositions du général
Dalesmes, qui commandait à Porto-Ferrajo,
comme pour aller interroger ses muratistes
de Naples, il fallait un messager de confiance;
Franceschetti fut chargé de le trouver. Son
choix tomba sur un habitant de Bastia, Simon
Lambruschini, qui partit dès le 29 août,

muni d'instructions écrites sur quatre feuilles de papier séparées dont il nous paraît utile de transcrire la partie qui concernait les démarches à faire à Naples.

« Il faudra voir le général Filangieri et lui dire qu'on est envoyé pour s'informer de sa santé[1], à laquelle on prend toujours le plus vif intérêt.

» On lui fera connaître l'arrivée en Corse, et alors, suivant les sentiments qu'on découvrira en lui, on entrera dans les confidences, et on lui demandera sur qui et sur quoi l'on pourrait compter, si l'on se déterminait à se jeter dans le royaume; on lui dira qu'on a ordre de faire la même communication à Carascosa et à Colletta, s'il n'y trouve aucun inconvénient.

» Il faudra qu'il s'informe auprès du général Filangieri quelle est la nouvelle organisation de l'armée, quelle en est la force, qui la commande, et les garnisons qu'elle occupe régiment par régiment, infanterie et cavalerie;

---

1. Ce général, qui avait chargé presque seul pour enlever le pont d'Occhobello (le 4 avril 1815), avait été laissé pour mort sur le champ de bataille.

si les anciens généraux ont pris du service et si les anciens officiers ont été remplacés.

» Savoir quels sont les successeurs des intendants (préfets) Flac à Cosenza, Gentile à Salerne et les autres changements qui auraient eu lieu dans les intendances et dans les emplois des ministères, principalement à la police.

» Il faudra qu'on lui donne tous les renseignements possibles, et même il faudra se concerter pour la correspondance. On pourrait convenir d'un chiffre.

» Il faudra voir (le duc de) Gallo et (le duc de) Campomele et leur donner de nos nouvelles; leur dire mon arrivée en Corse.

» S'informer auprès d'eux des changements de la cour. Demander à Gallo un chiffre, en lui disant que j'ai perdu celui qu'il m'avait donné.

» Dire au duc de Campomele de me faire donner des nouvelles des duchesses d'Avalos, Casoli, Caramanica, Torrella, Belmonte et de toutes celles de la cour; de la maison Filangieri, d'Atri, de Carignano, de Belvedere, de Sant-Arpino, Calabritto, etc. »

Lambruschini devait également voir à Naples le banquier Falconnet pour le prier d'envoyer de l'argent au roi.

Le messager arriva le 1ᵉʳ septembre à Porto-Ferrajo, où il dut subir une quarantaine. Il avait une lettre du roi pour le général Dalesmes, dont nous extrayons le passage suivant : « Général, vous me connaissez, je ne suis pas emporté par une vaine préoccupation : si nous sommes maîtres de l'île d'Elbe, nous pourrons conserver une grande influence en Italie et disposer de nouveau de toutes les ressources du royaume de Naples. Après le grand Napoléon, auquel nul ne doit être comparé, j'ose me flatter qu'il n'y a que moi seul qui sois capable de mettre encore à flot le vaisseau de la liberté. »

Outre cette lettre, Lambruschini possédait un chiffon de papier sur lequel Murat avait tracé de sa main ces seuls mots : « Vous ajouterez une foi entière à ce que dira le porteur. JOACHIM NAPOLÉON. » — Confiné dans le lazaret, l'envoyé ne put que faire connaître par écrit au gouverneur le message dont il était chargé, en joignant à sa lettre celle du roi.

Dalesmes lui fit répondre le lendemain, verbalement, que la proposition lui arrivait trop tard, qu'il venait de signer une capitulation. Ce général paraît néanmoins avoir fait son possible pour la rompre en demandant pour la France au commandant des troupes toscanes de Porto-Longone une plus forte quantité de pièces de canon que celle dont il avait été primitivemeet question. Mais la demande fut aussitôt accordée, et la capitulation dut être exécutée.

Lambruschini prévint Murat de l'insuccès de sa mission par une lettre que le bateau qui l'avait amené rapporta à Bastia. Sorti de quarantaine le 5 septembre, il quitta Porto-Ferrajo le même jour, et le 8 au matin il débarquait à Livourne. Nous reviendrons plus loin sur la suite de son voyage.

Le tentative de Murat pour gagner la garnison de l'île d'Elbe ne resta pas secrète. Sa lettre au général Dalesmes fut très promptement envoyée au gouvernement grand-ducal, Dans la copie qui existe aux archives d'Angleterre, on lit au-dessous de la signature de Joachim Napoléon les mots suivants, probablement écrits dans l'original de la main de Dalesmes, et qui reproduisent la réponse verbale donnée à Lambruschini : « Six jours plus tôt, l'affaire était terminée. Aujourd'hui il est impossible de différer. » On se demande par qui ce document confidentiel fut transmis aux ministres toscans. Il est probable qu'il fut dérobé au général par quelque agent de la police florentine. Quoi qu'il en soit, le grand duc en fut fort ému. Il chargea son premier ministre, le prince Corsini, de communiquer confidentiellement la lettre de l'ex-roi à l'envoyé du gouvernement britannique, lord Burghersh, en lui demandant avec insistance de mettre obstacle aux nouveaux projets que Murat pouvait former contre la Toscane. Lord Burghersh écrivit dès le 5 septembre au contre-amiral Sir Josias Rowley qui se trouvait sur l'*Impregnable*, en rade de Livourne, pour le prévenir des menées de l'ex-roi de Naples, et le prier d'envoyer un croiseur sur les côtes de Corse et de prendre toutes les mesures qu'il croirait utiles pour empêcher le maréchal Murat de quitter l'île.

L'amiral anglais n'avait sous la main aucun

navire léger pour cette croisière. Ce ne fut
que le 11 septembre qu'il put faire partir le
Spartan pour les eaux de Corse.

Lord Burghersh adressa le 8, à lord Castlereagh, une première dépêche pour lui rendre
compte des événements.

Depuis son départ de Naples, Murat ne savait rien autre chose de la reine Caroline,
sinon qu'elle s'était mise sous la protection
de l'Autriche et qu'elle avait été emmenée
à Trieste avec quelques-uns de ses ministres.
A peine installé à Vescovato, il lui écrivit pour
lui donner de ses nouvelles et lui demander
des siennes. Le difficile était de faire parvenir
sa lettre, les postes étant soumises alors, dans
tous les États de l'Europe, à la plus stricte
surveillance. Pour réussir, Joachim eut la sin-
gulière idée d'avoir recours à Ferdinand de
Toscane, avec lequel il avait, il est vrai, entretenu jadis de très bons rapports, mais contre
lequel il conspirait dans ce même moment.
La demande qu'il adressa à ce prince parvint
à Florence alors qu'on y était instruit de ses
agissements pour s'emparer de l'île d'Elbe.
On peut s'imaginer quel accueil elle y reçut.

Le grand duc se refusa à faire passer la lettre écrite par l'ex-roi à sa femme sous le prétexte qu'il avait besoin de l'autorisation spéciale des puissances alliées. Il semblerait, d'après une dépêche de lord Burghersh, du 15 septembre, que Ferdinand fut étonné et même indigné de ce qu'en lui écrivant l'usurpateur détrôné, que l'on n'appelait plus, parmi les vainqueurs de Napoléon, que le maréchal ou le général Murat, osât encore employer vis-à-vis de lui les formules en usage entre princes régnants.

Joachim, qui paraît avoir ignoré que ses menées pour s'emparer de l'île d'Elbe avaient été dévoilées à Florence, fut profondément mortifié du refus du grand duc. Galvani nous raconte qu'il s'écria avec l'accent de la douleur : « Voilà l'homme qui me témoignait la plus sincère amitié et qui, pendant son séjour à Paris, était constamment chez moi. »

Mais revenons à la Corse. La situation y était fort troublée. Les garnisons de Calvi, de Bastia et d'Ajaccio ne formaient pas un total de mille hommes, ce qui laissait les autorités dans une impuissance absolue. Quant à la

population, elle était divisée en plusieurs
fractions : les Anglais, les bonapartistes et les
royalistes, sans compter un quatrième parti
qui rêvait l'indépendance absolue de l'île. Les
partisans de l'Angleterre et ceux de Napoléon étaient de beaucoup les plus nombreux.
Ils faisaient cause commune contre les Bourbonniens, tout en se détestant cordialement
entre eux. Toute la Corse était en armes,
chaque parti se tenant prêt à profiter des événements.

Le colonel Verrier était dans une position
fort embarrassée. Il était obsédé par les
royalistes, et même par les partisans de l'Angleterre, qui lui représentaient que Murat voulait s'emparer de l'île, et qui réclamaient à
grands cris son arrestation. Le colonel, qui
n'avait qu'un très petit nombre de soldats, et
qui ne pouvait même pas compter sur eux, était
dans l'impossibilité de s'emparer de la personne de l'ex-roi. Du 26 août au 15 septembre, il parlementa avec le maire de Vescovato sans obtenir gain de cause. Après avoir
engagé ce fonctionnaire à faire tous ses efforts
pour que Joachim allât attendre dans un autre

pays que la Corse la décision des souverains alliés à son égard, il se vit obligé, sous la pression des partisans de Louis XVIII et des officiers anglais, d'empêcher son départ en mettant l'embargo sur deux petits bateaux de six à huit tonneaux chacun qu'il avait achetés à Bastia.

D'ardents royalistes, exaspérés par l'inaction forcée du commandant militaire, avaient été solliciter l'intervention armée du général anglais qui tenait garnison à Gênes. Celui-ci dut leur faire observer que, le roi de France étant allié du roi d'Angleterre, il ne lui était pas permis de faire entrer des troupes sur un territoire français. Il leur promit, toutefois, d'envoyer un officier d'état-major auprès de l'ex-roi pour connaître ses intentions. Cet officier fit voile pour Bastia sur un brick de guerre anglais et se rendit de ce port à Vescovato accompagné uniquement par le capitaine commandant ce navire. Il fit part au roi des motifs de sa mission. Voici, d'après Franceschetti, la réponse textuelle de Joachim :
« Le sort des armes m'a forcé d'abandonner mon royaume ; un concours de circonstances impré-

vues m'a jeté dans cette île. Je ne suis pas venu y apporter le trouble et le désordre, mais je suis venu y chercher l'hospitalité. Je m'attendais au bon accueil que j'ai reçu de ses habitants, parce que l'infortune a des droits sacrés chez ce peuple hospitalier. J'ai créé officiers plus de deux mille soldats corses ; je vis ici en simple particulier ; les couleurs du roi de France sont respectées, et je ne permettrai jamais que mon nom serve de prétexte pour troubler la tranquillité publique. Du reste, j'attends des passeports des puissances coalisées ; si c'est de vous que je dois les recevoir, je suis prêt à quitter Vescovato et à m'embarquer sur votre brick. » L'officier anglais lui répondit qu'il n'avait pas les passeports, mais que cependant il mettait le brick à sa disposition, s'il voulait s'y embarquer. Joachim déclina l'offre, et l'envoyé du gouverneur de Gênes reprit la route de cette ville sans même avoir rendu visite en passant au commandant de Bastia.

Parmi les subordonnés de Verrier, il y en avait un beaucoup plus résolu que lui. C'était son chef d'état-major, le commandant Galloni. Cet officier avait été envoyé le 19 août dans cette partie de l'arrondissement de Calvi qu'on appelait la Balagne. L'objet de sa mission était de dissoudre les compagnies franches qui s'y étaient formées. Lorsqu'il apprit l'arrivée de Murat à Vescovato et l'insuccès de la tentative faite par son chef pour l'arrêter, il se décida, au lieu de faire rentrer dans leurs foyers, comme il en avait l'ordre, les hommes composant les compagnies franches, à les maintenir sous les armes et même à appeler de nouvelles recrues, ce qui le conduisit à lever fort irrégulièrement des contributions sur le pays qu'il avait été chargé de pacifier. Dès qu'il crut avoir assez de monde, il annonça hautement son intention de marcher contre le roi ; ce bruit amena de nouveaux renforts à Joachim. Quoique désavoué par son chef, qui appela un autre officier à remplir les fonctions de chef d'état-major, Galloni marcha sur Vescovato. Lorsqu'il y arriva, Murat en était parti, Les habitants, ainsi que nombre de parents et de clients de Colonna Ceccaldi, se portèrent à sa rencontre et mirent sa bande en déroute.

Au dire de plusieurs de ses contemporains,

Joachim, si brave sur les champs de bataille,
était du caractère le plus irrésolu dès qu'il
s'agissait de prendre une détermination importante. Comme tous les hommes faibles, il
passait rapidement d'un extrême à l'autre.
Nous en trouvons un exemple frappant dans
les Souvenirs de madame Récamier. Cette
femme célèbre se trouvait seule chez la reine
de Naples le 11 janvier 1814, lorsque le roi
y entra pour annoncer qu'il venait de signer
le traité qui l'associait à la coalition. Voyant
que malgré tous ses raisonnements madame
Récamier n'approuvait pas ce qu'il venait de
faire, Murat s'écria : « Je suis donc un traître ! »
Puis, se jetant sur un canapé, il cacha sa
figure dans ses mains et éclata en sanglots.
Désireuse de ne point laisser voir à son entourage le trouble de son mari, la reine alla
lui préparer elle-même un verre d'eau et de
fleur d'oranger et le lui apporta en le suppliant de se calmer. Une demi-heure plus
tard, ce même prince, que nous venons de
voir en proie à une si violente émotion, par-
courait sa capitale, la figure rayonnante, pour
recueillir les acclamations de ses sujets las,

comme bien d'autres peuples à cette époque,
de fournir sans cesse de nouveaux soldats à
ce terrible sacrificateur d'hommes qu'était le
grand Napoléon.

Connaissant l'irrésolution qui faisait le fond
du caractère de Murat, on peut admettre, avec
la quasi certitude d'être dans le vrai, qu'il
passa les trois premières semaines de son
séjour à Vescovato à former tour à tour les
projets les plus opposés, tout entier par moments au désir d'obtenir un asile des puissances alliées et uniquement préoccupé, par
d'autres, de reconquérir son royaume. Il comprenait pourtant, lorsque la passion ne l'aveu-
glait pas, toutes les difficultés de l'entreprise.
Ceux-là mêmes en qui il mettait sa confiance
ne se faisaient pas faute de les lui montrer, et
s'efforçaient de le détourner de son projet.
Plusieurs de ses partisans et, notamment, les
trois vaillants hommes qui l'avaient amené en
Corse au péril de leur vie, avaient refusé de
s'associer à son dessein téméraire. Aussi, tout
en conservant sous sa main, malgré les frais
considérables qui en résultaient, les anciens
officiers et soldats accourus à Vescovato pour

le défendre, il semblait décidé à ne prendre le
parti extrême blâmé par ses amis, que si les
puissances alliées lui refusaient un asile, et si
Lambruschini, dont il attendait impatiemment
le retour, lui rapportait des réponses favorables de ses partisans. Tout à coup, vers le
15 septembre, à peu près au moment où le
colonel Verrier le mettait hors la loi, il reçut
de Naples des lettres qui mirent fin à ses hésitations et l'entraînèrent à une résolution qui
nous semble aujourd'hui insensée; mais elle
dut se présenter à son esprit sous un jour tout
différent en conséquence des encouragements
qui lui étaient prodigués et des assurances
formelles qui lui étaient données. Avant de
dire tout ce que contenaient ces lettres et de
qui elles émanaient, il nous faut revenir un
peu en arrière et jeter un rapide coup d'œil
sur ce qui s'était passé à Naples depuis la restauration de la maison de Bourbon, et surtout
depuis qu'on y connaissait la présence de
Murat en Corse et les projets qu'il avait formés
pour s'emparer de l'île d'Elbe.

IV

FERDINAND A NAPLES ET JOACHIM EN CORSE[1]

Rentrée de Ferdinand dans ses États de terre ferme. — Son
caractère. — Son éducation. — État des esprits dans le
royaume après la restauration. — Inquiétudes du roi et de
ses ministres à la nouvelle des projets de Murat. — Projet
de guet-apens conçu et exécuté par le ministère. — Piège
tendu à Murat. — Effet sur l'ex-roi des lettres qui lui
sont écrites par ses partisans. — Résistance de ses adhérents. — Voyage de Vescovato à Ajaccio. — Arrivée dans
cette ville. — Questions financières. — Affrètement de
bâtiments. — Barbara. — Macirone arrive en Corse après
avoir obtenu pour Murat l'offre d'un asile en Autriche. —
Son entrevue avec Murat qui refuse l'asile offert. — Carabelli. — Départ pour la Calabre.

Ce fut le 4 juin 1815 que le navire rame-
nant de Sicile l'heureux compétiteur de Joa—

1. Colletta (le général), *Storia del Reame di Napoli,* déjà
cité. Vol. II, p. 173 à 196. — Franceschetti (le gén.), déjà

chim jeta l'ancre dans la baie de Baïa.
Deux jours plus tard, le souverain restauré
débarquait à Portici et se réinstallait dans son
palais de la Favorite, qu'il retrouvait presque
entièrement reconstruit sur un meilleur plan,
et meublé avec autant de goût que de magni-
ficence.

Jamais roi, momentanément chassé de son
royaume, n'éprouva en y rentrant une satisfaction plus grande que celle que ressentit
Ferdinand IV, en reprenant possession de ses
États de terre ferme. Il n'avait pourtant jamais
cessé de régner en Sicile et n'avait pas, comme
tant de princes de son temps, connu les amer-
tumes et les hontes de l'exil sur une terre
étrangère ; mais il était foncièrement Napolitain, et comme tel il n'avait aucune sympathie
pour ses sujets d'au delà du Phare, et s'était

cité. — Galvani, déjà cité. — Helfert (le baron de). *Murat*,
déjà cité. — Macirone, déjà cité. — Palmieri di Micciche,
Pensées et souvenirs historiques. — Palmieri di Micciche,
Mœurs de la cour et des peuples des Deux-Siciles. — Pepe
(le gén.). *Mémoires*, I, p. 310 à 325. — Zahn (le doct. von).
Von Köning Joachim Murat's Ende. (Voir appendice A.)
Archives des affaires étrangères, Naples, 1815-1816, vol. CXLI.
(Voir appendice B.) — Archives nationales. Fonds Murat,
F⁷ 9021 et F⁷ 6788.

toujours, malgré leur dévouement à sa cause, senti mal à l'aise au milieu d'eux.

Ferdinand IV était avant tout un homme de plaisir, n'ayant jamais su remplir sérieusement ses devoirs de roi. La faute en était à ceux qui avaient eu la charge de son éducation, et qui avaient trahi la confiance qu'avait placée en eux son père Charles III. Celui-ci, l'un des souverains les plus éclairés qui aient régné sur Naples et sur l'Espagne, avait été appelé en 1759 à succéder à son frère Ferdinand VI, sur le trône de Charles-Quint. Son second fils, le Ferdinand dont nous nous occupons, avait quatre ans à peine à cette époque. Il le mit sous la tutelle du marquis Tanucci, un grand ministre, et du prince de San Nicandro, un grand seigneur, aussi inintelligent que dévoué. Ces deux hommes, le premier, par ambition de garder le pouvoir à la majorité de son pupille, le second par ignorance et imbécillité, ne surent qu'étouffer les bons instincts du jeune prince et développer les mauvais. Tanucci, pour l'éloigner des affaires, le poussa au libertinage ; San Nicandro, qui n'avait aucune instruction, ne put lui ap-

prendre que ce qu'il savait lui-même ; il le
forma à tous les exercices du corps et lui
inspira la passion de la chasse et de la pêche.
Il ne sut même pas faire un vaillant soldat
de ce descendant dégénéré d'Henri IV et de
Philippe V. Ferdinand grandit entre de jeunes
seigneurs vicieux et vaniteux, et des gens du
peuple ignorants et grossiers. Aux uns, il prit
le mépris qu'il professa toute sa vie pour la
bourgeoisie, aux autres leur parler vulgaire et
le goût des grosses plaisanteries. Avec tout
son orgueil de souverain absolu, il ne fut
jamais sur le trône qu'un lazarone couronné.
Absorbé par ses plaisirs et ses maîtresses, et trop
indolent pour gouverner, il abandonna le pouvoir d'abord à Tanucci, plus tard à sa femme
et à ses amants. De retour à Naples en 1815, il
continua à ne s'occuper que le moins possible
des affaires de l'État. L'énergique Marie-Caroline n'était plus là pour suppléer à son inca-
pacité. Chassée de la Sicile par les Anglais, elle
avait été mourir à Vienne en 1814. Il l'avait
remplacée par une grande dame sicilienne,
Lucie Migliaccio, princesse de Partanna, qu'il
avait épousée morganatiquement, et il avait

remis la direction des affaires à trois ministres, le marquis Circello, un vieux partisan de l'absolutisme, ennemi invétéré des innovations modernes ; le marquis Tommasi, un peu moins rétrograde que son collègue, et le chevalier de Medici, un gentilhomme de noble race, fort intelligent, qui, en d'autres temps et sous un autre régime, eût pu être un grand ministre.

Malgré toutes les promesses que Ferdinand avait prodiguées dans ses proclamations, et malgré les tendances incontestablement modérées du ministère, il se produisit par la force des choses une réaction contre les hommes et les classes qui avaient été favorisés sous Joseph et Joachim. La bourgeoisie, qui avait joué un certain rôle pendant la domination française, se vit reléguée au dernier rang. Si, comme le dit le comte de Narbonne dans une de ses dépêches, la plupart des emplois subalternes furent laissés entre les mains de ceux qui les occupaient sous Murat, ce ne fut que parce qu'eux seuls avaient l'expérience nécessaire pour les remplir. A la cour, les membres de l'aristocratie ayant occupé les premières places sous le régime déchu furent mal vus de Ferdinand qui ne les accueillait, il est vrai, ni bien ni mal, mais qui leur avait fait rendre en partie ce qu'ils avaient reçu de l'usurpateur, et réservait ses bonnes grâces aux fidèles qui l'avaient suivi à Palerme [1]. Enfin, l'armée muratiste, qui était tenue en suspicion, fut sacrifiée à celle de Sicile. Une solde plus élevée fut accordée à celle-ci, une solde moindre à celle-là. La garde royale ne fut composée que de soldats et d'officiers faisant partie des troupes d'au delà du Phare dont les généraux furent avancés d'un ou de deux grades au détriment de leurs collègues de la terre ferme. De tout cela il résulta un certain mécontentement dans le pays, plutôt, il est vrai, dans la population éclairée des villes que parmi le bas peuple et les paysans.

Telle était la situation intérieure lorsque le gouvernement napolitain apprit, au commencement de septembre, la présence de Murat en Corse, et sa tentative sur l'île d'Elbe qui,

1. Voir appendice B. Narbonne à Talleyrand, 23 septembre 1815.

d'après sa lettre au général Dalesmes, ne devait
être que le prélude d'une entreprise sur son
ancien royaume. Malgré la présence de l'armée
autrichienne, Ferdinand eut peur. J'ai dit
plus haut qu'il n'était pas brave : on l'avait
vu en 1798 fuir des premiers devant Cham-
pionnet, et abandonner lâchement sa capitale
où les lazaroni opposèrent, après son départ
pour la Sicile, une résistance si énergique aux
troupes françaises. Non seulement il manquait
de courage, mais il n'en avait aucune honte.
Palmieri raconte dans ses Souvenirs qu'il
l'avait entendu se vanter d'avoir, en fuyant
d'Albano, changé de costume avec un de ses
courtisans, le duc d'Ascoli, dans la crainte de
rencontrer des jacobins et d'être reconnu par
eux. « S'il s'en était trouvé sur notre route,
ajouta-t-il dans son patois napolitain et en riant
de son gros rire vulgaire, c'est Ascoli qui
aurait été massacré et moi qui aurais été
épargné. »

Tout le monde de la cour, il faut le dire,
partagea la terreur du roi. Les ministres
prirent sans tarder toutes les mesures qu'ils
crurent les plus propres à mettre obstacle à

un débarquement de Murat. Trois divisions de chaloupes-canonnières furent échelonnées sur les côtes, de Terracine au détroit de Messine, et une escadre composée de deux frégates, d'une corvette et d'un schooner fut envoyée dans les eaux de la Corse et confiée à un chef énergique, le vice-amiral de Préville, ancien officier de notre marine, passé à l'émigration au service des Bourbons de Naples[1]. L'ordre fut donné sur toutes les côtes et à tous les commandants des navires de guerre de faire subir à Joachim un jugement militaire, si l'on avait la bonne fortune de le faire prisonnier.

Pendant que l'entourage du monarque, complètement affolé, ne songeait qu'à empêcher le roi déchu de rentrer dans le royaume, un des ministres, probablement Medici, le plus intelligent et le plus hardi des trois, conçut un projet tout différent qu'il eut l'habileté de faire accepter par ses collègues dont le concours lui était d'ailleurs nécessaire ; il paraît certain que ce projet, dont l'exécution fut confiée à son auteur, qui remplissait à ce moment-là

1. Dépêche de Narbonne du 30 septembre 1815. — Voir Appendice B.

par intérim les fonctions de ministre de la
police, ne fut pas communiqué à Ferdinand
dont on craignait la pusillanimité[1]. Le plan
agréé par le cabinet consistait à attirer Murat
sur un point choisi d'avance, à s'y emparer
de sa personne pour le mettre à mort, et à
débarrasser ainsi le roi légitime d'un rival
qui pouvait redevenir un jour redoutable.
Aucune province ne parut mieux convenir
que la Calabre pour y mettre ce dessein à
exécution. Le général Manhès y avait rendu
le nom de Murat odieux, sinon dans les
grandes villes, du moins dans les campagnes,
en y réprimant le brigandage avec une impi-

1. Le texte de la lettre du baron de Koller semble bien
dire que Ferdinand n'apprit qu'au commencement de novembre que Murat avait été attiré dans un piège. D'ailleurs
divers documents officiels tendent à démontrer que Ferdinand
n'avait d'autre but que d'empêcher son rival de débarquer
dans le royaume. Je citerai, entre autres, la dépêche en date
du 11 octobre, du prince de Castelcicala, ambassadeur de
Naples en France, au duc de Richelieu, insistant auprès de
lui pour que le gouvernement français envoyât en Corse des
forces suffisantes pour mettre obstacle aux projets de Murat.
Si Ferdinand n'avait eu en vue que d'attirer son rival dans
un guet-apens, il ne se serait pas plaint, comme il le fait dans
ce document diplomatique, de ce que les mauvais temps
allaient forcer l'escadre de M. de Préville à s'éloigner de la
Corse et à laisser la route ouverte à Murat.— Voir appendice B.

toyable sévérité. On pouvait donc compter que le bas peuple, bien plus disposé que la bourgeoisie à prendre les armes, n'embrasserait pas la cause de l'usurpateur déchu, et se prononcerait bien plutôt contre lui. Par contre, l'éloignement des Autrichiens concentrés autour de Naples et dans les provinces du Nord devait sembler favorable à Murat si l'on parvenait à le convaincre qu'il trouverait les Calabres prêtes à se soulever en sa faveur C'est à lui inspirer cette conviction que travailla le ministre. Pour mener à bonne fin sa ténébreuse besogne, il s'associa le baron Petroni, intendant de Monteleone, auquel il promit vingt mille ducats dont dix mille lui furent comptés de suite. Petroni, qui paraît avoir servi antérieurement sous Murat, lui écrivit directement pour l'engager à revenir dans le royaume où il l'assurait que tout le monde était prêt à l'acclamer et à secouer le joug odieux de Ferdinand. Il fit plus. Il y avait à la tête de la Basilicate un intendant et un commandant de gendarmerie qui étaient restés muratistes de cœur; il se présenta à eux comme un partisan dévoué du roi déchu, et les engagea à lui écrire, eux aussi, en lui dépeignant sous les couleurs les plus vives le mécontentement qui régnait dans le pays. Ceux-ci firent à leur tour de la propagande, sans se douter qu'ils jouaient le rôle d'agents provocateurs, et firent signer des adresses à Joachim. Lettres et adresses, confiées à Petroni, parvinrent à destination par l'entremise des agents que Medici avait envoyés en Corse, et dont quelques-uns entrèrent probablement en rapport avec Murat et lui répétèrent, pour l'encourager, tout ce que lui écrivaient de la Calabre et de la Basilicate Petroni et ses complices involontaires.

Medici ne s'en tint pas là : soit par menaces, soit par corruption, il obligea quelques-uns des principaux partisans de Murat, parmi lesquels, au dire du baron de Koller, se trouvait un général qui avait compté au nombre de ses plus fidèles adhérents, à lui écrire, eux aussi, pour le pousser à reconquérir son royaume. Dans ces lettres, écrites sous l'inspiration du ministre, ou peut-être tout simplement dictées par lui, on représentait la population comme lasse du gouvernement des

Bourbons et prête à se soulever pour rétablir Joachim sur le trône. On y disait qu'aucun Autrichien n'osait plus s'aventurer seul dans les rues de Naples ou dans les campagnes, qu'on assassinait la nuit les sentinelles de l'armée d'occupation et qu'il en périssait jusqu'à trente par jour.

Le général dont nous venons de parler alla plus loin. Il assura Murat que, dans le but de favoriser son débarquement, il allait, en mettant en jeu l'influence de ses amis, faire envoyer au Pizzo l'ancienne garde royale pour y procéder un peu plus tard à son licenciement que l'on avait peur d'opérer à Naples.

Quels furent les auteurs de ces lettres perfides? Le baron de Koller, à qui nous devons tous les détails de la machination, ne le dit pas, et il nous a été impossible de découvrir leurs noms. Le dossier où ces noms devaient se trouver ne se retrouve plus aux archives de Naples. Il a dû cependant exister, puisque Medici dans son compte rendu officiel parle des rapports reçus des agents qu'il entretenait en Corse et de lettres interceptées. Seul le descendant d'un des acteurs du drame connaît peut-être les noms des coupables, mais il s'est toujours refusé à communiquer à qui que ce fût, par égard pour des familles amies, les importants documents qu'il possède.

Parmi ceux que l'opinion publique accusa d'avoir trempé dans l'odieuse machination qui coûta la vie à Murat, aucun ne le fut plus violemment que le général Colletta, le célèbre historien à qui nous devons un des récits contemporains des événements qui nous occupent. Le général Pepe dit dans ses Mémoires qu'il avait de tristes antécédents. Jeune, il avait été l'amant d'une vieille femme dont il ruina le mari. Sous la domination française, il avait fait partie d'un tribunal d'exception et s'y était montré d'une impitoyable férocité. Plus tard, il avait gagné la faveur de Murat, et avait obtenu sans avoir presque fait la guerre les épaulettes de général. Nous trouvons dans une réfutation de son *Histoire du royaume de Naples*, attribuée à un de ses anciens collègues, le lieutenant général prince de Strongoli, le passage suivant qui paraît être l'expression de ce que pensaient de lui ses contemporains : « On croyait qu'après avoir

condamné tant de partisans des Bourbons,
Colletta serait proscrit au retour de Ferdinand.
On le croyait d'autant plus fermement que
Medici rapportait de Sicile les preuves irréfu-
tables de l'innocence de Viscardi, que lui et
ses complices avaient envoyé à la potence.
Peut-être la convention de Casalanza ne l'au-
rait-elle pas mis à l'abri des vengeances qu'il
avait provoquées, s'il n'avait pas racheté le
sang par le sang. Mais il prit une grande part
à la trame qui poussa le malheureux Murat
sur les côtes de Calabre, et après avoir gagné
ainsi les bonnes grâces du ministère, il obtint
le commandement de la province de Salerne[1]. »

Pour parer à toute éventualité, Medici envoya au Pizzo, probablement à l'instigation
de Petroni, un ancien chef de bande devenu
capitaine de gendarmerie, Gregorio Trentacapilli. Ce personnage, dont, au dire de Galvani
et de Franceschetti, le général Manhès avait
fait pendre trois frères pour faits de brigandage, professait tout naturellement une
haine violente contre Joachim. Le ministre le

---

1. *Notizia Storica del conte C. A. Manhès.* p. 376.

chargea de réchauffer les passions anti muratistes de la population du Pizzo où il avait de
la famille et quelque influence. Le Pizzo avait
eu beaucoup à souffrir commercialement pendant la domination française, et les habitants
en avaient gardé rancune à Joachim. Aussi la
Restauration avait-elle été accueillie par eux
avec la plus vive satisfaction. Bien qu'il fût
peu probable qu'avec de pareils sentiments ils
prissent fait et cause pour Murat, Trentacapilli s'était chargé de le poignarder, si contre
toute attente la population lui faisait bon
accueil. La capture de Murat devait lui être
payée cinq mille ducats, sa mort quinze mille.
Un acompte de trois mille ducats lui avait été
versé à la conclusion du marché.

Il est facile de se rendre compte de l'effet
que produisirent sur l'esprit impressionnable
de Murat les lettres dont nous venons de parler, surtout celles qui lui avaient été écrites
par des hommes qu'il considérait comme ses
plus fidèles partisans. En rouvrant devant lui
la perspective de remonter sur son trône, elles
rallumèrent en lui un violent désir de régner,
qui, après s'être momentanément assoupi pen-

dant son séjour en Provence, s'était réveillé depuis son arrivée en Corse. Ces lettres lui parvinrent probablement à l'époque où le colonel Verrier, forcé d'obéir aux injonctions impérieuses des royalistes, venait de le mettre hors la loi. Las d'être ainsi traqué par les agents de Louis XVIII, sans nouvelles de Fouché, désespérant d'obtenir des souverains alliés l'asile qu'il sollicitait, et convaincu par les fallacieuses assurances qui venaient de lui être données que ses anciens sujets, fatigués du joug des Bourbons, allaient se soulever en sa faveur, il mit fin à ses hésitations et se décida à tenter la fortune des armes.

Sa résolution fut loin de rencontrer l'approbation de ceux qui s'étaient attachés à sa fortune. Ceux-là mêmes qui avaient réussi à l'arracher à ses ennemis de Provence, Olanetta, Donnadieu, Langlade et Blancard, refusèrent de s'associer à sa folle entreprise. Franceschetti et Galvani ne consentirent à le suivre que par dévouement à sa personne et après avoir usé de tous les moyens pour le détourner de son projet.

Franceschetti, qui était son confident le

plus intime, ne dit pas un mot des lettres venues de Naples. Son mémoire ayant paru en 1826, sous la Restauration, il est possible qu'il ait craint de compromettre ceux qui les avaient écrites et qu'il croyait de bonne foi. Il est possible aussi que le roi ne lui ait pas communiqué les noms de ses correspondants. Galvani, qui, quoi qu'il en puisse dire, était moins avant que le général dans la confiance de Joachim, nous dit que les relations nouées par ce prince, soit verbalement, soit par correspondance avec tous ceux qui arrivaient de Naples, l'entretenaient dans ses illusions. Parmi ces voyageurs, plus d'un sans doute était aux gages de Medici. Ils affirmaient que le mécontentement de la population de la capitale était à son comble, que les employés ne recevaient pas leurs traitements, que la plus grande partie de l'armée était à demi solde, que tout languissait dans le désordre, enfin que Ferdinand était haï.

Galvani ne cite que le nom d'un seul des correspondants de Murat, le comte Borgia, un exilé, qui avait été adjudant général à son service e son chambellan. Borgia adressa à l'ex-roi, de Porto-Longone où il s'était retiré, un long rapport où il disait, entre autres choses de nature à l'encourager, que Ferdinand était méprisé de ses sujets et haï par l'armée.

La proclamation du colonel Verrier qui mettait Murat hors la loi fut publiée le 15 septembre. Le roi y répondit le 17 par une lettre rendue publique qu'il fit signer par son secrétaire. Dans cette lettre, l'ex–roi, après avoir rappelé la tentative faite pour l'arrêter et l'attaque dont le menaçait le commandant Galloni, reprochait au colonel d'avoir failli déchaîner la guerre civile en Corse et protestait de son ferme dessein de ne pas troubler l'ordre public.

Il n'y avait plus à penser, depuis l'embargo mis par les autorités sur les deux bâtiments achetés à Bastia, à trouver dans ce port des moyens de transport. Murat se décida donc à se rendre à Ajaccio, et après avoir congédié une partie de ceux accourus pour le défendre, il se mit en route le 18 septembre escorté par quatre cents hommes, tous vieux soldats bien armés. Ce même soir, il s'arrêta à Cotone, où il reçut l'hospitalité chez le frère de Galvani qui était curé de ce village. Le 20, il fit halte à Bocognano. Sur toute sa route l'ex-roi fut accueilli avec enthousiasme par les populations accourant à sa rencontre.

De Bocognano, Joachim fit partir Franceschetti pour Ajaccio afin d'y préparer ses logements et d'y noliser les bâtiments nécessaires à l'expédition. Dès son arrivée dans la capitale de la Corse, le général chercha à s'assurer le concours financier des principaux partisans de Napoléon et des membres de sa famille. Il n'éprouva que des refus.

Par suite de l'impossibilité où il était de réaliser la reconnaissance de cinq cent mille ducats (deux millions cent vingt-cinq mille francs) qu'on trouva sur lui au Pizzo et de faire venir l'argent qu'il avait déposé chez le banquier Falconnet, de Naples, et dans la maison Forbes, à Londres, les ressources dont il put disposer pendant son séjour en Corse furent très restreintes. Entre les renseignements fournis par les rapports de police et les assertions de Franceschetti qui ne sont pas toujours d'accord, il n'est pas facile de les estimer d'une façon exacte.

6.

Des trois cent à quatre cent mille francs emportés de Naples le 19 mai, il ne restait le 2 août, en dehors des dix mille francs que Joachim portait dans sa ceinture, qu'une somme de deux cent mille francs qui fut embarquée par le duc de Rocca-Romana sur le navire qui l'emmena au Havre en abandonnant le roi proscrit sur la plage provençale[1]. Ces deux cent mille francs furent peut-être confiés à Macirone qui, d'après les rapports de Decazes, les aurait emportés en Corse et remis au roi au moment de son départ d'Ajaccio.

En dehors de ces deux cent mille francs, Murat paraît avoir eu à Paris quatre cent mille francs chez une commerçante du nom de Michel, et trois cent mille francs chez le banquier Barillon.

Dès son arrivée en Corse, Joachim s'était mis en relation, par l'entremise de Franceschetti, avec des négociants de Bastia, les frères Gregori, auxquels il remit deux traites, l'une de soixante mille francs, l'autre de deux cent

1. Franceschetti, 7.

mille francs sur Barillon. Ces traites ne devaient pas être mises en circulation, pour ne pas attirer l'attention des autorités, mais elles devaient permettre aux Gregori de créer des effets sur Barillon. Sur la traite de deux cent mille francs, la seule dont la police ait eu connaissance, Barillon paya cent soixante et onze mille sept cent quarante francs dont les Gregori prétendirent avoir versé au roi soixante-dix-huit mille deux cent trente-six francs quatre-vingt-quinze centimes, tandis que Franceschetti affirme qu'il n'en reçut que six mille. S'il faut en croire ce général, ce fut lui qui, sur sa fortune ou par son crédit, pourvut à toutes les dépenses faites à Vesco-vato tant pour l'achat des deux gondoles confisquées à Bastia que pour l'entretien des hommes accourus pour défendre l'hôte de Ceccaldi Colonna. Un fait certain, c'est que Franceschetti, qui était jusque-là dans l'aisance, tomba par la suite dans la plus grande gêne. D'après cet auteur, Murat créa sur Gregori, à la veille de son départ, une traite de quatre-vingt-dix mille francs à l'ordre du commandant Bernard Poli auquel il remit en garantie divers diamants estimés à plus de cent mille francs. Toujours d'après Franceschetti, cette somme servit à payer ce qu'on devait à Ajaccio. Il est à croire que Murat embarqua les diamants emportés de Naples, estimés par lui dans son interrogatoire du 8 octobre à près de trois millions, et qu'il paraît avoir gardés, à l'insu de Franceschetti, comme une réserve en cas d'insuccès.

La nouvelle de la prochaine arrivée de Murat dans le chef-lieu de la Corse jeta le désarroi parmi les autorités civiles et militaires. Le colonel Laforêt, qui savait ne pas pouvoir compter sur ses soldats, se retira dans la citadelle en donnant ordre à la garde nationale de s'opposer à l'entrée de Joachim dans la ville. Comme il fallait s'y attendre, peu de gardes nationaux répondirent à l'appel de leur chef, et aucune résistance ne fut offerte à la petite troupe escortant le royal proscrit. Le préfet, son secrétaire et les membres des tribunaux quittèrent la ville avant l'arrivée de Murat et allèrent s'installer à Vico. Ils furent imités par les principaux personnages bonapartistes qui ne voulaient pas être compromis.

Joachim fit son entrée à Ajaccio le 23 au milieu des acclamations de la population. Il alla s'installer dans un hôtel tandis que ses hommes prenaient possession de la caserne qui avait été abandonnée par la troupe. Le colonel Laforêt avait déclaré la ville en état de rébellion et interdit toute communication entre elle et la citadelle. Cela n'empêcha pas quelques officiers supérieurs de se promener dans les rues, et deux d'entre eux d'aller rendre visite à l'ex-roi une heure après son arrivée. Tel est du moins le rapport fait par le maire au ministre de la police.

Murat avait précédemment appelé de Porto-Longone, où il s'était réfugié, un ancien corsaire maltais du nom de Barbara, qui avait brillamment servi sous son règne dans la marine napolitaine, et auquel il avait donné le grade de capitaine de frégate et un titre de baron. Il lui avait confié le soin d'organiser, de concert avec Franceschetti, la flottille qui devait le transporter en Calabre. Nous ne possédons aucun renseignement sur le moment où se renouèrent des relations entre l'ex-roi et Barbara. D'après le baron de Koller

Medici entra de son côté en rapport avec l'ancien corsaire et le gagna à sa cause. Il lui fit payer à Ajaccio, avant le départ, une somme assez forte dont l'intendant général autrichien ne put connaître le chiffre, et lui promit douze mille ducats après que le débarquement aurait été opéré. Medici, qui avait pris ses dispositions pour que les croiseurs napolitains laissassent la voie libre des côtes de Corse au Pizzo, avait fait remettre des passeports au commandant de la flottille pour le cas où, poussé hors de sa route par des vents contraires, il rencontrerait quelque navire de guerre. A l'instigation de Barbara, le ministre fit répandre le bruit dans les ports du royaume que des corsaires barbaresques croisaient sur la côte de Calabre. Le rapport officiel confirme sur ce point le récit du baron de Koller. Ce bruit avait pour but d'empêcher que la flottille ne fît la rencontre de quelque bâtiment de commerce. Medici craignait que si le roi venait à être renseigné par des capitaines marchands sur le véritable état des esprits en Calabre et dans le royaume, il ne renonçât à donner tête baissée dans le piège qu'il lui tendait,

Franceschetti et Barbara réussirent à affréter cinq gondoles et une felouque. Ces petits
navires ne pouvant pas emmener toute la
troupe venue de Vescovato, Murat se vit obligé
de réduire à deux cents environ le nombre de
ceux qu'il allait emmener.

Maître de la ville, Joachim s'empara de
l'imprimerie du gouvernement et y fit imprimer une proclamation au peuple napolitain. Il
força également les employés du commissariat
de la marine et de la santé à délivrer aux patrons
de ces six bâtiments des papiers en règle. Tout
étant prêt, l'ex-roi se préparait à mettre à la
voile lorsqu'il reçut une lettre de Macirone,
datée de Calvi, dans laquelle celui-ci annonçait
son arrivée en Corse. Murat lui répondit aussitôt, par le même courrier, qu'il retarderait
son départ pour l'attendre, mais qu'il le priait
de hâter sa venue. Cette réponse rejoignit à
Corte l'officier anglais venant de Bastia. Le
courrier lui ayant fourni un bon cheval, il
partit à franc étrier et arriva à Ajaccio dans
l'après-midi du 28 septembre.

A peine sorti de prison, vers le 15 août,
Macirone avait repris ses négociations avec

Fouché et Wellington. Il finit par intéresser le généralissime anglais au sort de l'ex-roi, et par obtenir de lui la promesse qu'il userait de son influence en sa faveur auprès des ministres de la coalition. En effet, au bout de quelques jours, Wellington annonça à l'agent de Murat que sa proposition avait été agréée dans un conseil auquel Talleyrand avait assisté, et que le prince de Metternich voulait le voir. Macirone se rendit chez le premier ministre autrichien qui lui remit la pièce suivante :

« Monsieur Macirone est autorisé par les présentes à prévenir le roi Joachim que Sa Majesté l'Empereur d'Autriche lui accordera un asile dans ses États sous les conditions suivantes :

I. — Le roi prendra un nom particulier. La reine ayant pris celui de comtesse de Lipona, on le propose également au roi.

II. — Il sera libre au roi de choisir une ville de la Bohême, de la Moravie ou de la haute Autriche, pour y fixer son séjour. S'il voulait se fixer à la campagne, cela ne souffrirait point de difficultés.

III. — Le roi engagera sa parole vis–à–vis de Sa Majesté Impériale et Royale qu'il ne quittera pas les États autrichiens sans le consentement exprès de Sa dite Majesté, et qu'il vivra dans l'attitude d'un particulier de marque, mais soumis aux lois en vigueur dans les États autrichiens.

» En foi de quoi, et pour qu'il en soit fait usage convenable, le soussigné a eu l'ordre de l'Empereur de signer la présente déclaration.

» Donné à Paris, le 1er septembre 1815.

» *Signé* : LE PRINCE DE METTERNICH. »

Macirone éprouva une légitime satisfaction d'avoir obtenu pour le prince auquel il s'était dévoué un asile honorable, bien différent de la prison dans laquelle l'Angleterre avait confiné Napoléon. Le marquis Giuliano, un des aides de camp de l'ex–roi, qui avait quitté Toulon avant le 2 août, et qui était venu par terre à Paris, lui avait appris que celui-ci devait être en mer, en route pour le Havre. Macirone allait se rendre dans ce port pour y attendre l'arrivée du navire, lorsque Fouché reçut et lui communiqua la lettre que Murat lui avait écrite le 22 août « du fond de sa ténébreuse retraite » et dans laquelle il annonçait son intention de partir pour la Corse.

Le ministre de la police délivra aussitôt au jeune Anglais un passeport spécial, comme envoyé des puissances alliées. En outre, le prince de Metternich lui remit pour Murat, sous le nom de comte de Lipona, un passeport pour lui permettre de se rendre par mer à Trieste avec une suite de six personnes. Ce passeport était signé par le comte de Mercy, conseiller de la chancellerie autrichienne et visé par sir Charles Stuart, ambassadeur d'Angleterre en France.

Macirone partit en poste de Paris, le 10 septembre. Ayant appris par la lettre écrite à Fouché que Murat n'avait plus ni effets ni domestiques, il emmena avec lui deux de ses anciens valets de chambre et emporta une malle pleine de linge et de vêtements, et peut-être aussi, s'il faut en croire les rapports de police, une somme de deux cent mille francs en or. Il arriva le 15 à Toulon où il vit M. Joliclerc, et en partit le 20 sur un petit

bâtiment qu'il loua exprès. Après avoir touché
à Calvi où il apprit que Murat était à Ajaccio
et lui avoir écrit dans cette ville, il reprit la
mer et arriva le 25 à Bastia où il voulait
conférer avec les autorités. Il y trouva la frégate anglaise *Meander*, capitaine Bastard, avec
une division de cinq chaloupes-canonnières
napolitaines. Macirone s'aboucha successivement avec le colonel Verrier, le maire et le
commissaire de police de Bastia, et enfin avec
le capitaine Bastard, et apprit d'eux les préparatifs faits par Murat pour son expédition. Il
leur fit connaître de son côté l'offre d'asile
qu'il apportait, et aucun d'eux ne mit en doute
qu'elle ne fût acceptée avec enthousiasme par
le roi proscrit.

Le capitaine Bastard était sur le point d'envoyer ses chaloupes-canonnières dans les eaux
d'Ajaccio pour capturer la flotille à sa sortie
du port. Macirone l'engagea à n'en rien faire
jusqu'à ce qu'il se fût entretenu avec Murat,
en l'assurant que ce prince allait certainement
renoncer à l'expédition projetée, et lui deman-
derait de le conduire à Trieste.

Pendant la journée qu'il passa à Bastia,

l'ancien aide de camp de Joachim reçut la visite d'un Corse nommé Ignace Carabelli qui venait d'arriver dans l'île sur le *Meander* en compagnie de son frère Simon, ancien officier dans un régiment corse au service de l'Angleterre. Carabelli, qui venait d'apprendre la mission dont Macirone était chargé par Metternich, l'informa qu'il était envoyé par le gouvernement napolitain pour détourner Murat des projets qu'on lui supposait, et lui demanda de lui permettre de faire route avec lui jusqu'à Ajaccio. L'officier anglais accéda à la demande qui lui était faite et quitta le même soir Bastia, en compagnie de Carabelli sur des mules fournies par le maire, et sous l'escorte de sept soldats. A Corte, il trouva la lettre de Murat, et il en partit aussitôt à cheval pour Ajaccio, où il arriva comme nous l'avons dit le 28 dans l'après-midi.

Joachim fit à son agent l'accueil le plus cordial ; mais, après avoir pris connaissance des offres qui lui étaient faites par l'Autriche, il se refusa à accepter un asile dans lequel il ne voyait qu'une prison déguisée. Il déclara à Macirone, qu'il était venu trop tard, que le sort en était jeté, qu'il avait attendu trois mois au péril de ses jours la décision des alliés, qu'il voyait bien qu'il était abandonné par les souverains qui avaient naguère recherché son alliance, et qu'à la fin il avait résolu de reconquérir son royaume. Il ajouta que bien qu'il eût la plus grande confiance dans l'expédition projetée, le résultat lui importait peu, parce qu'au moins il lui serait permis de trouver la mort qu'il avait tant de fois bravée sur les champs de bataille. Macirone s'efforça en vain de le faire renoncer à son projet en le conjurant d'accepter l'asile qui lui était offert, et d'y attendre au milieu de siens qu'un changement politique en Europe lui permît de rétablir sa fortune.

Rien ne put ébranler la résolution du royal proscrit qui finit par dire qu'il avait compromis trois cents braves officiers et soldats qui deviendraient infailliblement, s'il les abandonnait, les victimes de la vengeance du gouvernement, et que c'était dans la nuit même qu'il comptait mettre à la voile.

Macirone remit néanmoins au roi le passeport délivré par Metternich, dans l'espoir qu'il pourrait, une fois en mer, renoncer à sa téméraire entreprise.

Murat écrivit dans l'après-midi à son ancien aide de camp une lettre qui était destinée à être montrée à Carabelli. Il accusait réception de l'offre d'asile qui lui était faite, se réservant d'en discuter les conditions lorsqu'il serait réuni à sa famille ; il refusait de s'embarquer pour Trieste sur la frégate *Meander*, et annonçait son départ en laissant croire qu'il allait faire voile pour ce port.

Le roi invita Macirone à dîner et se montra pendant le repas gai et causant. Il s'informa de sa famille, dont il était sans nouvelles, des personnages de sa Cour, des grands seigneurs anglais qu'il avait connus pendant le temps de son alliance avec la Grande-Bretagne : le duc de Bedford, lord Holland, sir Robert Wilson, lord Sligo, lord Oxford, le général Mathews, etc. Puis il parla de Waterloo, loua la bravoure et la discipline des troupes anglaises ; mais il blâma la manière dont la cavalerie française avait été employée et sacrifiée, et assura que s'il l'avait commandée, un résultat bien différent aurait été obtenu.

Après le dîner, l'ex-roi emmena Macirone dans son cabinet et s'y enferma avec lui. Il lui dit alors que la lettre qu'il lui avait écrite n'était qu'une ruse. Il appela son secrétaire et lui en dicta une autre qu'il signa et qu'il remit séance tenante à l'officier anglais.

Cette lettre était un véritable document diplomatique destiné aux souverains alliés. En voici les principaux passages :

« Ma première lettre a été dictée par les circonstances du moment. Maintenant je dois à moi-même, à la vérité, à votre noble franchise et bonne foi de vous instruire de mes véritables intentions.

» J'apprécie la liberté au-dessus de tout autre bien. La captivité n'a pour moi d'autre synonyme que la mort. Quel traitement puis-je attendre de ces puissances qui m'ont laissé pendant deux mois sous le poignard des assassins de Marseille ? J'ai sauvé la vie au marquis de Rivière ; il était condamné à périr sur l'échafaud ; j'ai obtenu sa grâce de l'Empereur. Exécrable vérité ! il excitait secrètement ces misérables ; c'est lui qui mettait ma tête à prix !

» Errant dans les bois, caché dans les montagnes, je ne dois la vie qu'à la généreuse compassion que mes malheurs ont excitée dans l'âme de trois officiers français ; ils m'ont transporté en Corse au plus grand péril de leurs jours.

» Des misérables prétendent que j'ai emporté de Naples de grands trésors ; ne savent-ils pas que lorsque j'ai reçu ce royaume en échange du grand duché de Berg que je possédais par un traité solennel, j'y ai apporté des richesses immenses? Tout a été dépensé pour le bien du royaume de Naples, je n'ai plus de quoi vivre, moi et ma famille.

» Je n'accepterai point les conditions que vous êtes chargé de m'offrir. Je n'y vois qu'une abdication pure et simple, sous la seule condition qu'on me permettra de vivre, mais dans une éternelle captivité, soumis à l'action arbitraire d'un gouvernement despotique. Où est ici la modération, la justice? Y voit-on les égards dus à un souverain malheureux qui a été formellement reconnu par toute l'Europe, et qui, dans un moment bien critique, a décidé la campagne de 1814 en faveur de ces mêmes puissances qui, maintenant, contre leurs propres intérêts, l'accablent du poids excessif de leurs persécutions ? »

Après avoir parlé de l'obligation où il s'était vu de déclarer la guerre à l'Autriche en 1815, de l'influence fâcheuse qu'avait exercée sur l'issue de la campagne sa condescendance aux exigences de lord Bentinck, et enfin de la conduite de certains de ses généraux et de la trahison de certains autres, il continuait ainsi :

« Il n'existe point à cette heure un individu de mon armée qui n'ait reconnu son erreur : je pars pour les rejoindre. Ils brûlent du désir de me voir à leur tête. Ils m'ont conservé toutes leurs affections, de même que chaque classe de mes bien-aimés sujets. Je n'ai point abdiqué. J'ai le droit de reprendre ma couronne, si Dieu m'en donne la force et les moyens. Ma présence sur le trône de Naples ne saurait être maintenant un sujet de crainte ; on ne peut plus prétexter des liaisons avec Napoléon qui est à Sainte-Hélène ; bien au contraire, l'Angleterre et l'Autriche pourront en tirer des avantages qu'elles attendraient en vain du souverain qu'elles ont voulu mettre à ma place.

» Je m'abandonne à ces détails, monsieur Macirone, parce que c'est à vous que j'écris ; vos procédés envers moi, votre réputation et votre nom, vous donnent des droits à ma franchise et à mon estime.

» Vous ne sauriez mettre aucun obstacle à mon départ quand même vous en auriez l'envie.

» Lorsqu'on vous remettra cette lettre, j'aurai déjà fait bon chemin vers ma destination. Ou je réussirai, ou je terminerai mes malheurs avec ma vie. »

La lettre se terminait par des remerciements légitimement dus aux efforts faits par son ancien aide de camp pour lui procurer cet asile qu'il avait si ardemment désiré et qu'il refusait maintenant.

Un rapport de police prétend que deux cent mille francs furent apportés à Murat par Macirone. Celui-ci n'en dit mot dans son mémoire, qui d'ailleurs ne fut écrit que pour démontrer à ses compatriotes qu'il n'avait pris aucune part à la folle tentative de son ancien maître.

S'il apporta réellement cette somme, elle dut être remise au roi en même temps que la malle d'effets embarquée le soir même sur le bâtiment qui allait l'emmener.

Ce qui ressort non seulement de l'écrit de Macirone, mais aussi des pièces trouvées sur lui à Toulon, c'est que Murat lui remit ce soir-là une traite de quarante mille francs sur Barillon. Elle était destinée à le rembourser des frais que lui avaient occasionnés les divers voyages accomplis pour le roi, et aussi à payer les emplettes faites pour la reine pendant son séjour en Angleterre en avril 1815. Caroline l'avait chargé à cette époque de lui acheter des articles de mode tels que dentelles, shalls, cachemires, mousseline des Indes, etc... Le tout avait été expédié de Londres, et, pour se couvrir, Macirone avait tiré sur le banquier du roi, Falconnet. La traite était arrivée à Naples après la chute et le départ de la reine, et le banquier s'était refusé à la payer. Macirone n'avait d'autres ressources qu'une pension de quatre cents livres que lui faisait son père ; le retour de la traite lui avait créé des embarras d'autant plus grands qu'il avait déboursé en outre une autre somme de quatre cents livres pour la duchesse de Gallo dont elle ne l'avait pas remboursé.

Sur les onze heures du soir, le roi fit appeler Carabelli. Une lettre, écrite de Naples à Franceschetti par un commandant de gendarmerie, avait signalé ce personnage comme un envoyé de la police bourbonnienne. Il l'était en effet, mais tout porte à croire qu'il ne joua pas le rôle odieux d'agent provocateur que lui prête Colletta. Ayant été au service de Murat et l'ayant connu personnellement, il s'était offert pour aller en Corse chercher à le détourner de son projet de débarquement, et s'était fait payer grassement pour cette mission. Franceschetti dit que « le langage qu'il tint dans son entrevue était à double sens, puisque, tout en désavouant le projet du roi, il l'excitait adroitement à le mettre à exécution ; tantôt il avait l'air de lui faire observer qu'il n'était pas prudent d'exposer sa personne à un élément infidèle sur de frêles barques, dans une saison inconstante ; tantôt il lui peignait la facilité de reconquérir son royaume, disant que la population lui était entièrement dévouée, surtout dans les Calabres, s'il avait le bonheur d'échapper à la vigilance de nombre de bâtiments de l'État, croisant sur les côtes pour faire échouer ses projets. »

Macirone et Galvani disent au contraire que Carabelli fit son possible pour empêcher Murat de mettre son fatal projet à exécution. Il paraît certain que ces deux auteurs sont dans le vrai. Si Carabelli avait été un des agents provocateurs de Medici, le départ de Murat aurait été pour lui un succès, et il n'aurait pas demandé, le lendemain, à Macirone, un certificat attestant qu'il avait coopéré avec lui, de tout son pouvoir, pour empêcher le départ du roi et lui enlever des partisans. Une copie de cette pièce se trouva dans les papiers pris à l'ancien aide de camp de Joachim, lorsqu'il fut arrêté à Toulon, à son retour en France. On peut admettre que Carabelli n'eut d'autre mission que celle dont il fit la confidence à Macirone. Elle était parfaitement connue du roi Ferdinand qui ignorait, au contraire, les menées ténébreuses de Medici. Carabelli ne réussit qu'à enlever à Murat un seul de ceux qui devaient l'accompagner, le général Ottavi,

Avant de se séparer de Carabelli, l'ex-roi lui offrit l'intendance de Salerne, s'il voulait le suivre. « Non, Sire, lui fut-il répondu ; d'après Galvani, je n'ai pas envie d'aller me faire tuer à Naples. »

Jusqu'au dernier moment, Franceschetti fit les plus louables efforts pour arrêter son maître sur le bord de l'abîme qu'il entrevoyait, le suppliant d'attendre tout au moins le retour de Lambruschini. Il est à présumer que les renseignements recueillis par cet agent auraient changé les dispositions de Murat. Malheureusement, ils arrivèrent après son départ. Le voyage de Lambruschini avait été entravé par les mesures prises par la police bourbonienne pour fermer l'entrée du royaume à tous les voyageurs venant de Corse. Débarqué le 8 septembre à Livourne, il n'arriva que le 28 à Naples. Il se rendit de suite chez le général Filangieri, et lui confia l'objet de sa mission. Ce vaillant et loyal soldat, qui était resté très attaché à Joachim, s'empressa de démontrer à l'envoyé que la tentative projetée par le roi ne pouvait que le conduire à sa perte. Il lui détailla la force du gouvernement,

les sentiments des Napolitains, les préparatifs
qu'on faisait pour mettre le royaume à l'abri
de toute invasion, et les changements surve-
nus dans les intendances et dans les ministères, surtout dans celui de la police. Enfin il
le prévint de ne pas confier sa mission aux
personnes qu'il lui nomma ; il lui donna des
conseils salutaires pour ne pas être découvert
par la police, et l'engagea à quitter Naples où
ses jours étaient en danger. Lambruschini
suivit le conseil qui lui était donné. Après
une entrevue avec le banquier Falconnet, qui
ne put que lui dire que les fonds qu'il avait
en dépôt avaient été envoyés à l'ancien ministre des finances, le comte de Mosbourg, et
qu'une inscription de rente de cent soixante
mille ducats avait été confisquée par Medici, il
s'éloigna sans s'être mis en rapport avec aucun des personnages nommés dans ses instructions. Il est à noter que Colletta était du
nombre, et il est à supposer que Filangieri
savait à quoi s'en tenir sur ses agissements.
L'envoyé de Murat ne perdit pas de temps.
Parti de Naples le 3 octobre, il arriva le 12 à
Bastia, où il apprit que l'ex-roi avait, mal-

heureusement pour lui, quitté la Corse sans attendre son retour.

Une heure après avoir congédié Macirone et Carabelli, Joachim s'embarqua et donna l'ordre de lever l'ancre. Un coup de canon tiré par la gondole qu'il montait donna le signal du départ, et la flottille appareilla. En la voyant prendre le large, le commandant de la citadelle fit tirer sur elle à boulets; mais ses canonniers eurent soin de pointer leurs pièces de façon à n'atteindre aucun des bâtiments. Murat put donc voguer sans obstacle vers ces rivages de la Calabre où, au lieu d'un trône, il allait trouver la mort d'un criminel.

V

L'EXPÉDITION, L'ARRESTATION, LA CAPTIVITÉ ET LA MORT [1].

La traversée. — Arrivée à San Lucido. — Dispersion de la flottille. — Arrestation d'Ottaviani. — Trahison de Courrand. — Découragement de Murat. — Changement de projet. — Conduite de Barbara. — Débarquement. — Arrestation. — Murat est jeté en prison. — Trentacapilli. — Alcalà. — Nunziante. — Interrogatoire du roi. — Arrivée à Naples de la nouvelle de l'arrestation. — Envoi de l'ordre de juger Murat. — Les dernières journées de l'ex-roi. — Impressions de Nunziante. — Le jugement. — La sentence. — La lettre à Caroline, l'entrevue avec le confesseur. — L'exécution. — L'ensevelissement.

A vol d'oiseau, il y a plus de 400 milles marins d'Ajaccio au Pizzo. C'était une grave imprudence d'entreprendre au moment de

1. *Arch. des affaires étrangères*. Voir Appendice B. — *Grand Archivio* de Naples et Travalli, *Documenti,* etc.—V. Appendice D.

l'équinoxe une pareille traversée sur des barques d'un très faible tonnage et hors d'état de tenir la mer par de gros temps.

Murat en s'aventurant ainsi s'exposait non seulement à sombrer au large s'il était assailli par une tempête, mais aussi à voir sa flottille dispersée par le moindre coup de vent un peu fort, et à arriver seul ou presque seul sur les rivages calabrais. Il est juste de dire qu'il aurait de beaucoup préféré embarquer tout son monde sur un seul navire de long cours, mais il lui avait été impossible d'en trouver un à Ajaccio, et il avait été obligé de se contenter, comme moyen de transport, des barques employées au cabotage sur les côtes de Corse. Sa flottille se composait de six petits bâtiments : une felouque et cinq barques pontées de 15 à 20 tonneaux de jauge, munies d'un seul mât et d'une voile latine, connues

— Colletta, *Sur la catastrophe*, etc. Déjà cité. — Franceschetti. Déjà cité. — Galvani. Déjà cité. — Gasparri, *la Fine di un re : Murat al Pizzo* ; Récit de *Condoleo* ; Lettres d'Alcala et de Mattia Nunziante. — Von Helfert, *Joachim Murat*. Déjà cité. — Palermo (Francesco), *Vita e Fatti di Nunziante*. — Palmieri. Déjà cité. — Romano, *Ricordi Murattiani*. Récit du confesseur. — Zann (docteur von). Déjà cité. — V. Appendice A.

dans l'île sous le nom de gondoles. Tout le petit corps expéditionnaire, montant à 200 ou 250 individus[1] avait été entassé tant bien que mal sur ces gondoles, qui étaient manœuvrées chacune par cinq marins. Barbara, qui connaissait à fond les côtes de Calabre, commandait à la fois la flottille et la barque sur laquelle s'était embarqué Murat, et à laquelle on avait donné le n° 1. La barque n° 2 était commandée par le chef de bataillon Courrand, le n° 3 par le capitaine Ettore, le n° 4 par les capitaines Mattei et Giacometti et le n° 5 par les capitaines Semidei et Medori. La felouque, meilleure voilière que les gondoles qu'elle convoyait, était destinée à éclairer la route et à porter les ordres du roi. Elle était commandée par le patron Cecconi et avait un équipage de vingt-deux hommes. Les débuts de la traversée furent heureux. Poussée par

---

1. C'est Galvani (page 84) qui porte à 251 le nombre des individus faisant partie de l'expédition. Ce chiffre doit être trop élevé. En effet, il dit que la gondole royale portait 29 personnes et les quatre autres 54 à 55 chacune ; or, d'après le rapport officiel de Medici, les deux gondoles capturées le 10 octobre dans les eaux de Palmuro ne portaient ensemble que 48 officiers et soldats au lieu de 110.

une brise favorable, la flottille, qui avait quitté Ajaccio le 29 septembre à une heure du matin, arriva en quelques heures à la hauteur des bouches de Bonifacio. D'après ce que dit Galvani, on serait amené à supposer que Barbara avait projeté, bien que le trajet en fût fort allongé, de suivre la côte occidentale de Sardaigne. Il en fut empêché par un fort vent de sud-ouest qui l'obligea à relâcher dans une anse de l'îlot de l'Asinara situé à la pointe nord-ouest de la grande île. Étant descendu à terre, il aperçut du haut d'une colline un gros bâtiment de commerce espagnol qui cherchait lui aussi à gagner l'Asinara pour s'y abriter. L'ancien corsaire retourna en hâte à bord de sa gondole et proposa au roi de s'emparer du navire espagnol. La proposition aussitôt acceptée eût été mise à exécution si le bâtiment menacé, effrayé à la vue des barques chargées de monde, n'eût prudemment pris le large.

Sur les quatre heures du soir, le vent qui soufflait toujours du sud-ouest ayant molli, on remit à la voile en se donnant rendez-vous à l'île de Tavolara, sur la côte orientale de la Sardaigne.

A peine engagée dans le détroit de Bonifacio, la flottille fut assaillie par une violente
tempête dans laquelle elle faillit périr. Ceux
qu'elle transportait passèrent dans les an-
goisses la nuit du 29 au 30 septembre. Barbara ne fut pas des moins inquiets et ne dis-
simula pas à ses compagnons de route les
craintes qui l'agitaient. Enfin, dans la matinée
du 30, on parvint à trouver un abri dans une
petite anse appelée Pozzo dell' Oglio. La tempête s'étant calmée, on se remit en mer et
l'on s'engagea dans la passe qui sépare la
Sardaigne de l'île de la Maddalena. Une tour
construite sur cette dernière île commandait
le passage. Les hommes qui y tenaient garnison, après avoir sommé par un coup de
canon à poudre la flottille de mettre en panne
et de se faire reconnaître, tirèrent sur elle à
boulet sans qu'aucun des bâtiments fût atteint.
Debout sur le pont de sa gondole, Murat,
enveloppé d'un carrick à plusieurs pèlerines,
s'amusa beaucoup de la maladresse des canonniers sardes.

A deux heures on mouilla dans une anse
de l'île déserte de Tavolara où l'on débarqua.

Murat y passa en revue ses 250 hommes et distribua à ceux qui en avaient le plus besoin quarante uniformes qu'il avait fait confectionner à Ajaccio.

Le 1er octobre, à une heure du matin, la flottille remit à la voile ; le 5 elle se trouva en vue du Vésuve et de la baie de Naples. Barbara s'était trompé de route, à dessein peut-être. Murat fut très vivement irrité de ce contretemps. Ne pouvant songer, à cause de la présence des Autrichiens, à rien tenter dans le voisinage de son ancienne capitale, il donna ordre de mettre le cap sur la Calabre.

Le 6, vers six heures du soir, la flottille arriva en vue de Paola, dans la Calabre citérieure. Au moment où elle allait mouiller, un peu au sud de cette ville, dans la rade de San Lucido, un violent coup de vent la repoussa au large. Jusque-là, la gondole royale avait arboré de temps à autre pendant les nuits un fanal à son mât pour rallier ses conserves. Barbara prétendit que ce fanal pouvait éveiller les soupçons de l'ennemi qui, de jour, pouvait prendre les six bâtiments pour des barques faisant la pêche du corail. Il ordonna donc l'extinction de tous les feux, et prescrivit comme seuls signaux de battre souvent le briquet sur la gondole royale. Ce moyen, qui aurait peut-être été de quelque utilité par un temps calme et clair, ne servit à rien pendant la nuit orageuse et sombre du 6 au 7 octobre. La flottille se dispersa, et lorsque, le matin, la gondole royale et la felouque parvinrent à rallier le mouillage de San Lucido, les quatre autres barques manquaient à l'appel.

La journée se passa à les attendre. A diverses reprises Murat fit partir la felouque à leur recherche. Ce ne fut que vers le soir que celle-ci ramena la barque n° 2 que commandait le chef de bataillon Courrand et sur laquelle une cinquantaine d'hommes étaient embarqués.

Il se passa, après le retour des deux barques, un fait qui mérite d'attirer l'attention parce qu'il vient corroborer les assertions du baron de Koller au sujet de l'entente de Barbara avec Medici et des laissez-passer que le second aurait fournis au premier. Soit, comme le dit Galvani, que la batterie de San Lucido eût invité par un coup de canon les trois barques à se faire reconnaître, soit que Murat désirât tout simplement avoir des renseignements sur ce qui se passait et se disait dans la province, il envoya à terre, dans la chaloupe, le commandant Ottaviani, Barbara et deux matelots.

Il y avait dans la rade une chaloupe coursière du gouvernement qui venait d'arriver, et qui observait la flottille avec une certaine méfiance et beaucoup de prudence. Elle héla l'embarcation et apprit d'elle que les trois barques transportaient des Français à Trieste. Le patron de la chaloupe conduisit l'embarcation dans le port de San Lucido en observant toutes les précautions sanitaires. La députation de santé accourut. Elle trouva que Ottaviani et un matelot n'avaient pas les papiers nécessaires, tandis que Barbara et l'autre matelot en avaient de fort en règle. Elle arrêta donc les deux premiers qu'elle mit en observation, et renvoya les deux autres avec ordre d'enjoindre aux trois barques d'entrer dans le port.

Si l'on se rappelle que Murat avait forcé les bureaux de la marine et de la santé d'Ajaccio à délivrer à ses bâtiments des papiers en règle et des patentes nettes, on ne s'explique pas comment, sur les quatre individus débarqués, deux aient pu être trouvés dans d'autres conditions que leurs compagnons. Il faut donc que Medici ait muni Barbara de permis spéciaux. Les détails qui précèdent proviennent, non des Mémoires de Galvani, qui donnent une version un peu différente de l'incident, mais d'un rapport adressé trois jours après, le 10, de San Lucido même, par l'intendant de la Calabre citérieure au ministre de l'intérieur, et dans lequel cet agent ne paraît pas soupçonner un seul instant que le trois barques transportaient Murat et ses compagnons[1].

Barbara, de retour à bord de la gondole, rendit compte à sa manière de l'arrestation d'Ottaviani. Il prétendit qu'on l'avait seulement gardé en otage. Murat voulut débarquer pour délivrer son compagnon. On l'en dis—

---

1. Gran Archivio de Naples, *Arresto del generale Gioacchino Murat e sua morte*. L'Intendente della Calabria citeriore a S. E. il Secretario di Stato Ministro dell'Interno. San-Lucido, 10 ottobre 1815. — Voir Appendice D.

suada; une pareille tentative eût été promptement signalée par le télégraphe et eût attiré sur les côtes de Calabre tous les navires de guerre napolitains.

Le Roi et Franceschetti auraient voulu remonter vers le nord à la recherche des trois gondoles disparues. Le projet était sage ; Barbara s'y opposa en donnant pour prétexte qu'on aurait le vent contre soi. Après une conférence des chefs, on s'arrêta au projet de débarquer à Amantea où l'ex-corsaire prétendait avoir beaucoup d'amis et affirmait qu'on serait bien accueilli. On partit donc dès que la nuit fut tombée afin de dérober aux vigies de la côte la direction qu'on allait prendre. A peine était-on sous voile, que le capitaine Pernice et le lieutenant Multedo, qui étaient sous les ordres de Courrand, demandèrent à passer sur la gondole royale. Aussitôt à bord, ils informèrent le roi que leur chef, effrayé des périls qu'on allait courir, travaillait à jeter le découragement parmi les soldats et méditait de s'enfuir.

Murat fit venir Courrand à son bord, et, sans lui dire qu'il connaissait ses projets, lui rappela les bienfaits dont il l'avait comblé, et le supplia d'empêcher ses soldats de l'abandonner à cette heure critique, s'ils y étaient disposés. Celui-ci partit en protestant de son dévouement. Franceschetti, qui n'avait aucune confiance en lui, n'en fit pas moins attacher par une remorque sa gondole à celle du roi, mais pendant la nuit le traître coupa la corde et reprit la route de Corse. Il persuada à ses hommes qu'il agissait d'après les ordres de Murat qui avait renoncé à son entreprise et qui allait accepter l'asile que l'Autriche lui avait offert. Le jour suivant, il rencontra la barque n° 3 que commandait le capitaine Ettore qu'il entraîna à sa suite en lui répétant ce qu'il avait dit à ses soldats.

La désertion de Courrand plongea Murat dans le plus amer désespoir. Il ne lui restait plus que vingt-six officiers et soldats. C'était folie de débarquer avec une aussi faible troupe, dont une compagnie pouvait venir à bout. Toutefois, ce ne fut pas sans lutte que le beau-frère de Napoléon se décida à abandonner son entreprise. Il fallut que Franceschetti, Natali et Galvani lui en représentassent

toute l'imprudence pour l'amener à y renoncer. Il s'y décida pourtant au milieu de la nuit et donna l'ordre de jeter à la mer le sac qui contenait cinq cents exemplaires de la proclamation qu'il avait fait imprimer à Ajaccio. Dans ce document, l'ex-roi se disait, comme tous les prétendants, rappelé dans son royaume par l'amour de ses peuples, et prenait violemment à partie le souverain restauré pour avoir, dans une lettre au général autrichien Bianchi, qualifié de bandes ennemies l'armée nationale qui avait été obligée de capituler à Casalanza. Murat avait aussi, avant son départ d'Ajaccio, préparé de nombreux décrets dont le principal avait trait à l'établissement du régime constitutionnel dans le royaume, mais il ne les avait pas fait imprimer. Sur les instances de son entourage, il avait renoncé à inscrire dans ceux destinés à pourvoir aux principaux emplois les noms des hommes auxquels il les destinait. C'eût été, en effet, les compromettre gravement si, par suite d'un insuccès, ces documents étaient tombés entre les mains de ses ennemis. Nous savons par Galvani et Franceschetti qu'il voulait appeler le général Carascosa au ministère de la guerre, Colletta à celui de la police, le duc de Corigliano à l'intérieur, Fortunato à la préfecture de police, Filangieri au commandement de la place de Naples, et les généraux d'Ambrosio, de Gennaro, Pepe et Ottavi au commandement des divisions de Salerne, des Abruzzes, de la Pouille et de Calabre. C'est peut-être dans cette liste qu'il faudrait, exception faite du général Filangieri, chercher les noms des complices de Medici. Il serait naturel que Murat eût songé à confier les plus importantes fonctions administratives et militaires à ceux qui l'avaient encouragé à reconquérir son royaume et qu'il considérait comme ses partisans les plus dévoués.

Une fois décidé à ne pas débarquer en Calabre, Murat n'avait plus qu'à faire voile pour Trieste. Il en donna l'ordre à Barbara, mais cette résolution ne faisait pas l'affaire de l'ancien corsaire qui tenait à livrer à Medici la victime qu'il lui avait promise. Tant qu'il s'était agi d'un débarquement dans le royaume de Naples, Barbara n'avait jamais soulevé d'objections ; dès qu'il fut question d'aller en Autriche, il fit entrevoir l'impossibilité de continuer le voyage ; il déclara qu'on n'avait plus ni eau ni vivres, et que la gondole royale était hors d'état de résister aux coups de vent auxquels on était exposé dans l'Adriatique. Il offrit de s'embarquer sur la felouque et de relâcher au Pizzo, où il prétendait avoir de nombreux amis, pour y acheter les provisions nécessaires et y noliser un bâtiment assez fort pour affronter de gros temps. Murat, après l'avoir écouté, l'autorisa à partir pour le Pizzo, et lui fit remettre par son valet de chambre la liste des objets à se procurer. Au moment de s'embarquer, l'ancien corsaire demanda au roi de lui remettre le passeport qu'il avait reçu des alliés afin de ne pas être inquiété par les autorités.

Murat, surpris d'une pareille demande, répondit par un refus formel. C'eût été de sa part une impardonnable imprudence de se dessaisir de la pièce importante qui était sa seule sauvegarde, alors qu'il se trouvait dans les eaux napolitaines et qu'il pouvait, d'un moment à l'autre, voir surgir à l'horizon

quelque croiseur à qui il aurait à la produire.

Barbara déclara alors qu'il ne débarquerait
pas sans l'avoir. Son refus mettait le roi dans
une situation inextricable. Il eut un frémisse-
ment de colère et, jetant un coup d'œil
indigné sur Barbara, il s'écria d'une voix
forte qu'« on refusait de lui obéir, et que,
puisque la nécessité l'obligeait à communiquer
avec la terre, il débarquerait en personne ».
Devant cette légitime indignation, l'ex-corsaire baissa la tête en coupable qu'il était. Le
ton du roi était si impérieux, que Franceschetti nous dit qu'il n'osa lui faire aucune
objection. Galvani prétend, au contraire,
qu'on lui fit les plus respectueuses représentations, mais que rien ne put changer cette
fois sa résolution, et qu'il donna l'ordre de
faire route vers le Pizzo. Son premier valet
de chambre, Charles, qui avait écouté en
silence les timides objections de l'entourage,
voyant qu'elles restaient sans effet, se leva
en disant à haute voix : « Ne débarquez pas,
Sire, si vous débarquez vous êtes perdu. » Il
ajouta d'un air fâché : « Vous n'avez jamais

voulu écouter vos fidèles serviteurs. » Murat haussa les épaules et lui tourna le dos.

Il ordonna ensuite à tous ses officiers de se mettre en grand uniforme. Voyant le maréchal de camp Natali en bourgeois, il lui en demanda le raison. Ce général lui ayant répondu qu'il n'avait point d'autre vêtement, le roi, qui n'était en ce moment d'humeur à ménager personne, lui fit durement observer que ce n'était pas une tenue pour le suivre dans son expédition.

Lui-même, après s'être fait raser, avait endossé un habit bleu à épaulettes de colonel et un pantalon de nankin superposé à ses bottes. Comme coiffure il avait pris un chapeau à trois cornes, à ganse de soie noire, dont la cocarde était ornée de vingt-deux brillants gros comme des pois chiches. Un sabre et deux pistolets pendaient à sa ceinture.

Ce fut entre les neuf et dix heures du matin, le 8 octobre 1815, que les deux bâtiments accostèrent la plage du Pizzo. La petite troupe débarqua aussitôt. Arrêtant ses officiers, qui voulaient le devancer, Murat voulut être le premier à prendre terre

Avant de quitter son bord, il avait donné ordre à Barbara de se tenir pendant une heure à deux portées de fusil du rivage et de se diriger ensuite, avec la felouque, vers une madrague située à peu de distance du point de débarquement pour y attendre les événements et être prêt à lui venir en aide en cas de malheur.

La ville du Pizzo est bâtie sur un promontoire situé dans la partie méridionale du golfe de Sainte-Euphémie. Elle s'étage aux flancs d'une montagne, et vient finir à une esplanade que forme un gros rocher de forme cubique, aux parois abruptes. Le rocher s'avance dans la mer en la dominant d'une centaine de mètres de hauteur, et est baigné de trois côtés par les vagues. Sur cette esplanade, s'élèvent des maisons d'aspect misérable, serrées autour d'une grande place, quelques églises et, à l'angle de la falaise, un méchant petit château à quatre bastions du temps de la domination espagnole. De cette esplanade, on jouit d'une vue superbe. On embrasse toute la courbure de la côte, qui, tournant aux pieds de la montagne de Monteleone, dessine un demi-cercle presque parfait, dont le Pizzo occupe une des extrémités et Briatico l'autre. Juste au-dessous de la terrasse, se trouve la Marine, où l'on rencontre quelques pauvres masures de pêcheurs. Un chemin de trois cents mètres de longueur conduit de cette plage à la grande place[1].

Ce fut par ce chemin que la petite troupe s'achemina, au pas accéléré, vers le Pizzo. Murat marchait en tête. Derrière lui, ses gens criaient de toute la force de leurs poumons : « Vive notre roi Joachim ! » On arriva ainsi sur la grande place. Elle fourmillait de monde. C'était à la fois un dimanche et jour de marché. De la terrasse, la foule avait suivi avec attention le débarquement et les mouvements de la petite bande. L'accueil qu'elle lui fit n'eut rien d'encourageant : c'est à peine si, de ci et de là, quelques rares cris de : « Vive Joachim ! » répondirent aux vivats poussés par les soldats. L'étonnement, et, le plus souvent, des sentiments malveillants ou

1. Cette description du Pizzo est empruntée à l'ouvrage de M. François Lenormant, intitulé *la Grande Grèce*, t. III, page 119.

hostiles étaient peints sur les visages. Ce fut en vain que l'ex-roi chercha par de bonnes paroles à gagner des adhérents à sa cause. Ceux auxquels il s'adressa ne lui répondirent pas et lui tournèrent le dos.

A l'extrémité de la place opposée à la porte de la Marine, se trouvait un corps de garde occupé par quinze canonniers garde-côtes qui portaient encore l'uniforme des troupes muratistes. Ces hommes venaient de se ranger devant leur poste et se préparaient à aller entendre la messe en corps, comme le prescrivait le règlement. Joachim courut à eux, suivi des siens. « Reconnaissez-vous votre roi ? » leur cria-t-il. Franceschetti prétend que cinq répondirent qu'ils le reconnaissaient et lui offrirent leurs services. Condoleo ne parle que de deux, dont le sergent, tout ahuri d'avoir été nommé capitaine par le roi qu'il avait servi jadis.

Pendant que Murat cherchait à gagner les canonniers à sa cause, la place s'était vidée. Les habitants de la ville avaient regagné leurs demeures et s'y étaient enfermés, et les paysans du voisinage, venus au marché, avaient promptement rechargé leurs bêtes de somme et s'étaient éloignés en grande hâte. Il ne restait autour de la petite troupe que quelques rares individus n'appartenant pas au Pizzo.

La situation prenait une tournure menaçante. Murat était atterré. Tout l'échafaudage de ses illusions s'effondrait brusquement pour faire place à une effrayante réalité. Comprit-il qu'il avait été trahi par ceux qui lui avaient dépeint la population du Pizzo comme prête à se soulever en sa faveur? Nul ne le saurait dire. Tandis qu'il hésitait sur le parti à prendre, deux jeunes gens, sans doute des environs de Monteleone, s'approchèrent de lui et lui dirent : « Sire, quittez le Pizzo, vous êtes environné d'ennemis, ne perdez plus de temps ; vous êtes sur le chemin qui conduit à Monteleone, nous vous servirons de guides : vous êtes sauvé, si vous quittez cette place. » Ce sage conseil lui fut répété par un de ses anciens officiers, le capitaine Devuox, qui commandait l'artillerie. Pour le décider à s'éloigner, Devuox alla jusqu'à lui promettre de lui envoyer son cheval hors de la ville, promesse que. d'ailleurs, il ne put ou n'osa tenir.

Convaincu, enfin, qu'il n'y avait qu'à s'éloigner au plus vite, Joachim donna l'ordre du départ, après avoir enjoint aux canonniers de le suivre. Précédée par les deux guides, la petite troupe se mit à gravir au pas de course le chemin en pente rapide par lequel on gagne la route qui conduit à Monteleone. On marcha si vite, que le roi qui, depuis douze jours, n'avait pu faire aucun exercice sur sa barque, où il avait à peine la place de se mouvoir, dut s'arrêter hors d'haleine. Au moment où, après un court repos, on allait se remettre en marche, deux canonniers arrivèrent. Murat leur demanda où étaient leurs camarades. Ils répondirent qu'ils suivaient. Pour savoir s'ils disaient vrai, Joachim quitta la route et monta sur une petite colline plantée d'oliviers, qui se trouvait à droite. De ce point, on découvrait tout le chemin que l'on venait de parcourir. Il aperçut, en effet, le reste des canonniers, qui montaient bien lentement : Franceschetti lui fit observer qu'il y avait parmi eux des paysans armés et que d'autres les suivaient de près.

C'est qu'en effet la population s'était soulevée derrière les fugitifs. A peine ceux-ci avaient-ils quitté le Pizzo, que le bas peuple s'était répandu dans les rues en hurlant et en vociférant. Peut-être s'en fût-il tenu là, s'il n'eût trouvé un chef pour exploiter les sentiments violents qui l'animaient. Ce chef fut Trentacapilli, ce capitaine de gendarmerie qui, au dire du baron de Koller, avait été envoyé au Pizzo pour y attendre l'ex-roi. Il avait en poche sa nomination de commandant de gendarmerie dans la Calabre citérieure, mais cette nomination était ignorée même du général commandant la province, et Trentacapilli avait expliqué à ses concitoyens, par le manque d'argent où il prétendait se trouver, le long retard qu'il mettait à rejoindre son poste. Il ne lui fallut pas beaucoup d'éloquence pour enflammer cette foule de pêcheurs et de marins à la physionomie de forbans et dans laquelle se trouvait sans doute bon nombre de ses anciens compagnons de rapines. Sous son impulsion, chacun s'arma comme il put : les uns de fusils, les autres de faux ou de bâtons, puis on se lança à la poursuite de l'ennemi.

A la vue de cette horde furieuse qui gravissait la côte, les guides supplièrent le roi de fuir au plus vite. Ils lui répétèrent qu'il était perdu s'il ne s'éloignait pas, et qu'à Monteleone il trouverait des partisans dévoués, voire même des soldats. Ils le menacèrent enfin de le quitter s'il ne se remettait pas immédiatement en marche. Murat, qui s'obstinait à vouloir attendre les canonniers, refusa de bouger. Aux observations de ses officiers, il répondit qu'il voulait être obéi.

Le flot des assaillants arriva bientôt de l'autre côté de la route. A ce moment, les canonniers tournèrent à gauche, montrant clairement qu'ils ne voulaient pas prendre parti pour l'ex-roi, et se mêler à la bagarre.

Murat se décida à parlementer. Quittant les siens, il s'avança à la rencontre des paysans. « Mes enfants, leur dit-il, ne vous armez pas contre votre ancien souverain; je ne suis pas débarqué dans les Calabres pour vous faire du mal; je ne veux que demander des secours aux autorités de Monteleone pour continuer mon voyage jusqu'à Trieste où je dois rejoindre ma famille; si vous m'eussiez donné le temps de m'expliquer sur la place du Pizzo, vous auriez appris que j'ai des passeports que le roi Ferdinand lui-même doit respecter. »

Franceschetti prétend que Trentacapilli, qui venait d'arriver, engagea le roi à entrer sur le chemin et s'offrit à le conduire à Monteleone. L'uniforme que portait l'ancien chef de bandes ressemblait à celui des colonels de l'armée muratiste. Joachim crut avoir affaire à un de ses anciens officiers. Dans cette persuasion, il se rendit sur le chemin. Aux observations de ses compagnons, il répondit qu'un colonel de son armée était incapable d'un acte contraire à l'honneur !

Murat était au milieu de ses ennemis. Franceschetti, Natali et son valet de chambre Armand se précipitèrent sur ses pas tandis que les officiers et les soldats restaient à leur place au haut de la colline pour tenir les paysans en respect. Franceschetti raconte que, s'approchant de Trentacapilli, il lui demanda qui il était. « Je suis, répondit-il, le capitaine de gendarmerie Trentacapilli ; le roi et vous, vous allez me suivre au Pizzo. » Le général se jeta devant Joachim et menaça le capitaine de lui brûler la cervelle ; une bagarre s'ensuivit. Murat fut le premier à se dégager et à rejoindre sa troupe ; ses compagnons y réussirent à leur tour, mais non sans peine.

Chacun des Mémoires que nous possédons donne, du fait que nous venons de raconter, une version différente. Condoleo met dans la bouche de son concitoyen Trentacapilli un petit discours qu'il n'a certainement pas prononcé, et dit que ce fut le roi lui-même qui arrêta Franceschetti prêt à faire feu en lui disant : « Celui qui fait son devoir et qui sert fidèlement son souverain ne mérite pas la mort. »

Pour ne pas laisser échapper la victime qu'il avait promise à Medici, Trentacapilli avait divisé sa troupe en trois bandes, qui ne tardèrent pas à envelopper Murat et les siens. En homme de cœur qu'il était, Franceschetti proposa à Joachim d'attaquer les gens du Pizzo, de gagner la montagne ou de périr les armes à la main. C'était le seul parti sage. Comme deux de nos rois au moment de tomber du trône. L'ancien lieutenant de

Napoléon eut peur de répandre le sang. Il
défendit aux siens de tirer. « Je ne veux pas,
dit-il, que mon débarquement coûte la vie à
aucun de mes sujets. »

Les paysans, eux, ne se faisaient pas faute
de tirer : les balles pleuvaient sur la petite
troupe enserrée de toute part. Joachim fut
de nouveau au moment de tomber au pouvoir de l'ennemi. Tous ses officiers se précipitèrent à son secours ; on l'arracha des mains
qui allaient le saisir et l'on parvint au prix
des plus grands dangers à percer le flot des
assaillants.

Une fois hors de la mêlée, il n'y avait plus
qu'à fuir ; alors commença une véritable chasse
à l'homme. Tandis que, d'une course folle et
désespérée, les vaincus cherchaient à gagner
le rivage de la mer, les vainqueurs se lancè-
rent à leur poursuite avec l'acharnement de
la bête fauve qui ne veut pas laisser échapper
sa proie. Ce fut sous une grêle de balles que
les fugitifs descendirent la côte en courant à
perdre haleine, sans souci des obstacles, à
travers les bois, les cultures et les rochers
qui bordaient la mer. Ils espéraient y trouver

Barbara, mais le misérable avait pris le large ; s'il fût resté à son poste, comme il en avait reçu l'ordre, le roi eût été sauvé. Avec la pièce de quatre dont la gondole était armée, il lui eût été possible, sinon d'arrêter complètement les assaillants, tout au moins de les tenir quelque temps en respect jusqu'à ce que Joachim pût arriver à bord.

Une barque à demi ensablée se trouvait sur la plage. Murat y courut, un filet qui séchait sur le sable le fit tomber. Aussitôt relevé, il gagna l'embarcation où il monta, tandis que ses compagnons cherchaient à la mettre à l'eau. Ils ne purent y réussir. Pendant qu'ils s'épuisaient en efforts désespérés, ils furent rejoints par le flot des assaillants.

Il se passa alors une scène de hideuse et révoltante sauvagerie que la plume hésite à décrire. Une foule furieuse, dans les rangs de laquelle on comptait beaucoup de femmes, se rua en vociférant sur ces quelques hommes qui ne cherchaient même plus à se défendre et qui tendaient leurs épées pour se rendre. On comprend à peine comment Murat ne périt pas dans cette horrible mêlée. Le général

Franceschetti, les capitaines Lanfranchi et Biciani, le lieutenant Pasqualini, les sergents Franceschi et Giovannini et son valet de chambre Armand furent blessés à ses côtés. Le capitaine Pernice expira à ses pieds. Le premier coup fut porté au roi par un misérable qui, n'ayant pas d'autre arme, lui lança son soulier à la face. Ce fut à qui le frapperait, qui à coups de bâton ou à coups de crosse de fusil, qui à coups de pied ou à coups de poing. On déchira ses vêtements, on lui arracha les cheveux, on chercha à lui arracher les moustaches, on lui cracha à la figure. Des femmes, véritables furies, s'acharnèrent sur lui, rivalisant de cruauté avec ses lâches agresseurs. On raconte qu'une mégère, une mère de brigands sans doute, hurlait en le frappant : « Tu parles de liberté et tu m'as tué trois fils. » Au dire du père Masdea et du neveu de Nunziante, il vint un moment où ce fier soldat, qui avait joué sa vie sur tant de champs de batailles, sentit son courage l'abandonner ; il eut peur de la mort hideuse à laquelle il semblait voué. On l'entendit crier à ses assassins : « Assez, assez ; je suis votre prisonnier, ne me tuez pas, vous ga- gnerez plus à me livrer à votre roi vivant que mort », et les autres de répondre : « Il faut que tu meures, tyran. » Ce fut d'une voix suppliante et en lui mettant dans la main une bourse pleine d'or qu'il demanda à un meunier, qui sans doute avait le bras levé sur lui, de lui faire grâce de la vie. Il est presque certain que, malgré ces appels désespérés à la pitié de ses bourreaux, il eût péri déchiré par cette foule en délire sans l'intervention d'un Espagnol, accouru, lui aussi, pour le combattre, mais dont la généreuse nature se révolta à la pensée de laisser immoler lâche- ment un ennemi sans défense.

Francesco Alcalà, tel était son nom, était l'administrateur des vastes propriétés que pos- sédait autour du Pizzo le duc de l'Infantado, un des plus dévoués partisans de Ferdi- nand VII d'Espagne. Avant l'avènement de Joseph au trône des Deux-Siciles, ces pro- priétés formaient un magnifique domaine féodal dont Alcalà était le gouverneur. Elles furent confisquées par Napoléon lorsqu'en 1808 le duc eut pris parti contre son frère

Joseph. Alcalà, persécuté par Colletta qui gouvernait les Calabres, ne dut qu'à l'amitié d'un général français de ne point être jeté en prison. Après de dures épreuves, il parvint à passer en Espagne, et revint aussitôt après la chute de l'Empereur, en 1814, reprendre ses fonctions au Pizzo. Il exerçait dans le pays une grande et légitime influence due à l'honorabilité de son caractère.

Cette influence, il sut la mettre à profit pour sauver l'illustre vaincu qui se débattait au milieu de ses assassins. Se jetant dans la mêlée, il parvint à faire comprendre à ces furieux qu'ils perdraient en tuant leur prisonnier tout l'honneur qu'ils avaient acquis en s'emparant de sa personne et que ce meurtre serait désapprouvé par Ferdinand, à qui seul appartenait le droit de disposer de la vie d'un perturbateur de l'ordre public. Ayant réussi à calmer un peu la fureur populaire, il plaça Murat et ses compagnons au milieu des moins enragés de la horde et il s'achemina vers la ville. En route, il rencontra Trentacapilli, que sa corpulence avait empêché de prendre part à la poursuite, et il lui remit les prisonniers qui furent aussitôt conduits au vieux château, où l'on avait déjà amené les soldats restés en arrière et qui s'étaient rendus après la fuite du roi.

Avant de mettre tout ce monde en prison, Trentacapilli fit soigneusement fouiller le roi. On trouva sur lui un exemplaire de la proclamation dont on avait jeté un ballot à la mer, les décrets préparés à Ajaccio, les passeports délivrés par Metternich et de l'argent. La cocarde et les vingt-deux brillants qui y étaient attachés lui avaient été arrachés par un forgeron qui les remit au capitaine de gendarmerie.

Lorsque le malheureux prince eut été dépouillé de tous ses papiers et de toutes ses valeurs, on l'enferma avec ses compagnons dans le cachot de la vieille forteresse. Inutilisé depuis longtemps, ce cachot avait été transformé en une étable à cochons par le commandant. Avant d'y entasser les prisonniers, il fallut en faire sortir les bêtes immondes qui l'occupaient. Le sol était tout couvert d'un fumier gluant et une dégoûtante vermine courait sur les murs ; un soupirail à demi obstrué par des immondices y donnait seul un peu d'air et de lumière. L'espace était si étroit qu'à l'exception du roi qu'on trouva moyen de faire asseoir, les vingt-sept autres durent se tenir debout, tellement pressés les uns contre les autres qu'ils ne pouvaient se mouvoir[1]. Huit d'entre eux étaient grièvement blessés. Les premiers moments de la captivité furent affreux. Aux horreurs de ce cachot sombre et infect se joignait l'angoisse d'être de nouveau livrés à cette foule hurlante dont les imprécations menaçantes troublaient seules le silence qui régnait parmi les prisonniers. Franceschetti nous dit que, dix ans après, le souvenir de cette scène le faisait encore frémir d'épouvante. Quant à Murat, il avait repris son calme et il ne cessait de consoler ses gens et de les engager à la résignation. Pourtant Masdea nous dit qu'il n'avait même pas pu obtenir de la pitié de ses vainqueurs un verre d'eau pour se désaltérer.

Tout fiers de leur triomphe, ceux-ci ne prenaient nul souci des vaincus, qu'ils eussent

1. Lenormant, la *Grande Grèce*, III, p. 140 et suivantes.

laissés sans secours et sans nourriture si Alcalà ne fût de nouveau intervenu en leur faveur. Franceschetti, Galvani, Condoleo, Masdea sont unanimes pour louer sa compatissante et généreuse conduite ; on ne saurait donc mieux faire que d'emprunter à la lettre qu'il écrivit le surlendemain au duc de l'Infantado les détails de ce qu'il fit pour les prisonniers en ce jour terrible :

« Je retournai au château pour penser aux prisonniers et me mettre d'accord avec le capitaine de gendarmerie qui se chargea de rester là en les faisant garder à vue. Je vis ainsi dans quel état déplorable étaient les malheureux. Murat n'avait pas reçu de blessures, mais il lui manquait la moitié de son uniforme qui avait été déchiré dans la mêlée ; ses compagnons étaient les uns en chemise, les autres à peine vêtus de débris d'uniformes et couverts de sang des pieds à la tête. La soif et la fatigue les empêchaient de parler. Je fis appeler un chirurgien pour soigner les blessés et je leur envoyai deux draps de lit pour faire des bandages, du vin, de la bière et de l'eau fraîche.

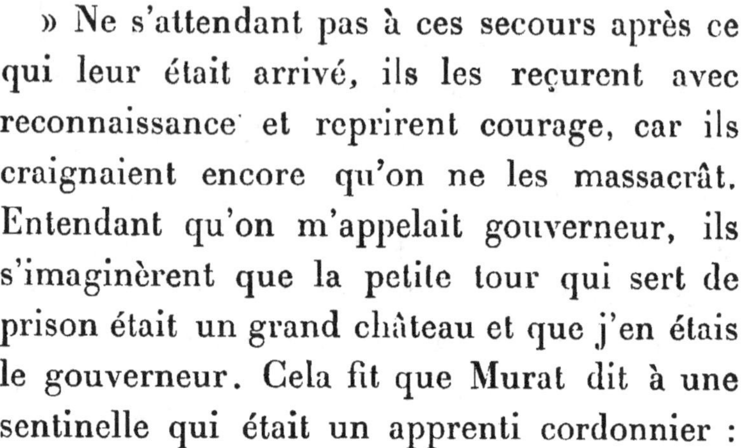

» Ne s'attendant pas à ces secours après ce qui leur était arrivé, ils les reçurent avec reconnaissance et reprirent courage, car ils craignaient encore qu'on ne les massacrât. Entendant qu'on m'appelait gouverneur, ils s'imaginèrent que la petite tour qui sert de prison était un grand château et que j'en étais le gouverneur. Cela fit que Murat dit à une sentinelle qui était un apprenti cordonnier :

» — Je prie Monsieur le Gouverneur de vouloir bien [m'écouter, j'ai deux mots à lui dire.

» Je fus à la porte de la prison. Après m'avoir exprimé sa gratitude infinie et m'avoir recommandé d'empêcher la populace d'attenter à sa vie et à celle de ses gens, il me dit en français :

» — Monsieur le Gouverneur, vous paraît-il que ce lieu où m'a enfermé le capitaine de gendarmerie soit convenable pour y garder le roi Joachim ? Je vous supplie de me faire passer dans une autre prison plus décente avec mon domestique.

» Je lui répondis dans les termes suivants, en présence dudit capitaine :

» — Général (il baissa la tête d'un air fâché), je ne suis pas une autorité du pays, je suis un particulier espagnol et je réside ici en qualité d'administrateur général de Son Excellence le duc de l'Infantado. On m'appelle gouverneur parce que c'était le titre que je portais avant que le système français m'eût ôté toute juridiction; mais je puis vous assurer que, dans cette tour, il n'y a pas d'autre prison que celle où vous vous trouvez. Ce soir arrivera le général Nunziante, commandant des Calabres, qui prendra les dispositions convenables ; quant à ce qui regarde votre vie, vous pouvez être tranquille, les moments critiques sont passés, maintenant il faut penser à soigner les blessés et à restaurer tout le monde.

» Entre temps arriva un repas assez convenable que je lui avais préparé et différents vêtements, chemises, mouchoirs, et dans le nombre un habit de délicieux drap bleu pour Murat. Je fis entrer mon domestique pour servir le repas et faire la distribution des effets, et je dis à Joachim qui regardait en silence :

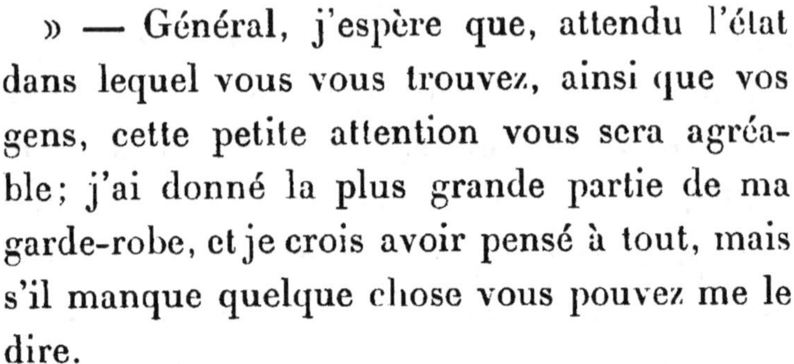

» — Général, j'espère que, attendu l'état dans lequel vous vous trouvez, ainsi que vos gens, cette petite attention vous sera agréable; j'ai donné la plus grande partie de ma garde-robe, et je crois avoir pensé à tout, mais s'il manque quelque chose vous pouvez me le dire.

» Couvrant alors sa figure avec ses mains, il s'appuya contre le mur sans dire une parole, puis après un instant il se retourna vers moi, les larmes aux yeux, et il me dit en français :

» — Je suis plus touché de vos paroles que du malheur qui me frappe.

» Et il continua à me prodiguer ses remercîments. Je l'interrompis en disant :

» — Je ne demande aucune sorte de remerciements, il me suffit d'avoir donné une preuve de la générosité espagnole envers l'ennemi vaincu ; mais si un jour vous avez l'occasion de raconter les attentions que j'ai eues pour vous, vous pourrez dire que vous les avez reçues d'un représentant du duc de l'Infantado.

» Alors me revinrent à l'esprit les massacres auxquels cet homme s'est livré à Madrid et ce que j'ai souffert à cause de lui[1]. »

Pendant qu'Alcalà prodiguait ses soins aux vaincus, Trentacapilli rédigeait à la hâte un rapport dans lequel il s'attribuait, naturellement, tout le mérite de l'arrestation et racontait en détail les honteux exploits de la populace du Pizzo, qu'il glorifiait. Il y joignit tous les importants documents trouvés sur Joachim et expédia le tout par un courrier qu'il fit partir pour Naples, sans attendre l'arrivée du général Nunziante.

Barbara, nous l'avons dit, avait reçu l'ordre de se tenir, pendant une heure, à deux portées de fusil du rivage. Trois quarts d'heure ne s'étaient pas écoulés qu'on entendit des coups de feu tirés à terre. L'ancien corsaire donna aussitôt l'ordre au patron Cecconi de s'éloigner du rivage à force de rames, en remorquant la gondole, et lui-même, pour être plus en sûreté, passa sur la felouque avec son domestique. Il fit monter celui-ci

---

1. Gasparri, *la Fine di un Re*, p. 112 à 115.

au haut du mât, avec une lunette ; mais, tous deux conversant en patois maltais, il fut impossible à l'équipage de rien comprendre aux paroles échangées entre le maître et le serviteur.

Cecconi, voyant une foule descendre précipitamment vers la plage, demanda ce qui se passait. Barbara lui répondit que c'était une grande quantité de gens qui venaient armer des chaloupes coursières pour poursuivre les deux bâtiments, et il donna ordre de faire force de rames pour s'éloigner de la terre. Un quart d'heure après, le fort tira deux coups de canon, dont les boulets tombèrent à peu de distance de la gondole et de la felouque ; peu de moments après, on vit sortir deux chaloupes qui se dirigèrent sur les deux bâtiments à force de rames et qui les poursuivirent jusqu'au coucher du soleil.

Tel est le récit du patron Cecconi, écrit trois ans après l'événement [1]. D'après les renseignements recueillis par M. Gasparri et confirmés par le baron de Koller et les lettres de Mattia Nunziante, Murat, presque

---

1. Franceschetti, p. 170 et suiv.

aussitôt après son arrestation, supplia Alcalà
de faire rejoindre la gondole commandée par
Barbara, sur laquelle se trouvait la « petite
fortune qui lui restait et les seules ressources
de sa famille ». Alcalà ne parle pas de cet
incident dans ses lettres au duc de l'Infantado. Quoi qu'il en soit, d'après M. Gasparri,
le commandant de la station navale du Pizzo,
le capitaine de frégate D. Girolamo del Gado,
envoya à la poursuite de Barbara une chaloupe coursière, qui l'atteignit dans les eaux
du cap de la Rochetta, auprès de Briatico ;
mais l'ex-corsaire, se voyant sur le point
d'être rejoint, tira sur la chaloupe, dès qu'elle
fut à portée, un coup de canon qui faillit la
couler.

Lorsqu'on apprit à Murat la fuite de ses
deux bâtiments, il eut, d'après le baron de
Koller, un moment d'amer désespoir et s'écria,
en se frappant le front, qu'il était odieusement
trahi par Barbara. Quel fut le butin que s'ap-
propria l'ancien corsaire ? Il est bien difficile
de le dire. Toujours d'après le baron de
Koller, Carabelli, de retour à Naples, raconta
que l'argent et les bijoux emportés d'Ajaccio

par l'ex-roi représentaient plus de six millions
de francs. D'après Mattia Nunziante, Murat se
plaignit, dans son interrogatoire du 8 octobre, de ce que Barbara lui avait volé trois
millions. Si l'on se rappelle combien Joachim
avait eu de peine à se procurer, en Corse,
les ressources dont il avait besoin, on doit
admettre qu'il ne devait avoir à bord de sa
gondole, en argent monnayé, que les deux cent
mille francs que, d'après la police française,
Macirone lui avait apportés de Paris; le reste
devait se composer des diamants emportés de
Naples.

Les autorités du Pizzo ne perdirent pas de
temps pour informer l'intendant de la province et les chefs militaires des événements
qui venaient de s'accomplir. Leurs lettres
parvinrent vers les deux heures de l'après-
midi à Monteleone, qui n'est distant du Pizzo
que de cinq à six milles. L'intendant, ce
même baron Petroni, que les lettres du baron
de Koller nous représentent comme ayant été
un des principaux agents de la machination
ourdie contre Murat, s'entendit aussitôt avec
le général commandant la province pour faire

partir sans retard quarante hommes de troupes régulières sous les ordres d'un officier de confiance, le capitaine Stratti, d'origine grecque. Cet officier n'arriva au Pizzo que vers les six heures du soir et prit la garde des prisonniers.

Le général Nunziante, qui commandait en chef dans les Calabres, se trouvait à Tropea, à quatorze milles de Monteleone. A la date du 8 octobre, il n'avait reçu aucun avis officiel de son gouvernement l'informant des projets de Murat, et de son départ d'Ajaccio en destination du Pizzo. Pourtant, d'après le rapport de Medici, la police connaissait depuis le 4 l'appareillage de la flottille de Joachim et sa direction précise sur la Calabre. Elle savait aussi, le prince Jablonowski le dit dans sa dépêche du 18, que le Pizzo était le point choisi pour le débarquement. On ne comprend pas comment le ministre, qui prétend dans son rapport avoir redoublé de vigilance et avoir expédié des courriers le long de la côte, de Salerne à Reggio, avec des dépêches confidentielles, n'en ait pas adressé une à Nunziante pour lui enjoindre d'envoyer du monde au Pizzo. S'il eût écrit le 5, sa lettre serait arrivée dès le 7, et il ne faut pas oublier qu'il avait le télégraphe aérien à sa disposition. On est amené à conclure qu'il préférait laisser Trentacapilli et la populace du Pizzo seuls aux prises avec Murat dans l'espérance que l'ex-roi serait massacré et éviterait ainsi à ses ennemis l'obligation de le faire condamner par un conseil de guerre[1]. Quoi qu'il en soit de cette question, le général, qui avait été prévenu par des lettres particulières de la présence de Murat en Corse et des projets qu'on lui supposait dans le public, avait concentré ses forces pour les porter au besoin par mer sur tout point menacé. La nouvelle de l'arrestation de Murat lui parvint sur les quatre heures de l'après-midi. Après avoir mis en marche tout ce qu'il avait de monde, tant en infanterie qu'en artillerie, il monta à cheval avec son état-major et se dirigea rapidement vers le Pizzo, où il arriva sur les huit heures du soir.

---

1. D'après le neveu de Nunziante, Medici n'écrivit à son oncle que le 8 une lettre qui n'arriva que le 10, pour l'informer des projets de Murat.

Vito Nunziante, à qui allait incomber la triste et pénible mission d'être le geôlier d'un roi et l'exécuteur des hautes œuvres de la réaction légitimiste, était à la fois un vaillant soldat et un homme de cœur. Profondément dévoué à la maison de Bourbon, il avait toujours combattu sous ses drapeaux : dans la funeste expédition de Rome en 1798, à l'avant-garde du cardinal Ruffo en 1799, contre les troupes de Napoléon, de Joseph et de Murat de 1806 à 1814. Pendant cette dernière période, il avait beaucoup contribué à la réorganisation de l'armée sicilienne et avait mérité les éloges de lord Bentinck. A la restauration, il avait été nommé commandant en chef de la 5e division territoriale et commissaire civil dans les Calabres. C'était une sorte de vice-royauté. Il en était digne.

Ce ne fut pas sans étonnement qu'en arrivant au Pizzo, Nunziante y trouva Trentacapilli dont, détail à noter, lui commandant en chef ignorait la nomination au commandement de la gendarmerie dans la Calabre citérieure et la présence dans le pays. Le capitaine s'empressa de lui rendre compte des événements du matin en s'attribuant, cela va sans dire, tout le mérite de l'arrestation de Joachim [1]. Le rôle qu'il avait joué comme chef de bandes pendant la dernière guerre n'était pas fait pour lui attirer la bienveillance du général, qui avait toujours vu d'un mauvais œil ces dangereux auxiliaires qu'il considérait comme des voleurs et des assassins [2]. Trentacapilli paraît donc avoir été assez mal reçu par son chef qui lui reprocha durement d'avoir expédié à Naples les importants documents trouvés sur le royal prisonnier sans lui en avoir préalablement donné connaissance et sans même en avoir gardé copie. Ces reproches durent faire peu d'impression sur le capitaine de gendarmerie, qui était bien sûr d'être soutenu par Medici, et qui avait peut-être envoyé à ce ministre des documents que celui-ci avait intérêt à faire disparaître.

Dans les émouvantes pages qu'Alexandre Dumas a consacrées à la catastrophe du Pizzo et où il a donné libre cours à sa brillante

1. Travalli, p. 20.

2. Palermo, *Vita e fatti di Nunziante*, p. 24.

imagination sans trop de souci de la vérité historique, Murat conserve du commencement à la fin l'attitude altière et magnifique d'un héros des temps antiques posant devant la postérité. Cette attitude, il ne l'eut pas tout le temps. Il est des heures où les plus braves se cramponnent fiévreusement à la vie. Dans sa première rencontre avec Nunziante, Joachim, loin de proclamer fièrement qu'en débarquant au Pizzo il était venu revendiquer une couronne qui était sienne, chercha à se tirer du guêpier où il s'était mis en tenant le même langage que, d'après Franceschetti, il avait tenu le matin aux paysans.

Nous possédons sur cette première rencontre le récit d'un témoin oculaire, Mattia Nunziante consigné dans une lettre écrite le 11 octobre, trois jours après l'événement. Voici ce récit :

« Murat fut amené devant le général et le procureur général, tous deux assis à une table. Il était debout et tout confus. On voulut procéder régulièrement à son interrogatoire. Il s'y refusa en disant :

» — Il ne convient pas à ma dignité de

subir un interrogatoire ; dites-moi sur quoi vous voulez être renseigné, j'y répondrai par écrit.

» On lui demanda d'où il venait, pourquoi il avait débarqué, quel était son but, quelles ressources il possédait. Réponse :

» — Je viens de la Corse, et, à proprement parler, d'Ajaccio, ayant obtenu là, des puissances alliées, un passeport pour me rendre dans le sein de ma famille qui se trouve à Trieste. Il y a peu de temps je me mis en route. Il y a quelques jours, j'ai été assailli par une tempête telle que mes deux petits bâtiments furent mis dans l'impossibilité de continuer le voyage ; l'un, en particulier, avait une voie d'eau. C'est pour ce motif, et aussi parce que je manquais de vivres, que je me suis décidé à débarquer ici pour me présenter aux autorités et me rendre ensuite à Monteleone pour obtenir du général commandant l'autorisation de gagner Cotrone où je comptais acheter facilement deux bâtiments, et finalement m'embarquer de nouveau pour Trieste. Je suis arrivé ici aujourd'hui et j'ai été assailli de tous côtés ; on m'a maltraité et

dépouillé. Ils m'ont pris vingt-deux brillants
et toute la somme que j'avais sur moi en
louis : et, ce qui est pire, le commandant de
mes deux petites barques, profitant de la
circonstance, s'est enfui emportant tous mes
bagages et trois millions de bijoux que j'avais
avec moi. Avec l'autorisation du commandant
de cette place, je les lui ai fait demander,
mais ce misérable a été sourd à ma récla-
mation. Général, je ne vous demande pas
autre chose que de me traiter comme j'aurais
traité votre roi s'il était tombé entre mes
mains. Je demande à être mis en liberté, et
qu'on me rende tout ce que l'on m'a pris.

» On lui demanda pourquoi il avait fait
crier : *Vive le roi Joachim !* Il répondit que
c'était faux[1]. »

Ce récit de l'interrogatoire se trouve confirmé par une dépêche du 10 octobre adressée
par le général Nunziante au duc de Calabre,
ainsi que par le rapport de Medici, qui avait
sous les yeux, en le composant, la lettre écrite
par Murat en réponse aux questions qui lui

1. Gasparri, *la Fine di un Re*, p. 147 à 149.

étaient posées par Nunziante et le procureur
général.

Il y a un point sur lequel tous les écrivains
sont d'accord, à quelque parti qu'ils appartiennent, c'est que Nunziante témoigna à son
prisonnier tous les égards compatibles avec
son devoir; s'il ne le traita point en tête cou-
ronnée, comme le prétend Dumas, et s'il ne
l'appela jamais que général, il fit ce qu'il put
pour adoucir sa captivité, et peut-être même
chercha-t-il en deux circonstances à empêcher
le dénouement fatal qu'il prévoyait. Franceschetti raconte qu'il salua Murat avec respect
et qu'il désapprouva même vis-à-vis de lui la
conduite des habitants du Pizzo, qu'il ne put
d'ailleurs que louer dans ses rapports officiels.
Pourtant il n'osa pas tirer Murat le soir même
de la prison commune et l'y laissa jusqu'au
surlendemain. Il s'en excusa auprès de lui
sous le prétexte que le peuple menaçait ses
jours et qu'il était responsable de sa personne
vis-à-vis de son souverain et des troupes
alliées. Il ajouta qu'il était fidèle à son roi,
mais sensible au malheur. Il envoya d'ailleurs tout de suite des matelas et des cou-

vertures pour les prisonniers. Ceux-ci passèrent
la nuit du 8 au 9 dans de vives inquiétudes,
réveillés à tout instant par les cris des sentinelles comme dans une ville assiégée.

Toujours d'après Franceschetti, ce n'était
pas les habitants du Pizzo que craignait
Nunziante, mais bien les paysans des environs
de Monteleone accourus sous le prétexte de
prêter main forte aux autorités et qui avaient,
en réalité, l'intention d'enlever Murat. Le
général, qui avait pris toutes ses dispositions
pour repousser une attaque de leur part, finit
par les décider à s'en aller.

Nunziante n'expédia ses premiers rapports
que le 9 au matin. Après avoir raconté le
débarquement et l'arrestation de Joachim
d'après les renseignements recueillis de la
bouche des acteurs, il annonçait qu'il pour-
suivait l'interrogatoire des prisonniers , et
finissait par se plaindre très vivement de
Trentacapilli. « Ce capitaine, dit-il, animé
peut-être d'un zèle extrême ou poussé par
des vues d'intérêt personnel, a pris au général
Murat tous les papiers qu'il portait sur lui. Il
me dit que, sans en avoir pris copie, il les a

expédiés à Sa Majesté. Cette erreur est impardonnable parce que ces papiers m'auraient fourni des renseignements sur les rapports ou les correspondances que Murat entretenait dans le royaume, ou sur d'autres choses qui pouvaient donner lieu sur le moment à des mesures de précaution. Trentacapilli dit avoir pris au prisonnier la cocarde qui était à son chapeau, laquelle était ornée de brillants ; il dit qu'il y en avait douze et qu'il les a envoyés à Naples, mais le général Murat m'assure qu'il y en avait vingt-deux valant chacun cent louis. » L'irritation provoquée chez Nunziante par la conduite du capitaine de gendarmerie se traduisit d'une façon plus vive encore dans une dépêche subséquente adressée au duc de Calabre, datée du 10. « Si le capitaine D. Gregorio Trentacapilli, y est-il dit, s'était contenté de s'approprier le butin fait sur les prisonniers, et m'eût, comme c'était son devoir, remis les papiers confisqués sur eux, j'aurais découvert le vrai fil de la conspiration. C'est à ce capitaine insubordonné qu'est due l'absence de preuves qui peut-être pouvaient assurer à jamais la tranquillité du royaume. Il dit qu'il

a remis directement à Sa Majesté les papiers
et les diamants enlevés à Murat ; je ne dois
pas garantir son affirmation surtout en ce qui
concerne les diamants. Murat soutient qu'il y
en avait vingt-deux, et lui ne veut en [1]...
aucun. Il ne dit pas un mot des armes et il y
a tout lieu de supposer qu'il s'est emparé de
l'épée et peut-être des pistolets du prisonnier.
Je ne chercherai pas à montrer à Votre Altesse
combien cette conduite est criminelle, et je me
bornerai à lui faire remarquer que je suis profondément affecté de n'avoir pu, par la faute de
ce capitaine, présenter à Sa Majesté une enquête
complète si nécessaire au bien de l'État. »

Nunziante annonçait dans son rapport du 9
que le procureur général de la Calabre ultérieure travaillait avec lui à la constitution
d'un dossier formé par les dépositions des
témoins et les interrogatoires des prévenus,
et qu'aussitôt qu'il serait prêt, il le remettrait,
avec le drapeau enlevé à Murat, au lieutenant-colonel Marsiglia, attaché à son état-
major général, qu'il ferait partir pour Naples.

1. Le mot italien n'a aucun sens.

Cet officier ne se mit en route que le lendemain 10 octobre.

Ce jour-là, au matin, après un séjour de près de quarante-huit heures dans l'infecte prison que nous avons décrite, le roi captif fut transféré avec les généraux Franceschetti et Natali dans une chambre un peu plus convenable; ce nouveau logis laissait pourtant beaucoup à désirer sous tous les rapports. Voici ce qu'en dit M. F. Lenormant qui l'a visité : « C'est une sorte de cellule avec une fenêtre et une porte qui s'ouvre de plain-pied sur ce qu'on appelle l'esplanade du château, étroit boyau de trois mètres en moyenne de large et de seize de longueur, entre deux petits bâtiments à demi croulants, composés d'un simple rez-de-chaussée, le tout élevé sur le terre-plein de l'ancien donjon rasé au tiers de sa hauteur primitive, quand on le flanqua de quatre bastions pouvant recevoir du canon. Un mur crénelé à hauteur d'appui termine à ses deux extrémités ce boyau découvert. L'escalier qui amène du bas au fort débouche à l'extrémité nord-ouest de l'esplanade après avoir passé sous une voûte. La chambre de Murat était dans le bâtiment à droite, quand on vient de l'escalier. Il y avait dans cette chambre tout juste la place d'un lit de sangle pour le principal captif, d'une table et de deux chaises, ainsi que de deux matelas étendus par terre où couchaient tout habillés les généraux Franceschetti et Natali, autorisés à rester avec lui, ainsi que son valet de chambre [1].

» Bien que le général Nunziante l'eût fait nettoyer de son mieux, cette chambre restait sordide et infectée de légions de puces et de punaises qui tourmentèrent cruellement les derniers jours de l'infortuné. »

Le général avait fait préparer le déjeuner dans une pièce voisine de celle du roi. Il vint le chercher ainsi que ses compagnons de captivité. Plusieurs officiers siciliens prirent part au repas dans un morne silence. Franceschetti nous dit qu'ils semblaient émus en voyant dans les fers l'homme qui, quatre mois auparavant, régnait en maître à Naples.

Le déjeuner achevé, Murat retourna dans sa chambre, les soldats qui le gardaient lui

---

1. J'ai rectifié la description de M. Lenormant d'après le plan levé au Pizzo et qui se trouve à la fin du volume.

présentèrent les armes. L'ex-roi écrivit aussitôt quatre lettres à sa femme, à son heureux rival, au général en chef commandant l'armée autrichienne, et à l'ambassadeur d'Angleterre à Naples. D'après Nunziante, les deux premières, l'une ouverte, l'autre cachetée, partirent le jour même pour Naples. Elles y furent portées avec les interrogatoires de Murat et de ses compagnons par un des officiers de l'état-major du général, le lieutenant-colonel Marsiglia. Les deux dernières lettres durent être envoyées postérieurement, et ne furent remises par Ferdinand à leurs destinataires qu'après la mort de son ennemi.

A peu près à l'heure où Murat était transféré de son infect cachot dans sa nouvelle prison, le télégraphe apportait à Naples la nouvelle de son débarquement et de son arrestation. Depuis le 4, Ferdinand et ses ministres savaient, comme je l'ai dit plus haut, que l'ex-roi avait quitté Ajaccio avec une troupe de deux cents à deux cent cinquante soldats, se dirigeant vers la Calabre, voire même vers le Pizzo. Medici n'en avait prévenu Nunziante que le 8, non par le télégraphe, mais par une lettre qui ne lui parvint que le 10. Les communications étaient lentes à cette époque, et il fallait environ quarante-huit heures en poste pour se rendre de Naples au Pizzo. Aussitôt la dépêche reçue, le conseil se réunit; les trois ministres se prononcèrent sans hésitation pour que Murat fût traduit devant une commission militaire. Au dire de Colletta, ils eurent quelque peine à triompher de la résistance du roi. Il leur fallut invoquer la raison d'État. Ferdinand finit par céder comme il avait cédé en 1799, lorsque Nelson viola la capitulation signée par le cardinal Ruffo. Les ministres rédigèrent alors un décret en vertu duquel Murat devait être traduit devant un conseil de guerre pour être jugé comme ennemi public. Aussitôt la sentence rendue, elle devait être exécutée en ne donnant au condamné qu'un quart d'heure pour recevoir les secours de la religion. Comme on le voit, les ministres de Ferdinand n'admettaient pas un seul instant que les juges, devant qui allait comparaître le compétiteur malheureux de leur souverain, ne prononçassent pas contre lui une condamnation capitale.

Medici transmit aussitôt le décret à Nunziante dans une lettre où il lui recommandait
de prendre toutes les mesures que nécessite-
raient les circonstances, et où il lui conférait,
au nom du roi, les pouvoirs les plus étendus.
Lettre et décret furent expédiés par un courrier
extraordinaire qui devait rester au Pizzo
jusqu'après l'exécution.

La résolution de faire traduire Murat devant
une commission militaire chargée de le condamner semble avoir été gardée secrète par les
ministres, qui ne firent connaître au corps
diplomatique que le débarquement et l'arrestation de Joachim.

A la cour de Naples comme à la cour de
France, — la correspondance de Louis XVIII
en fait foi, — le tout-puissant ministre qui
gouvernait l'Autriche, M. de Metternich, passait
pour être le protecteur déclaré de la famille
Murat. Ferdinand avait été très mécontent
d'apprendre quelque temps auparavant, que
l'empereur d'Autriche eût accordé un asile à
son compétiteur, et il avait pendant quelques
jours témoigné à ce sujet une grande froideur
au prince Jablonowski. Ce diplomate, qui ne

partageait évidemment pas les idées de son chef au sujet de Murat, fut un des premiers à aller faire compliment à Ferdinand dans l'après-midi du 11. Celui-ci agréa cette attention, mais prétendit qu'il n'était pas encore très sûr de l'authenticité de la nouvelle.

Les rapports officiels étaient pourtant arrivés le 11. Jablonowski, qui s'attendait à être consulté sur ce qu'il y avait à faire de l'usurpateur, jugea prudent, pour ne pas se compromettre auprès de son ministre, d'aller à Mola di Gaëte au-devant de sa famille. C'est de là qu'il rendit compte de l'événement à son gouvernement en ajoutant que, d'après ce que lui avait dit l'envoyé anglais, Murat devait déjà être fusillé, les ordres ayant été donnés sur toutes les côtes de lui faire subir un jugement militaire s'il était pris les armes à la main.

Si Jablonowski tenait peu à être consulté, son collègue d'Angleterre, William A'Court, était au contraire tout disposé à appuyer les mesures violentes que le gouvernement napolitain jugerait à propos de prendre contre Murat. Nous avons ici le témoignage du général de Vaudoncourt, qui affirme avoir lu, dans une lettre écrite par le prince Souwaroff, ambassadeur de Russie, à l'amiral Tchitchagoff, tous les détails qu'il donne sur la manière dont fut décidée la mort de Murat. Après avoir dit que les ministres réunirent les ambassadeurs étrangers et mirent en délibération le sort qu'on ferait subir à l'usurpateur, le général rend compte de la délibération. « L'ambassadeur d'Espagne, dit-il, conclut à la mort, celui de France eut l'air de se récuser, de manière à faire croire qu'il partageait l'opinion de son collègue ; l'ambassadeur d'Autriche réclama le souverain avec lequel son pays avait traité et déclara que son cabinet se regardait comme obligé par la convention qu'il avait offerte, quoique non acceptée ; les ambassadeurs de Prusse et de Russie s'en référèrent à l'avis de leur collègue d'Autriche ; alors l'ambassadeur d'Angleterre, M. William A'Court, termina la délibération par cette sentence : « Tuez-le, je prends tout sur moi[1]. »

---

1. Général de Vaudoncourt, *Quinze années d'exil*, II, p. 95. Le guet-apens préparé par Medici se trouve confirmé dans la lettre du prince Souwaroff.

Sur ce point comme sur bien d'autres, dans cette lamentable histoire, les renseignements se contredisent. Dans ses dépêches officielles, Jablonowski déclare que ni lui ni ses collègues ne furent consultés. Faut-il en conclure qu'ils ne le furent pas, et ne faut-il pas plutôt admettre que la consultation eut lieu en secret et que William A'Court y donna libre cours aux passions ardentes qui l'animaient? Il ne faut pas oublier qu'à cette époque tous les agents de la Sainte-Alliance portaient une haine violente à ceux qui avaient joué un rôle dans l'épopée napoléonienne et que, tout en ayant peur de Metternich, on désirait ardemment la mort de Murat. Une pièce récemment découverte dans les archives du Pizzo montre à quel diapason les esprits étaient montés. C'est une lettre écrite par un diplomate autrichien, probablement un subordonné de Jablonowski, au prince de Canosa, que le gouvernement avait envoyé dans les Calabres pour s'assurer de l'exécution des ordres expédiés à Nunziante; le prince y est félicité avec des transports de joie d'avoir fait payer la peine de ses méfaits

« au fameux cuisinier ». C'est sous ce sobri-
quet qu'on désignait parmi les partisans de
la légitimité le vaillant soldat qui, parti d'une
auberge de Cahors, s'était élevé au trône de
Naples.

Les journées du 10, du 11 et du 12 octobre s'écoulèrent pour les trois malheureux
prisonniers dans une anxieuse attente. Plus
confiant que ses deux lieutenants dans la
générosité de son rival, Murat conservait par
moments les plus étranges illusions. Pendant
ces trois jours, Nunziante prit tous ses repas
avec lui, et une sorte d'intimité s'établit entre
le captif et le geôlier. Le second resta par
moments confondu des étranges idées qui
germaient dans la tête du premier. Il est fort
possible que, comme le dit Colletta, d'ailleurs
bien placé pour être exactement renseigné,
Joachim ait parlé la veille même de sa mort
de la possibilité d'un accommodement entre
lui et son vainqueur, en renonçant en faveur
de « son cousin Ferdinand » à la seconde
Sicile et en ne gardant pour lui que le royaume
de Naples. Tout en entourant son prisonnier
des égards dus à une grande infortune, Nun-

ziante ne paraît pas avoir conçu de lui une très haute idée. A ce point de vue, un de ses rapports au duc de Calabre est curieux à consulter. Nous y trouvons d'ailleurs la preuve des encouragements qui avaient été donnés au royal proscrit pour le pousser à sa fatale tentative. Après avoir raconté le débarquement et les efforts faits par Joachim pour soulever les habitants du Pizzo, Nunziante continue ainsi : « Par ces faits, son intention fut manifeste et, son projet de révolutionner le pays ayant échoué, parce qu'il fut assailli par la population fidèle à son roi légitime, il eut recours, avec un bien petit esprit, à un subterfuge frivole pour sauvegarder sa réputation à jamais entachée. Ce qui prouve encore davantage ses coupables desseins, ce sont les prétendus décrets datés d'Ajaccio, dans lesquels, prenant abusivement le titre de roi des Deux-Siciles, il se permet de conférer des distinctions et des grades à des officiers qui l'accompagnaient. Puis le brouillon de la longue lettre qui lui a été écrite par un inconnu montre clairement son désir de tenter un acte de désespéré. Dans cette lettre

on éveillait en lui l'espérance de reconquérir
son royaume. Ce fidèle correspondant l'assurait que les populations l'attendaient les bras
ouverts et qu'un seul régiment suffirait pour
réaliser ses vœux. Avec sa tête plus chaude
encore que celle de son ignorant et imprudent
ami, il s'était bercé de l'illusion qu'il réussirait
dans une entreprise que le dernier des fous
eût jugée impossible. Je crois que la persistance qu'il a mise à soutenir qu'il était en
route pour l'Autriche, où les passeports qu'il
avait obtenus des hautes puissances alliées
l'autorisaient à se rendre, et que son débarquement lui avait été imposé par la nécessité
de se ravitailler, lui a été inspirée par la
crainte de se couvrir de honte s'il confessait
sa folie. Dans les rapports que j'ai eus avec
lui, j'ai eu l'occasion de le juger et vraiment
sa présomption fait rire[1]. »

Les messages du télégraphe aérien étaient

---

1. TRAVALLI, p. 22 et 23. Il y a dans le texte : *Veramente fa
ridere la sua posizione.* Tout porte à croire que le mot *posizione*
est le résultat d'une erreur de copie, et qu'il faut *presunzione*.
— Il y a évidemment là une faute de copie. D'ailleurs, les
pièces publiées par cet auteur ne sont pas des originaux,
mais seulement des copies.

souvent retardés par les conditions atmosphériques. Celui que les autorités calabraises expédièrent le 9 octobre pour informer le gouvernement de l'arrestation de Murat n'arriva à Naples que le 10 au matin. La réponse de Medici qui dut partir presque aussitôt après le Conseil des ministres tenu ce jour-là, à neuf heures un quart du matin, ne parvint au Pizzo que le 11, dans l'après-midi. Le ciel était couvert, la route longue, on dut répéter plusieurs fois l'ordre qui n'arriva que tronqué.

Le 10, pendant le dîner, Nunziante s'était montré vis-à-vis de son prisonnier très confiant dans la générosité de son souverain. Franceschetti, dont le témoignage ne saurait être suspect, assure qu'il ne cessait de répéter que Ferdinand était humain et qu'il s'empresserait de rendre Joachim à sa famille.

Le 11, le général témoigna de l'inquiétude ; il raconta qu'une dépêche télégraphique lui était parvenue ne contenant que ces mots : « Vous le consignerez à.... » Murat n'eut ou feignit de n'avoir aucun soupçon, et répondit qu'il espérait que le roi Ferdinand, heureux de se trouver sur le trône de Naples, n'abuserait pas de sa victoire.

Nunziante avait demandé qu'on lui envoyât des navires de guerre. Une flottille anglosicilienne, battant pavillon britannique et commandée par le colonel anglais Robinson, arriva le 10 en rade du Pizzo. Le général présenta ce colonel à Joachim qui demanda à être transporté à Tropea pour attendre la réponse de Ferdinand. D'après Franceschetti, Nunziante y donna son consentement, et son biographe, Palermo, semble lui attribuer le dessein d'avoir, en le faisant, cherché à sauver son prisonnier. Mais l'Anglais, animé, comme tous ses compatriotes, d'une haine féroce contre tous les soldats de l'Empire, s'empressa de lui faire observer qu'en mettant le pied sur la flottille, Murat cesserait d'être à la disposition du roi, car il se trouverait sous la protection de l'Angleterre, qui serait forcée de le protéger bien contre son gré.

Le 12, pendant le dîner, Nunziante se montra plus gêné que la veille. Il répéta à plusieurs reprises qu'il ne comprenait rien à la dépêche et qu'il espérait qu'il allait recevoir

l'ordre de consigner son prisonnier à la flot—
tille anglaise pour le conduire à Messine.
« Mais, général, lui dit Joachim, si l'on vous
ordonnait, par message télégraphique, de me
remettre à une commission militaire, le
feriez-vous? » Nunziante répliqua qu'il ne
consentirait jamais à exécuter une pareille
mesure que sur un ordre écrit du roi Ferdinand, mais que semblable chose n'était point
à craindre. Murat continua son repas et se
leva de table sans montrer la moindre émotion. Une heure plus tard, il se coucha et
s'endormit tranquillement en se faisant faire
la lecture par Natali.

L'ordre que redoutait Nunziante lui parvint
enfin par une estafette de cour, dans la nuit
du 12 au 13 octobre. Cet ordre était formel ;
il lui était impossible de s'y soustraire ou
d'en différer l'exécution. Il dut donc réunir
la commission militaire qui allait avoir à
juger son prisonnier. Des sept officiers appelés à remplir les fonctions de juges, un
adjudant—général, un colonel, deux lieu-
tenants-colonels, deux capitaines et un lieutenant, cinq avaient, avant la restauration de

Ferdinand, appartenu à l'armée de terre ferme et devaient leurs grades à Murat ; les deux autres avaient fait partie de l'armée sicilienne. Le procureur général La Camera, chargé d'assister la commission militaire, avait été un des plus fervents partisans de la dynastie française. Le général espéra-t-il sauver la vie de l'ex-roi, en assurant dans cette commission la majorité à ses anciens adhérents, il est bien difficile de le dire ; nous savons seulement que ses ennemis lui en prêtèrent l'intention et en firent un grief contre lui auprès de Ferdinand et de ses ministres.

Nunziante ne revit plus son prisonnier. Aussitôt la commission nommée, il fit enlever ses effets du château, prêt à s'éloigner du Pizzo dès que les ordres de son souverain auraient été exécutés. Ce fut le capitaine Stratti qui fut chargé d'apprendre à Joachim qu'il allait être jugé. Cet officier apporta dans sa pénible mission tous les égards et tous les ménagements possibles. Mais, dès que l'ex-roi eut compris qu'il allait être mis en jugement comme ennemi public, il ne se fit plus aucune illusion sur le sort qui lui était réservé, et, interrompant Stratti, il s'écria : « Je suis perdu ; l'ordre de me juger est un ordre de mort. » Après un court moment d'émotion fort naturelle, Murat se ressaisit et redevint, jusqu'à l'heure où il tomba sous les balles des soldats de Ferdinand, le héros qu'il avait toujours été sur tant de champs de bataille.

Lorsque les juges l'invitèrent à se présenter devant eux, Murat s'y refusa avec hauteur. « Capitaine, dit-il à Stratti, dites au président que je refuse de comparaître devant son tribunal. Des hommes tels que moi n'ont de compte à rendre de leurs actes qu'à Dieu seul ; que mes juges prononcent, je n'ai rien à répondre. » La loi exigeait que l'accusé eût un avocat. La commission lui en nomma un d'office. Ce fut un Sicilien, le capitaine Starace. Au dire de Franceschetti, cet officier lui fit connaître en pleurant la triste tâche qu'on lui avait imposée.

— Je dois vous défendre, ajouta-t-il, et devant quels juges !

— Ils ne sont point mes juges, répondit Joachim ; ils sont mes sujets, et il ne leur est pas permis de juger leur souverain, de même qu'il n'est pas permis à un roi de juger un autre roi, parce que nul ne peut avoir d'empire sur son égal. Les souverains n'ont d'autres juges que Dieu et les peuples.

Stratti et Starace le conjurèrent en vain de fournir quelques éléments pour sa défense ; il s'y refusa énergiquement.

— Il ne s'agit pas d'un jugement, dit-il, mais d'une condamnation ; ceux qui composent la commission ne sont pas des juges, mais des bourreaux. Monsieur Starace, je vous ordonne de ne rien dire pour ma défense.

Quelques instants après, le rapporteur de la commission vint l'interroger ; il lui demanda son nom, son âge, sa patrie. L'ex-roi l'interrompit brusquement :

— Je suis Joachim, roi des Deux-Siciles ; sortez, monsieur !

Franceschetti, Natali et son valet de chambre avaient été éloignés de lui dès le matin avant qu'on lui eût appris qu'il allait passer en jugement. Il passa les dernières heures de sa vie gardé à vue par quatre officiers. Comme Socrate s'entretenant avec ses disciples au moment de boire la ciguë, il s'entretint longuement avec ses gardiens, s'étonnant de la conduite peu généreuse de Ferdinand à son égard et rappelant les exploits qu'il avait accomplis sur tant de champs de bataille et le bien qu'il avait fait dans le royaume de Naples. En passant ainsi sa vie en revue, il parla avec tant d'éloquence et de dignité que ses auditeurs ne purent cacher leur profonde émotion, lorsqu'ils rapportèrent ce dernier entretien aux deux fidèles serviteurs dont on l'avait impitoyablement séparé.

Réunie dès dix heures du matin, la commission ne rendit son verdict qu'entre trois et quatre heures de l'après-midi. Elle eut à entendre de nombreuses dépositions qui établirent clairement le dessein de Murat de renverser le trône de Ferdinand IV. Aux yeux des Bourbonniens, le crime était patent. Il n'y a donc rien d'étonnant à ce que les officiers de l'armée sicilienne aient appliqué dans toute sa rigueur, à celui qu'ils considéraient comme un usurpateur, la loi que lui-même avait promulguée contre les perturbateurs de l'ordre public. Quant aux officiers qui avaient appartenu à l'armée de Joachim, il eût été plus honorable pour eux de se refuser à le juger. Ils ne l'osèrent pas et le condamnèrent impitoyablement, imprimant ainsi sur leurs noms une tache indélébile.

La sentence prononcée, le rapporteur vint en donner lecture à Joachim, qui l'écouta avec un calme dédaigneux. Cette sentence devait, d'après le décret, être immédiatement exécutée ; un quart d'heure seulement était accordé au condamné pour se préparer à paraître devant Dieu. Le rapporteur, après avoir refusé au roi la permission de revoir Franceschetti et Natali, lui proposa un confesseur, que celui-ci accepta.

Pendant qu'on allait chercher le prêtre, Murat écrivit ou acheva une dernière lettre à sa femme ; la voici :

« Ma chère Caroline,

» Ma dernière heure est arrivée ; dans quelques instants j'aurai cessé de vivre ; dans quelques instants, tu n'auras plus d'époux. Ne m'oublie jamais ; ma vie ne fut entachée d'aucune injustice. Adieu, mon Achille, adieu ma Lætitia, adieu mon Lucien, adieu ma

Louise; montrez-vous au monde dignes de moi. Je vous laisse sans royaume et sans biens au milieu de mes nombreux ennemis; montrez-vous supérieurs à l'infortune, pensez à ce que vous êtes et ce que vous avez été, et Dieu vous bénira. Ne maudissez pas ma mémoire. Je déclare que ma plus grande peine dans les derniers moments de ma vie est de mourir loin de mes enfants. »

Dès le matin, le général Nunziante avait appelé au château le chanoine D. Antonio Masdea, doyen du chapitre, pour être prêt, l'heure venue, à offrir au condamné les secours de la religion. C'était un vieillard de soixante-dix ans et le prêtre le plus respectable du clergé du Pizzo. Dès qu'il sut que Murat l'attendait, il se rendit auprès de lui. Lorsqu'il pénétra dans la chambre du prisonnier, il le trouva en train d'achever la lettre dont nous venons de donner la teneur.

Murat, après avoir donné au capitaine Stratti cette lettre, où il avais mis une mèche de ses cheveux, s'avança vers le prêtre qui lui demanda s'il se souvenait de lui et du

don d'argent qu'il lui avait fait pour achever
son église, deux années auparavant, lors de
son passage au Pizzo. Joachim lui répondit
qu'il se rappelait parfaitement lui avoir donné
deux mille ducats pour l'église et cent pour
les pauvres. Encouragé par ce début, le chanoine lui dit alors : « Sire, je suis venu solliciter de vous une autre grâce bien plus importante. — Mais, riposta le prisonnier, que
puis-je faire dans la situation où je suis ? —
Vous devez vous confesser, répliqua le prêtre. »
Murat comprit sans doute qu'il lui demandait de se reconnaître coupable envers le roi
Ferdinand, car ce fut d'une voix irritée qu'il
répondit : « Non, non, je ne veux pas me
confesser, car je n'ai pas de péché devant
Dieu. » Le chanoine ne se découragea pas.
« Sire, poursuivit-il, je ne vous parle pas
d'une confession judiciaire, mais d'une confession sacramentelle pour vous réconcilier
avec Dieu devant qui vous allez paraître dans
le terme fatal d'un quart d'heure qui ne peut
être prolongé. — Ah oui, répondit-il, je suis
prêt ; mais comment ferons-nous en si peu de
temps ? » L'officier chargé de présider à l'exé-

cution dit alors, en montrant la montre qu'il tenait à la main, que cinq minutes étaient déjà écoulées. Le vieux chanoine s'écria que le quart d'heure ne pouvait commencer qu'après l'absolution, qu'aucune puissance humaine ne pouvait l'empêcher de la donner, et que si on ne lui accordait pas le temps de confesser le condamné, il en appellerait à Dieu ; puis, s'adressant au condamné, il ajouta : « Je suis ici pour vous, ne craignez rien. » Joachim le fit asseoir, puis s'assit à son tour. A peine avait-il commencé l'aveu de ses fautes qu'il repoussa sa chaise et s'agenouilla pieusement devant le prêtre. Celui-ci nous dit que jamais confession ne fut plus sincère, plus émouvante et plus édifiante.

Après avoir reçu l'absolution, le roi se releva. « Allons accomplir la volonté de Dieu », dit-il. Le chanoine l'arrêta, le suppliant de constater par écrit qu'il mourait en chrétien.

Joachim y consentit, puis, au moment d'écrire, il craignit un piège. « Vous voulez me déshonorer après ma mort ? dit-il au père Masdea. — Mais non, Sire, répondit celui-ci, je veux pouvoir confondre les insensés qui se servent de votre nom pour masquer leurs coupables et irréligieuses maximes. — Soit, » répliqua-t-il ; et il traça sur un papier ces simples mots : « Je meurs en bon chrétien. » « Allons, répéta-t-il pour la seconde fois, allons accomplir la volonté de Dieu[1]. »

Sur l'esplanade, douze soldats l'attendaient fusils chargés. Croyant que c'était hors du château qu'il allait être fusillé, il se dirigea vers l'escalier. L'officier l'arrêta en lui disant que c'était sur l'esplanade même qu'il devait être exécuté. Il demanda où il devait se placer ; on lui indiqua l'extrémité sous laquelle passait la voûte de l'escalier et qui était légèrement surélevée. On y avait installé un fauteuil. Il refusa de s'y asseoir. Il refusa également de se laisser bander les yeux et de tourner le dos au peloton d'exécution comme le voulait l'officier.

L'espace était si restreint sur cette étroite esplanade, n'ayant sur la plus grande partie de sa longueur qu'un mètre soixante de large, qu'il avait fallu ranger les soldats sur

1. G. Romano, *Ricordi Murattiani*, p. 29 et 31.

trois rangs, quatre par quatre ; les fusils touchaient presque la poitrine de Murat. Celui-ci, debout, le sourire aux lèvres, en face de ces hommes qui allaient lui donner la mort, arracha par sa noble et fière attitude un cri d'admiration à ses ennemis eux-mêmes[1]. « Soldats, dit-il, faites votre devoir, tirez au cœur; mais épargnez le visage. » Lui-même commanda le feu. Pendant un court moment il sembla qu'il n'avait point été atteint, puis soudain il s'abattit sur le sol comme un chêne sous la hache du bûcheron.

L'œuvre de sang était accomplie. Nunziante ne s'était pas senti le courage d'y assister. En dehors du château, appuyé au mur d'une maison voisine, et la figure cachée dans son mouchoir, il attendit que le bruit de la fusillade vînt lui apprendre que son prisonnier avait cessé de vivre. Aussitôt après avoir adressé au ministre et au duc de Calabre un rapport sommaire sur le procès et sur l'exécution, il s'éloigna du Pizzo.

---

1. Quel courage ! Quel courage ! écrivait le lendemain Mattia Nunziante, jusque-là si malveillant pour l'illustre vaincu.

Un pauvre cercueil, hâtivement fabriqué
avec de mauvaises planches, reçut la dépouille
de la royale victime. A la nuit tombante, les
douze soldats du peloton d'exécution le por—
tèrent à l'église paroissiale. En le posant à
terre, au bord de la fosse, ils le laissèrent
glisser de leurs mains ; le cercueil heurta
violemment le sol, et se disloqua. Le cadavre
ensanglanté apparut aux regards des soldats
et des quelques habitants qui les avaient suivis.
Six balles avaient troué la poitrine, une autre
avait percé la joue droite et défiguré ce beau
visage — qu'un indomptable courage semblait
animer encore. On recloua le cercueil à la
hâte, du mieux que l'on put, et on le jeta
dans la fosse commune[1]. C'est là qu'après
quatre-vingts ans et une révolution qui a ren-
versé le trône des Bourbons de Naples, reposent
toujours, mêlés aux ossements de quelques
pauvres hères, les restes de celui qui fut en
son vivant Joachim Napoléon, roi des Deux-
Siciles.

---

1. Gasparri, *la Fine di un Re*, p. 98 et 99.

VI

APRÈS LA CATASTROPHE

Impression à Naples. — Inquiétudes sur ce qu'allait penser le gouvernement autrichien. — Dépêches des ambassadeurs autrichien et anglais. — Rapport de Medici sur la tentative de Murat et sa mort. — Les récompenses. — Le secret du guet-apens s'ébruite. — Inquiétudes de Ferdinand. — Serment imposé aux ministres. — Destruction ou disparition des dossiers de la police. — Félicitations adressées par les puissances à Ferdinand. — Silence des ambassadeurs au sujet du guet-apens. — Le secret dévoilé par des lettres particulières. — Opinion du général Filangieri sur la mort de Murat.

Si la nouvelle de l'exécution de Murat fut accueillie avec tristesse par le petit nombre de Napolitains qui lui étaient restés fidèles, elle provoqua une explosion de joie à la cour et dans les rangs du parti royaliste. Cette exécution délivrait Ferdinand IV d'un compétiteur détesté, plus redouté que redoutable depuis la chute de son beau-frère, mais dont l'incomparable courage faisait encore trembler, au milieu des baïonnettes autrichiennes qui l'entouraient, le descendant dégénéré d'Henri IV et de Phlippe V. La rigueur déployée envers l'illustre vaincu fut hautement approuvée par tous les royalistes. Les envoyés des puissances étrangères firent chorus avec les plus fougueux partisans de la légitimité. L'ambassadeur d'Angleterre, M. William A'Court se signala par la violence de son langage. Palmieri raconte dans ses Mémoires qu'au cours d'une conversation qu'il eut avec lui, le jour même où l'on apprit à Naples l'exécution de Murat, il y donna la plus vive approbation, en reprochant à son gouvernement de n'avoir pas traité Napoléon de la même manière. « Nous sommes des fous, dit-il, de n'avoir pas fait fusiller ce coquin-là. » C'est ainsi qu'il désignait le vainqueur de Marengo et d'Austerliz.

Pourtant la joie générale ne laissait pas que d'être mêlée d'inquiétude. On se demandait avec une certaine anxiété ce qu'allait penser

de cette exécution, résolue sans les avoir consultés, les chefs de la Sainte-Alliance et surtout l'empereur François II et son tout-puissant ministre. Metternich passait à la cour de
Naples, nous l'avons dit, pour le protecteur
avéré des Murat. C'était lui qui avait fait parvenir à Joachim l'offre d'un asile en Autriche et
qui lui avait fourni des passeports pour s'y
rendre. Le prince Jablonowski, qui s'était
éloigné de Naples pour ne pas être officiellement consulté par les ministres sur les résolutions à prendre après l'arrestation de Murat,
n'était évidemment pas sans préoccupation au
sujet de la manière dont l'événement accompli
serait jugé à Vienne. La dépêche en date du
19 octobre, dans laquelle il en rendit compte,
trahit les inquiétudes qu'il éprouva pour lui-
même et pour le gouvernement napolitain
dont il paraît avoir partagé les passions. En
voici les principaux passages :

« Je n'ai pu cacher à M. le marquis de
Circello mon étonnement que dans une affaire de si haute importance, on n'ait pas cru
devoir demander et attendre l'avis des puissances alliées et surtout de notre cour, qui

avait tant de droits à la confiance et aux
égards de celle-ci ; je n'ai pas dissimulé que
je craignais l'impression que produirait une
mesure si précipitée et qui paraît être en opposition avec les mesures de modération adoptées par toutes les puissances européennes.
M. le marquis de Circello m'a assuré que le
roi sentait trop vivement l'étendue de ses obli-
gations envers notre auguste maître pour vouloir lui causer le moindre mécontentement et
que, malgré le droit dont chaque souverain
jouit de faire juger et punir un particulier
pris les armes à la main, avouant hautement
le dessein de renverser du trône le souverain
et engageant ses sujets à la rébellion, Sa Majesté aurait suspendu l'exercice de ce droit in-
contestable pour consulter ses illustres alliés,
si elle n'avait pas risqué, en retardant la punition de l'agresseur, de compromettre la sûreté de ses États, celle de l'Italie et l'existence
de plusieurs milliers de ses sujets. Il est très
vrai que le roi Joachim, haï par le peuple et
méprisé par la grande majorité de la nation,
n'était plus dangereux au souverain légitime ;
mais Murat, chef de la secte des carbonari,

pouvant disposer de toutes les ressources de
ce nombreux parti, arrivant avec un projet
de constitution, promettant à ses partisans
de nouvelles occasions de s'enrichir, pouvait,
sinon renverser un gouvernement fort de l'appui
de l'Europe entière, mais du moins troubler la
tranquillité dont le pays commence à jouir. Il
est certain que si l'on avait voulu attendre l'a-
vis des souverains alliés et faire transporter
Murat dans l'intérieur du royaume, ses partisans auraient eu le temps de former et de faire
éclater une conspiration dont les conséquences
auraient été plus ou moins dangereuses pour
le gouvernement, mais, dans tous les cas, fa-
tales à beaucoup d'individus, victimes de la
fureur du peuple, qu'il aurait été impossible
de contenir. D'ailleurs, le roi Ferdinand pouvait faire juger militairement et condamner à
mort un particulier qu'il n'avait jamais considéré que comme un général français, usurpateur de son trône. Pour les autres puissances de l'Europe, la question devenait
plus compliquée. Votre Altesse reconnaîtra
avec plaisir, dans le rapport du chevalier Medici, les principes de clémence et de modéra-

tion qui ont porté Sa Majesté à épargner à ses sujets la possibilité de devenir coupables. »

Plus loin, après avoir assuré Metternich que la tranquillité la plus complète régnait dans le royaume, Jablonowski ajoute :

« Les partisans les plus connus du gouvernement passé, ceux qui ont le plus perdu au rétablissement du roi, ne peuvent s'empêcher de reconnaître que le gouvernement avait été en droit de punir une agression aussi téméraire qu'inexcusable, et tout en déplorant secrètement la perte de leurs espérances, ils avouent que la mort d'un homme a épargé des torrents de sang. Ce résultat ne peut que paraître satisfaisant aux yeux de notre auguste Maître, qui ne désire que le bien-être de son allié et le repos de l'Italie, et il rend en quelque sorte excusable la précipitation avec laquelle le gouvernement d'ici a agi, ne considérant et ne traitant cet événement que comme une affaire de haute police.

» Un fait qui semble l'y avoir autorisé, c'est que Murat, en quittant la Corse avec deux cents hommes armés pour débarquer en Calabre, après avoir eu les passeports et la permission de se rendre dans sa famille, s'était mis lui-même hors de la protection que notre auguste maître ne voulait lui accorder que pour assurer le repos de l'Italie. Votre Altesse verra par le rapport du chevalier Medici que le roi a su parfaitement reconnaître les motifs qui avaient guidé Sa Majesté Impériale, et a rendu justice à l'amitié prévoyante qui l'avait déterminée à placer l'ennemi le plus dangereux de Sa Majesté Sicilienne dans une situation où il fût hors d'état de troubler la tranquillité de ce pays.

» Mais quelle que soit l'impression que produira cet événement sur l'esprit de notre auguste maître, je prie Votre Altesse de considérer que ni moi ni aucun de mes collègues n'aurions pu prévenir des ordres donnés si secrètement et avec tant de promptitude que nous n'avons appris l'arrestation de Murat que la veille du jour où la sentence fut exécutée[1]. »

Bien certain que l'exécution de Murat rencontrerait l'approbation du cabinet de Saint-

1. Von Helfert, *Joachim Murat,* p. 221 et suivantes.

James, l'ambassadeur d'Angleterre ne se donna pas la peine d'excuser le gouvernement napolitain. Sa dépêche du 15 octobre tendrait à prouver que le général de Vaudoncourt a été bien renseigné sur la part prise par lui dans les résolutions violentes adoptées par Ferdinand et ses ministres. En voici le passage le plus saillant : « La sévérité (si sévérité il y a) déployée envers l'instigateur et le chef de cette invasion n'a pas besoin que je l'excuse. Ce sera le premier et en même temps le dernier sang versé dans la glorieuse restauration du roi Ferdinand. De plus, il y a toute raison de croire que l'exécution de Murat se trouvera être en fin de compte un acte d'humanité, car ce n'est que maintenant que nous pouvons espérer jouir de paix et de tranquillité, et voir toutes les classes coopérer cordialement à la guérison des plaies qu'ont faites à ce malheureux pays vingt ans de révolutions et de désordres [1]. »

Aux dépêches des ambassadeurs étaient jointes des copies du rapport de Medici au

1. *M. A'Court à lord Castlereagh*. Lettre 48 du 15 oct. 1815. — Voir Appendice C.

roi sur les événements du Pizzo. Cet important document est daté des 16 et 17 octobre 1815. Il est rédigé avec autant d'art que de mesure. C'est à la fois un très violent réquisitoire contre l'usurpateur qui voulait rallumer la guerre civile dans le royaume, et une habile apologie de la rigueur déployée envers lui par Ferdinand qui, en le frappant, n'avait eu d'autre but que d'épargner le sang de ses sujets et d'éviter de nouveaux troubles à l'Italie, dont la tranquillité importait tant à l'Autriche. D'un bout à l'autre, sauf en ce qui concerne Murat, le rapport est empreint des sentiments de modération destinés à flatter les idées de l'empereur François II, très désireux de ne pas voir se renouveler en 1815 les actes de sanglante répression qui avaient souillé la restauration de 1799[1].

Autant Ferdinand et ses ministres avaient été inflexibles et peu généreux envers l'illustre vaincu tombé entre leurs mains, autant ils se montrèrent prodigues de faveurs envers ceux

1. Voir Appendice E.

qui avaient contribué à son arrestation. Le 18 octobre 1815, la ville du Pizzo reçut le titre fort ambitionné à cette époque, de cité très fidèle et fut à jamais exemptée de l'impôt de la gabelle. On lui accorda de plus une rente de trois mille cent soixante-quatre ducats et un don annuel de six rottoli de sel par tête d'habitant. On frappa des médailles d'or pour les membres du municipe et de nombreuses décorations furent distribuées aux plus notables citoyens.

En avril 1816, Nunziante reçut, avec un marquisat héréditaire, une pension viagère de mille cinq cents ducats. Alcalà fut créé chevalier de l'ordre constantinien. Enfin Trentacapilli, qui avait été promu précédemment au grade de colonel, reçut en même temps que la croix de commandeur de Saint-Ferdinand, une pension viagère de mille ducats avec une autre pension de trois cents ducats et une décoration pour son frère Raphaël. Ces récompenses accumulées sur l'ancien chef de brigands et sur sa famille montrent quel prix le ministre de la police attachait au service qui lui avait été rendu et combien peu il tenait compte des plaintes formulées par Nunziante contre son subordonné[1].

Medici avait réussi, mais il avait joué gros jeu. Si Murat eût atteint Monteleone, soit en débarquant ailleurs qu'au Pizzo, soit en forçant le passage avec ses deux cent cinquante vétérans, il y eût trouvé une population favorablement disposée en sa faveur et un régiment qui probablement eût embrassé sa cause. Le résultat eût été une guerre civile qui, soutenue par les ventes de carbonari qui étaient nombreuses, aurait pu prendre de l'extension et aurait fait couler beaucoup de sang. Inévitablement Joachim aurait fini par succomber. Alors même que les troupes sur lesquelles Ferdinand pouvait compter n'eussent pas suffi à la tâche, les Autrichiens leur auraient prêté main-forte et seraient venus à bout de l'ex-roi dont la coalition, qui avait vaincu Napoléon avait prononcé la déchéance. Mais cette nouvelle prise d'armes qu'ils avaient cherché à éviter en offrant un asile au proscrit aurait fort irrité les alliés de Ferdinand qui n'auraient

1. Gasparri, p. 198.

jamais pardonné au ministre napolitain qui l'avait provoquée et auraient exigé son renvoi.

Medici avait donc tout intérêt à ce que le secret de sa machination fût bien gardé. Il ne le fut pourtant pas. Des indiscrétions furent commises et l'on en causa tout bas dans les salons de Naples. Au commencement de novembre, le roi apprit que le bruit courait qu'on avait tendu un piège à Murat. J'ai déjà dit qu'il paraît certain qu'il n'était pas au courant du complot. Quoi qu'il en soit de cette question, il fut fort alarmé d'apprendre que l'affaire s'était ébruitée. Déjà très préoccupé de ce que l'on penserait à Vienne de l'exécution précipitée de Murat, il craignit qu'on ne s'y fâchât si l'on apprenait que le proscrit auquel on avait offert un asile avait été attiré dans un guet-apens. Medici interrogé s'efforça de tranquilliser le roi en lui disant qu'on aurait tout aussi bien accusé le gouvernement quand même l'accusation eût été sans fondement; qu'entre toutes les suppositions faites par le public, il n'y avait rien d'étonnant à ce qu'il y en eût une qui se rapprochât de la vérité, mais qu'au fond personne n'avait la certitude que les choses se fussent passées comme on le prétendait. Il ajouta que les ministres des puissances étrangères seraient les premiers à repousser la version du guet-apens. En l'acceptant et en la faisant connaître à leurs cabinets respectifs ils s'exposeraient à être accusés d'avoir manqué de vigilance et de clairvoyance. Pour mener à fin un acte de trahison aussi compliqué, il fallait le préparer de longue main. On leur reprocherait de n'avoir ni su voir ce qui se passait ni empêcher un mauvais coup comme c'était leur devoir. En ne se taisant pas, il n'y avait pour eux que la honte et des reproches à recueillir.

Ferdinand n'en resta pas moins inquiet, et le 9 novembre il convoqua ses ministres à Portici et exigea d'eux le serment de garder à jamais, fût-ce au péril de leur vie, le secret d'État qui l'obsédait[1].

Ce fut sans doute au sortir de la résidence royale que Medici, d'accord avec ses collègues, fit disparaître les pièces où se trouvait la preuve du guet-apens. Ce qui est certain,

1. Von Zahn, *Von König Murats Ende*, p. 173. — Voir Appendice A.

c'est qu'il n'existe plus au *gran archivio* de Naples qu'un seul dossier relatif à l'expédition de Murat, qui ne contient que quelques dépêches des autorités de la Calabre et une seule de Nunziante. On n'y trouve même plus les originaux des rapports dont les copies ont été découvertes par M. Travalli aux archives de Palerme. Il ne reste plus trace d'une foule de documents dont Medici et Nunziante parlent dans leurs rapports officiels : la lettre de Murat au roi Ferdinand, l'interrogatoire de l'ex-roi et de ses compagnons, le procès-verbal de la commission militaire, les décrets nommant à des grades supérieurs le colonel Natali et le lieutenant Pernice, la proclamation datée d'Ajaccio et le décret promettant un régime constitutionnel envoyés à Naples par Trentacapilli, enfin la correspondance des agents entretenus en Corse pendant le séjour du proscrit et les lettres interceptées et même le rapport que Carabelli dut remettre à son retour avec le certificat donné par Macirone. Toutes ces pièces ont pourtant existé, et l'on est amené à supposer qu'elles ont été enlevées ou détruites par le ministre qui avait intérêt à leur disparition.

Medici avait vu juste. Aucun rapport officiel relatant le guet-apens ne fut envoyé de Naples ni en Angleterre, ni en France, ni en Autriche, par M. William A'Court, le comte de Narbonne et le prince Jablonowski. Il est hors de doute que ces trois ambassadeurs furent parfaitement renseignés sur ce qui s'était passé. Quiconque a vécu à Naples dans l'intimité du corps diplomatique avant la chute des Bourbons sait que les espions y foisonnaient, et que rien n'était plus facile, pour un ambassadeur, que d'être bien renseigné sur les agissements du gouvernement. Au fond, tous les ministres étrangers étaient favorables à Ferdinand IV et haïssaient très franchement Murat. Il se fit donc autour du guet-apens une conspiration de silence à laquelle s'associèrent les généraux qui commandaient l'armée d'occupation. Pas un d'eux ne souffla mot, dans ses rapports officiels, de la trame ourdie par Medici. Seul, le lieutenant général Nugent dit dans une de ses dépêches : « Toute cette affaire a été traitée sous le sceau du

plus profond secret et est considérée exclusivement comme une affaire de police. En conséquence, il n'en a été fait aucune communication aux commandants militaires autrichiens [1] ».

Il est probable que bien des confidences
furent faites dans des lettres particulières.
Nous ne connaissons d'une façon certaine que
celles que le baron de Koller fit à son chef,
le comte de Saurau, et indirectement par les
Mémoires du général de Vaudoncourt, celles
que cet auteur dit avoir été faites par le prince
Souvaroff à l'amiral Tchitchagoff.

Ferdinand IV ne reçut de ses alliés que
des félicitations au sujet des événements du
Pizzo. Tous les souverains paraissent avoir
approuvé la rigueur déployée par lui envers
son compétiteur malheureux. Metternich lui-
même n'hésita pas à donner son approbation
à l'exécution précipitée de Joachim et à déclarer que ce prince avait mérité son sort.

Peu à peu le silence se fit autour de la
catastrophe. A deux reprises, en 1820. pen-

1. Communication de M. d'Arneth.

dant la période constitutionnelle, et vers 1834, après la publication de l'*Histoire du royaume de Naples* par Collettà, la question du guet-apens passionna de nouveau l'opinion publique. A ces deux époques, Collettà fut violemment accusé d'avoir trempé dans la machination. A la longue, tout ce bruit cessa, et la question tomba dans l'oubli.

De tous ceux qui assistèrent en spectateurs attentifs aux événements des derniers mois de 1815, personne peut-être ne connut mieux les menées occultes qui préparèrent la catastrophe du Pizzo que le général Filangieri, dont les prudents conseils eussent sauvé Murat s'il avait eu la patience de les attendre et la sagesse de les suivre. En 1863, un de nos compatriotes se rencontra avec lui aux eaux d'Ischia. L'ancien lieutenant de Murat, rallié aux Bourbons après la mort de son premier maître, avait joué un grand rôle sous le règne de Ferdinand II dont ilavait, en 1849, rétabli par ses victoires l'autorité en Sicile. Très attaché à la dynastie, qu'il avait loyalement servie depuis 1815, il s'était retiré de la vie politique depuis la chute de François II.

Au cours d'une cure, il s'établit toujours une sorte d'intimité entre ceux que les mêmes souffrances ont réunis autour d'une source thermale. Notre compatriote eut plus d'une fois l'occasion de s'entretenir avec le vainqueur des Siciliens et de recueillir de sa bouche des renseignements intéressants sur les événements auxquels il avait assisté ou pris part. Un soir, la conversation tomba sur l'expédition des Mille et sur la facilité avec laquelle Garibaldi avait triomphé de l'armée napolitaine. Le souvenir de l'insuccès de Murat au Pizzo se présenta à l'esprit de notre compatriote, qui demanda au général s'il ne pensait pas qu'avec un millier d'hommes le roi Joachim eût facilement triomphé des Pizziotes. « Oh! répliqua Filangieri, Murat a débarqué seul ou presque seul parce qu'il croyait ne rencontrer aucune résistance et pouvoir gagner Monteleone, où un de ses anciens régiments était caserné. Sans cette illusion, Murat n'aurait pas bougé; il a cru facilement les conseils de quelques personnes intéressées à sa perte. Par charité chrétienne, jetons un voile sur la folle tentative de restauration muratiste. » Ce voile, dont le général napolitain désirait couvrir ce triste épisode de l'histoire de son pays, les lettres du baron de Koller l'ont à demi soulevé. Toutefois, si nous connaissons le crime, nous ignorons quels furent les grands, les vrais coupables. Ce ne furent en effet ni Medici, ni Trentacapilli, qui étaient dans leur rôle en combattant leur ennemi, mais bien les faux amis qui leur prêtèrent leur concours pour attirer Joachim dans le guet-apens où il trouva la mort. Espérons qu'un jour viendra où justice sera rendue à chacun suivant ses œuvres, et où la découverte de documents révélateurs permettra de clouer au pilori de l'histoire, à jamais couverts d'infamie, les noms des misérables qui, investis de la confiance du prince, qui les avait comblés de ses faveurs, le poussèrent traîtreusement à sa perte en jouant vis-à-vis de lui, à l'instigation de ses ennemis, le rôle odieux et lâche d'agents provocateurs.

APPENDICE A

STEIERMÄRKISCHE GESCHICHTSBLÄTTER

HERAUSGEGEBEN VON Dr J. VON ZAHN

LANDESARCHIV—DIRECTOR

1re année, 1880, p. 170 à 174.

Traduction publiée avec l'autorisation de M. le D^r von Zahn.

DE LA FIN DU ROI JAOCHIM MURAT

Trois rapports de l'intendant général de l'armée d'occupation autrichienne, à Naples, au comte Franz de Saurau, au sujet du véritable état des choses dans l'affaire du débarquement et de l'arrestation du roi Joachim.

I

Excellence,

Je n'ai rien écrit à Votre Excellence au sujet du débarquement de Murat, parce que vous avez été tenu au courant régulièrement par les dépêches officielles du prince Jablonowski au comte Bellegarde, mais je viens après coup pour éclairer cette énigmatique entreprise, à l'aide des éclaircissements puisés à la source

que vous connaissez. Le gouvernement a su mettre
dans ses intérêts quelques amis de Murat, qui entretenaient avec lui, depuis son arrivée en Corse, une correspondance sur la possibilité d'un débarquement et
sur la certitude d'une heureuse réussite. Cette affaire
a été menée par le baron Petroni, intendant de Monteleone. Lui-même a écrit, et c'est par son entremise que
Murat a reçu les encouragements et les adresses
d'autres personnes. Il y a eu un second agent, nommé
Carabelli, un Corse, qui a habité Naples pendant le
règne de Murat, mais qui, malgré l'ardent désir qu'il
en avait, n'a jamais obtenu d'emploi et qui, tout au
contraire, a été laissé de côté et dédaigné. Celui-ci est
parti d'ici à la première nouvelle de l'arrivée de Murat
en Corse, et lui exprima combien il était heureux que
le moment fût venu pour lui de contribuer à la réédi-
fication de son trône, et de prouver que son attachement sans bornes au roi Murat n'avait été méconnu
que par l'influence de ses ennemis. Il affirma qu'il
régnait un mécontentement général contre le gouvernement actuel. Il dépeignit sous les couleurs les plus
vives, combien tout était mûr pour une contre-révolution, et garantit sur sa vie qu'elle éclaterait immman-
quablement dès que l'on connaîtrait l'arrivée de Murat
au Pizzo[1]. Pour préparer l'opinion publique au Pizzo,
on employa le capitaine de gendarmerie Trentacapilli

---

1. Le rôle que l'informateur du baron de Koller prête à
Carabelli a été joué par un autre agent de Medici. Carabelli
qui n'a vu Murat qu'une heure avant son embarquement n'a
pu exercer aucune influence sur les résolutions que le roi
avait prises depuis quinze jours. C'est un autre agent de
Medici qui a été l'agent provocateur.

avec plusieurs de ses camarades déguisés. Celui-ci s'était chargé, dans le cas où la population se montrerait le moins du monde favorable à Murat au moment du débarquement, de l'assassiner. On a promis vingt mille ducats, dont la moitié a été payée, à Petroni et à ses collaborateurs ; dix mille ducats, dont la moitié a été payée, plus ses frais de voyage et autres, à Carabelli ; et enfin, à Trentacapilli, cinq mille et quinze mille en cas de mort de Murat, dont trois mille lui ont été payés. Cette expédition a empêché Medici de céder le portefeuille de la police, comme il le souhaitait. Ce n'est que le 6 de ce mois que Canosa lui succédera, après que l'affaire aura été complètement réglée. J'espère obtenir sous peu de nouveaux renseignements sur cette affaire du débarquement, que je transmettrai à Votre Excellence. Ici, je n'ai fait à personne, sans exception, à personne, aucune communication de cette découverte, afin qu'un usage précipité ne provoque pas de soupçons, et que cette précieuse occasion d'être tenu au courant de tout ne risque pas d'être perdue pour moi.

J'ai l'honneur d'être de votre Excellence, avec des sentiments de très haute considération, le très obéissant serviteur.

BARON KOLLER,
Feld-maréchal lieutenant.

Naples, 3 novembre 1815.

II

Excellence,

Je profite du départ du courrier pour vous écrire encore quelques renseignements complémentaires sur l'histoire de l'arrestation de Murat. Un des affidés (complices) de cette entreprise contre Joachim, était aussi Barbara, un Corse, qui s'était chargé de le transporter en Calabre. Il était muni de passeports pour ne pas être arrêté si, en dehors de la direction du Pizzo qui était libre, il venait à rencontrer, sans le vouloir, des navires napolitains postés en apparence pour empêcher un débarquement à craindre. Le gouvernement lui a payé la moitié de la valeur du bateau destiné à faire la traversée. Cette somme, dont on n'a pas pu me dire le montant, lui a été payée à Ajaccio. Après que le débarquement aurait eu lieu, on devait lui payer encore douze mille ducats.

Afin que Murat ne rencontrât pas en route des navires de commerce qui auraient pu détruire la conviction où il était qu'une révolution était à la veille d'éclater, et démentir les renseignements qu'on lui avait donnés à savoir qu'aucun Autrichien n'osait se montrer seul dans les rues, dans tout le royaume de Naples, que les sentinelles étaient attaquées et qu'on en poignardait jusqu'à trente par jour, Barbara proposa de faire répandre la nouvelle que les Barbaresques croisaient en grand nombre dans les eaux napolitaines. Au mois de septembre, on fit courir ce bruit comme renseignement privé ; plus tard on le fit connaître par des affiches officielles, et on donna ordre qu'aucun navire ne sortît sans permission et sans être escorté. Barbara débarqua donc heureusement Murat et vingt-sept personnes au Pizzo et en suite des instructions qui lui avaient été données d'ici, il s'éloigna de deux milles du rivage. Après que Murat eut été arrêté et qu'en s'emparant de sa personne le peuple lui eut arraché ses vêtements, et

comme il n'avait pas de linge avec lui, il demanda
qu'on allât demander à Barbara ce dont il avait besoin,
et pour que celui-ci crût que la demande venait bien
de lui, il écrivit au crayon les objets qui lui étaient
nécessaires. Le syndic du Pizzo envoya deux pêcheurs
dans une barque, avec ce billet, en haute mer où se
trouvait Barbara. Lorsque celui-ci eut appris le sort de
Murat, il refusa de prendre le billet et de faire quoi
que ce fût de ce qui lui était demandé. Bien plus, il
menaça de faire feu sur la barque si elle ne s'éloignait
pas, et là-dessus il mit à la voile. Lorsqu'on rapporta
son billet à Murat et qu'on lui rendit compte de la
conduite de Barbara, il se frappa le front, demeura
atterré et cria qu'il était maintenant clair que Carabelli
et Barbara l'avaient indignement trompé et l'avaient
conduit à sa perte. Carabelli estime la valeur des brillants et de l'argent appartenant à Murat que Barbara
avait à bord à un million et demi de ducats (six millions
trois cent soixante-quinze mille francs). Au Pizzo, naturellement, personne ne pouvait décider ce qu'il y avait
à faire contre Barbara. Ce ne fut qu'après que l'avis en
fut arrivé à Naples, qu'on donna l'ordre de le poursuivre, de s'emparer de lui et de le conduire dans la
prison de Bonza (Ponza). Je ne sais pas quelle suite a
eue cet ordre. Murat n'avait, en dehors de sa cocarde, —
qui était ornée de seize très belles pierres et d'un peu
d'argent de poche, — aucun objet de valeur avec lui.
Il écrivit trois lettres à notre empereur, à sa femme et
au roi de Naples, que Trentacapilli a remises en main
propre au roi. Le roi lui fit cadeau de la cocarde, mais
lui défendit de le dire. Medici a décidé qu'il était impossible de laisser arriver les deux lettres à leurs desti-

nataires. On ne peut pas me dire ce qu'elles sont devenues. Medici n'a pas encore quitté le ministère de la police, parce qu'il faut qu'il termine auparavant l'affaire, relative à Murat, de l'intendant et du capitaine de gendarmerie de la province de Basilicate, qui ont été arrêtés... Ce que j'apprendrai encore d'intéressant sur Murat, je vous l'écrirai prochainement.

Je suis, etc.

BARON KOLLER,
f.-m. Int.

Naples, 29 novembre 1815.

III

Excellence,

L'arrestation de l'intendant et du capitaine de gendarmerie de la province de Basilicate a été occasionnée par les raisons suivantes. Petroni, que Votre Excellence connaît par mes précédentes lettres, a demandé en septembre à ces deux fonctionnaires des lettres pour Murat, sans cependant leur expliquer que c'était pour tendre un piège à Murat. Ainsi induits en erreur, l'intendant et le capitaine de gendarmerie allèrent plus loin et adressèrent, à tous ceux qu'ils connaissaient comme partisans de Murat, des circulaires dans lesquelles ils organisaient en quelque sorte la contre-révolution, déliaient chacun du serment prêté au roi Ferdinand, déclaraient nuls, *parce qu'ils avaient été forcés*, les actes qui avaient délié du serment prêté à Murat, et annonçaient le renversement de Ferdinand comme chose résolue par la volonté du peuple. Ces circulaires ont été découvertes plus tard de ci et de là et constituent le *corpus delicti*.

Au commencement de novembre, le roi avait appris que l'on se racontait que Murat avait été attiré par trahison au Pizzo. Medici le tranquillisa et lui dit qu'on aurait dit exactement la même chose, si cela n'avait pas été le cas ; qu'entre tant de suppositions il fallait bien qu'il y en eût une qui se rapprochât de la vérité, mais que personne ne pouvait avoir de certitude, et que les ministres des puissances étrangères eux-mêmes seraient les premiers à démentir ce bruit, parce que, comme il n'y avait pas dans leurs rapports à leurs cours trace qu'ils eussent soupçonné que le gouvernement napolitain avait poussé Murat à entreprendre son expédition, ils s'exposeraient, en dévoilant le guet-apens, à proclamer leur imprévoyance et leur propre honte, en montrant que les nombreux préparatifs sans lesquels l'événement n'aurait pu s'accomplir avaient échappé à leur prévoyance et à leur attention.

Le 9 octobre (novembre), les ministres prêtèrent, à Portici, le serment au roi que rien au monde, pas même le danger de mort, ne leur ferait divulguer ce secret d'État.

Je suis de Votre Excellence, etc.,

BARON KOLLER,
f.–m. Int.

Naples, 2 décembre 1815.

IV

LETTRE INÉDITE COMMUNIQUÉE PAR M. LE DOCTEUR
VON ZAHN

Excellence,

... Il faut que je rectifie ce que je vous ai dit dans mes précédentes lettres du contrat entre Medici et

Carabelli en ce sens, que ce dernier a reçu de suite dix mille ducats en espèces, uniquement pour ses frais de voyage, et a reçu avec cela la promesse d'un demi-million de ducats, dont la moitié devait lui être payée après le débarquement de Murat au Pizzo et le reste trois mois plus tard. Depuis lors, Carabelli est devenu invisible, et différentes versions courent à ce sujet. Murat a reçu de Naples des renseignements trompeurs sur l'état, l'esprit et la dislocation de l'armée, écrits de la main d'un général qui lui avait été précédemment dévoué, en ajoutant que, comme le gouvernement considérait comme hasardeux d'opérer à Naples le licenciement de l'ex-garde, lui, le général, avait tiré parti de cette circonstance, par l'influence de ses amis, pour favoriser le débarquement, en faisant envoyer l'ex-garde au Pizzo et dans les environs, où, au bout de quelque temps, on devait la licencier. C'est pour cela que Murat a demandé aux premières personnes qu'il a rencontrées au Pizzo : « Où est ma garde? Qu'on appelle le commandant de ma garde! »

Il est à supposer que le gouvernement a dépensé des sommes importantes dans cette entreprise contre Murat, comme cela est venu à ma connaissance, car Votre Excellence ne peut pas s'imaginer quelle peine j'ai à faire rentrer avant la fin du mois, même par acomptes de cinq à six mille ducats, la dotation mensuelle de l'armée.

. . . .

Naples, 1er janvier 1816.

APPENDICE B

DOCUMENTS TIRÉS DES ARCHIVES
DU MINISTÈRE DES AFFAIRES ÉTRANGÈRES

Naples, 1815-1816, vol. CXLI.

F⁰ 6o. (N⁰ 13.)

DÉPÊCHE DU COMTE DE NARBONNE PELET, AMBASSADEUR
DE FRANCE A NAPLES, AU PRINCE DE TALLEYRAND.

Naples, 23 septembre 1815.

... Quoique le cabinet soit composé de personnes qui
avaient suivi le roi en Sicile, et que les premières
charges de la cour soient remplies par ses plus fidèles
adhérents, la plus grande partie des emplois subalternes est entre les mains de ceux qui les occupaient
sous Murat, et parmi eux, il y en a qui ne sont rien
moins qu'attachés de cœur au gouvernement qu'ils
servent à présent. Il en résulte que les royalistes ne
sont point satisfaits et qu'ils se plaignent même quel-

quefois d'être maltraités, mais la nécessité de chercher, pour les différentes branches inférieures de l'administration, des hommes qui y eussent acquis de l'expérience, a rendu peut-être inévitable l'emploi de beaucoup de gens qui s'étaient montrés serviteurs dévoués du parti opposé.

Quant à ceux qui occupaient les premières places, les ducs de Gallo, Campochiaro, Carignano, San Teodoro et autres, ils paraissent assidûment à la cour, où ils ne sont ni bien ni mal reçus, et où ils espèrent sans doute entrer tôt ou tard en grâce ; au moins en sont-ils quittes pour la restitution d'une partie des bienfaits qu'ils avaient reçus de Murat. Mais ceux qui comme Roccaromana, Zurlo, etc., ont quitté le royaume à l'approche de Ferdinand, trouveront une grande difficulté à rentrer dans leur patrie. Le général Pignatelli, entre autres, a fait à cet égard des démarches jusqu'à présent infructueuses. . . . .

Fo 63.

DÉPÊCHE DU COMTE DE NARBONNE PELET, AMBASSADEUR DE FRANCE A NAPLES, AU PRINCE DE TALLEYRAND.

Naples, 30 septembre 1815.

Comme Votre Excellence a dû être informée directement par Marseille et par Gênes, et plus promptement que je ne pouvais le faire, de tout ce qui a rapport au débarquement et au séjour de Joachim Murat en Corse, j'ai jugé superflu de vous mander ce que j'ai appris successivement à ce sujet. Il y a déjà quelque temps que nous en sommes instruits ici, et dès lors je n'ai rien

négligé pour me procurer des informations sûres que
j'ai toujours communiquées au gouvernement napolitain. Sans être alarmé des démonstrations de Murat,
qui ne peuvent annoncer rien de bien redoutable, le
gouvernement a cru nécessaire de prendre les précautions que la prudence exigeait, pour mettre en sûreté
les différents points de la côte où Murat pouvait chercher à les inquiéter, et pour surveiller ses mouvements ;
à cet effet, on a établi une ligne de croisières de toutes
les frégates et corvettes que possède le roi de Naples, et
le commandement en a été donné au comte de Preville,
ancien officier de la marine de Toulon, du plus grand
mérite, et qui sert Sa Majesté Sicilienne depuis près de
vingt ans.

F° 67.

LETTRE DU PRINCE DE CASTELCICALA, AMBASSADEUR DE
NAPLES EN FRANCE, AU DUC DE RICHELIEU.

11 octobre 1815.

Monsieur le duc,

Sa Majesté le roi des Deux-Siciles, ayant été informé
que Joachim Murat assemble, paye et entretient des
troupes dans l'île de Corse, avec le double but de
révolter ladite île contre son souverain légitime, et
d'opérer un débarquement dans le royaume de Naples,
a destiné une escadre sous les ordres du comte de Preville, composée de deux frégates, une corvette, un
schooner et plusieurs chaloupes-canonnières, pour surveiller la Corse et ne point permettre qu'aucune expédition en sorte. Ledit commandant napolitain a reçu

ordre de se mettre d'accord avec le commandant anglais, qui est dans ladite station. Sa Majesté m'a ordonné d'informer le ministre de Sa Majesté très chrétienne de ces mesures indispensables à la sûreté du royaume de Naples, et de solliciter le ministère français à envoyer des troupes suffisantes en Corse, pour mettre fin à cette révolte de Murat, avant que la saison s'avance, et que les bâtiments de guerre soient empêchés de rester en croisière devant la Corse.

J'ai l'honneur d'en avancer les instances à Votre Excellence, la suppliant de prendre, à cet effet, les mesures les plus promptes, les rassemblements que Murat fait en Corse devenant tous les jours plus importants.

J'ai l'honneur d'être, avec la plus haute considération, monsieur le duc, de Votre Excellence, le très humble et très obéissant serviteur.

PRINCE DE CASTELCICALA.

Fo 84 (No 16).

DÉPÊCHE DU COMTE DE NARBONNE PELET, AMBASSADEUR DE FRANCE A NAPLES, AU PRINCE DE TALLEYRAND.

Naples, 12 octobre 1815.

Mon prince,

Je m'empresse de faire connaître à Votre Excellence le résultat de la folle et ridicule expédition que Murat vient de faire sur les côtes de Calabre. Votre Excellence aura certainement appris qu'il était parti le 28 du mois dernier d'Ajaccio, avec quatre ou cinq barques sur lesquelles étaient embarqués environ cent cinquante soldats et une quarantaine d'officiers, dont plusieurs généraux. Un coup de vent dispersa sa petite escadre, et après avoir erré pendant dix jours, il est arrivé le 8 de ce mois, avec une ou deux barques au Pizzo, dans la partie la plus éloignée de la Calabre. Là il est débarqué avec environ vingt hommes, s'est porté tout de suite sur la place de la ville et s'est écrié : « *Je suis votre roi Joachim ; criez Vive le roi !* » Après quelques instants d'hésitation causée par l'étonnement et la stupeur, les habitants se sont jetés sur lui. Il a été tout de suite fait prisonnier, mis aux fers, et enfermé dans un fort où il est strictement gardé, jusqu'à ce qu'on reçoive à son sujet les ordres du gouvernement. Ceux qui étaient débarqués avec lui ont tenté une résistance, qui a coûté la vie à un ou deux d'entre eux ; le reste a été bientôt désarmé et pris. Ceux qui étaient encore dans les petits bâtiments, voyant ce qui se passait, se sont sauvés. Les autres bâtiments qui avaient été séparés de lui par le coup de vent, sont tombés dans les mains de l'escadre napolitaine aux ordres du commandant de Preville. J'aurai soin de faire part à Votre Excellence des suites de cet événement, et en particulier de la décision que le gouvernement aura prise sur Murat et ses compagnons qui sont, à ce qu'il paraît, tous Corses anciennement à son service . . . .

. . . .

Fº 86.

[Traduction.]

LETTRE DU MARQUIS DE FUSCALDO, AMBASSADEUR DE
NAPLES AUPRÈS DU SAINT-SIÈGE, A M. CORTOIS DE
PRESSIGNY, AMBASSADEUR DE FRANCE AUPRÈS DE
LA MÊME COUR.

Rome, 15 octobre 1815.

Le jour 8, Murat eut la folie de débarquer au Pizzo, en Calabre, avec seize personnes, et chercha à en imposer au petit nombre de gens qu'il rencontra, les animant à crier : « Vive notre roi Joachim ! » Après peu d'instants de surprise et d'incertitude, il fut assailli par tous. Un officier de sa suite fut tué et huit environ gravement blessés. Lui, chercha à fuir, mais Trentacapilli lui coupa la retraite et l'arrêta, et les femmes qui accoururent le maltraitèrent en lui donnant des coups de poing et des soufflets, de telle façon que sa figure est si gonflée qu'on ne le reconnaît plus. . . . .

Fº 98.

DÉPÊCHE DU COMTE DE NARBONNE PELET, AMBASSADEUR
DE FRANCE A NAPLES, AU DUC DE RICHELIEU

Naples, 16 octobre 1815.

Dans le cas où ma dépêche du 12 de ce mois ne serait pas parvenue avant celle-ci, je crois devoir envoyer à Votre Excellence un extrait du *Journal des Deux-Siciles*, contenant les détails qui ont été publiés sur l'arrestation de Murat en Calabre. J'y ajouterai qu'aussitôt que cet événement fut connu ici, des ordres furent

expédiés pour qu'il fût jugé par un conseil de guerre ;
ce qui a eu lieu effectivement. L'exécution devait suivre immédiatement la sentence, et suivant le rapport
reçu hier par le télégraphe et confirmé aujourd'hui par
l'arrivée d'un courrier, Murat a été fusillé le 13 au soir.
Ainsi s'est terminée cette étrange expédition qui, loin
d'avoir troublé la tranquillité du royaume, doit être
regardée comme l'ayant assurée. J'aurai soin de faire
connaître à Votre Excellence tous les détails intéressants que je pourrai recueillir à ce sujet. Il est probable
que quelques-uns des plus marquants parmi ceux qui
accompagnaient Murat, seront jugés comme lui. Je ne
connais pas encore les intentions du gouvernement, à
l'égard des autres. La plupart, à ce qu'il paraît, sont
Corses, mais ont certainement perdu, dans cette occasion,
tout droit de réclamer comme sujets français la protection de Sa Majesté.

. . . .

F° 100.

EXTRAIT D'UN RAPPORT DU PRINCE JABLONOWSKI,
AMBASSADEUR D'AUTRICHE A NAPLES, AU PRINCE
DE METTERNICH[1].

Naples, le 18 octobre 1815.

Je m'empresse d'expédier le présent courrier pour
porter à la connaissance de Votre Altesse le dernier résultat de l'entreprise de Murat. Tout ce que j'ai eu

1. Cette dépêche n'est pas donnée par M. le baron de
Helfert.

l'honneur de lui annoncer par mon rapport de Mola di Gaeta s'est vérifié, excepté la supposition que Murat ait voulu rejoindre la flotte barbaresque ; il est prouvé qu'il avait dit, encore à Ajaccio, qu'il débarquerait au Pizzo, et toutes ses proclamations imprimées sont datées le.... octobre 1815. Votre Altesse recevra, par le courrier, du marquis de Circello, un précis du débarquement, de l'arrestation et du jugement militaire qui condamna Murat à être fusillé. Ce précis, accompagné de quelques pièces justificatives, mais qui sera suivi de beaucoup d'autres fort importantes, qu'on n'a pas encore eu le temps de mettre en ordre, prouvera jusqu'à l'évidence que Murat a cherché le sort qu'il a subi, et que le gouvernement ne pouvait se dispenser de couper le fil d'une trame qui paraît avoir été ourdie depuis la fuite de Murat, et dont les suites auraient pu devenir très fâcheuses, si le dévouement des habitants du Pizzo n'avait réussi à étouffer dans son germe la guerre civile qui allait éclater. De cette manière, il n'y a eu d'autre sang répandu que celui d'un homme qui est venu les armes à la main, pour renverser du trône un souverain légitime remis par nous en possession de ses États, et soutenu par nos troupes. J'ai l'honneur de joindre ici le billet que le marquis de Circello m'adressa le 15 pour m'annoncer le jugement qu'a subi Murat et qu'il a également adressé en circulaire à tous mes collègues.

Parmi les détails qui sont arrivés à la Cour sur cet événement, il est, entre autres, constaté que ce fut une femme qui, la première, se jeta sur Murat en criant : « Tu parli di libertà, e tu mi hai fatto fucilare tre figli. . . . .

Fᵒ 105.

DÉPÊCHE DU COMTE DE BLACAS D'AULPS, AMBASSADEUR
EXTRAORDINAIRE AUPRÈS DE LA COUR DE NAPLES,
AU DUC DE RICHELIEU.

Naples, 18 octobre 1815.

... Vous avez probablement déjà appris le débarquement de Murat en Calabre, son arrestation et la prompte justice qui en a été faite, d'après le jugement rendu par le conseil de guerre formé *ad hoc* et uniquement composé d'officiers qui avaient été au service de cet usurpateur, et qui portent encore ses prétendus ordres. Je n'entrerai pas dans d'autres détails sur cet objet. Monsieur le comte de Narbonne, qui a reçu du gouvernement toutes les communications relatives à cet heureux événement, les transmet à Votre Excellence avec la copie des papiers qui ont été saisis et que le gouvernement se propose de faire publier incessamment.

. . . .

Fᵒ 106.

DÉPÊCHE DU COMTE DE NARBONNEPELET, AMBASSADEUR
DE FRANCE A NAPLES, AU DUC DE RICHELIEU

19 octobre 1815.

Dans mes dépêches nᵒˢ 16 et 17 au prince de Talleyrand, j'ai rendu compte de toutes les circonstances remarquables qui ont accompagné le débarquement, la prise et l'exécution de Joachim Murat. Je crois devoir néanmoins envoyer à Votre Excellence un rapport fait à ce sujet au roi de Naples par le ministre de la police, dont une traduction a été transmise à tous les ministres étrangers. Il contient un récit suivi de ces événements. La proclamation et les décrets dont il est question dans ce rapport m'ont été communiqués aussi. Dans cette proclamation, dans laquelle il ne manquait que la date du jour et du lieu, Murat déduit fort au long les raisons qui l'ont engagé à faire cette expédition. Celle sur laquelle il insiste le plus est la lettre du roi Ferdinand au général Bianchi, dans laquelle l'armée de Murat était qualifiée de *bandes ennemies*; il revient toujours sur cette expression comme une insulte faite à la nation napolitaine, et c'est en la voyant qu'une indignation qu'il n'a pu contenir l'a poussé à entreprendre la délivrance du royaume de Naples. Il veut qu'on rase de fond en comble la maison de Casalanza où fut signée la capitulation de l'armée napolitaine; il parle des victoires qu'elle avait remportées, et il cherche à prouver que sa retraite ne fut causée que par le soin qu'il avait de demeurer en paix avec l'Angleterre; il appelle enfin les peuples des différentes provinces, l'un après l'autre, à venir le rejoindre. Cette analyse suffira pour vous donner une idée de cette verbeuse proclamation, peu intéressante en elle-même et qui l'est devenue beaucoup moins à présent. Les décrets qui devaient l'accompagner avaient pour but principal de faire cesser les fonctions des ministres et employés du roi Ferdinand, de réintégrer au contraire tous ceux qui avaient été destitués depuis le 21 mai et de rétablir l'ancienne organisation de l'armée. Mais le premier article ordonne le prompt rassemblement du Parlement napolitain et porte que la Constitution aura son exécution à compter du 1er janvier 1816. Votre Excellence n'avait peut-être jamais entendu parler de ce Parlement et de cette Constitution, et ici ils ne sont pas beaucoup plus connus. On sait néanmoins que madame Murat (deux jours avant sa fuite) avait fait publier et afficher une Constitution sur les murs de Naples, où les vestiges n'en restèrent pas longtemps.

La fidélité et la loyauté manifestées par les habitants de la petite ville du Pizzo, où Murat a fait son débarquement, doit (doivent) être récompensée par différents privilèges et exemptions d'impôts.

. . . .

Fo 111.

DÉPÊCHE DU COMTE DE NARBONNE PELET
AU DUC DE RICHELIEU

Naples, 24 octobre 1815.

... Les Corses qui ont été faits prisonniers dans cette expédition ont été transportés dans la petite île de Ventotene, où ils sont gardés par un détachement de troupe, et je sais que le prince de Castelcicala a été chargé de prendre à leur égard les ordres du roi, l'intention du gouvernement napolitain étant de les tenir absolument à la disposition de Sa Majesté.

. . . .

Fo 114.

DÉPÊCHE DU MARQUIS DE RIVIÈRE
AU DUC DE RICHELIEU

Naples, 24 octobre 1815.

Monsieur le duc,

Je m'empresse de faire passer à Votre Excellence les gazettes de Naples en date du 20 de ce mois, dans lesquelles se trouve rapporté le jugement d'une commission militaire qui condamne Murat à la peine de mort, et qui annonce que la sentence a été exécutée le 13 octobre au Pizzo. Le gouvernement napolitain n'a nullement fait connaître ses intentions aux généraux étrangers qui se trouvaient à Naples, et la nouvelle de l'exécution de Murat n'a produit aucune sensation lorsqu'elle a été annoncée dans la capitale.

. . . .

Le lieutenant général,

CH. MARQUIS DE RIVIÈRE.

F° 116.

LETTRE DU PRINCE DE CASTELCICALA, AMBASSADEUR DE NAPLES EN FRANCE, AU DUC DE RICHELIEU.

Paris, 1er novembre 1815.

Monsieur le duc de Richelieu,

J'ai l'honneur d'informer Votre Excellence que l'on a arrêté avec Murat septante-huit individus, sujets de Sa Majesté très chrétienne. Le roi, mon maître, aurait pu les faire juger suivant les lois et le droit des gens; mais par égard pour le roi, votre auguste souverain, il a ordonné de les mettre à sa disposition laissant à la haute sagesse de Sa Majesté très chrétienne de les punir ou de les pardonner.

Veuillez, monsieur le duc, accepter l'hommage de ma haute considération, de Votre Excellence, le très humble et très obéissant serviteur.

CASTELCICALA.

Fo 117.

DÉPÊCHE DU DUC DE RICHELIEU, AU COMTE
DE NARBONNE PELET,

Paris, 2 novembre 1815.

Monsieur l'ambassadeur,

Les lettres que vous m'avez fait l'honneur de m'adresser, jusqu'au 19 octobre, sur l'entreprise de Murat et sur sa punition, ont été mises sous les yeux de Sa Majesté.

Les témoignages que Sa Majesté Sicilienne a reçus, en cette circonstance, de l'attachement et du dévouement de ses sujets, ont été infiniment agréables au roi, et vous êtes chargé, monsieur l'ambassadeur, de féliciter le gouvernement de Naples sur ce dernier triomphe, et sur la stabilité que vient de lui donner l'issue d'une si criminelle agression.

Le prince de Castelcicala m'a prévenu qu'il se trouvait, au nombre des personnes arrêtées avec Murat, soixante-dix-huit sujets de Sa Majesté et que, par égard pour le roi, la cour de Naples les tenait à sa disposition.

Sa Majesté, quelque sensible qu'elle soit à ce témoignage, croit devoir abandonner au gouvernement des Deux-Siciles, l'examen d'une cause qui l'intéresse si directement. C'est contre lui que l'entreprise avait été formée, c'est sur son territoire que ces individus ont été arrêtés ; lui, seul, peut être à portée de recueillir tous les documents relatifs à cette affaire, et de juger si les premiers exemples qui ont eu lieu et la tranquillité dont ses États n'ont pas cessé de jouir lui permettent, aujourd'hui, d'être moins rigoureux.

14

Fº 129.

DÉPÊCHE DU COMTE DE NARBONNE PELET,
AU DUC DE RICHELIEU.

Naples, 21 novembre 1815.

J'ai reçu la dépêche que Votre Excellence m'a fait
l'honneur de m'écrire le 2 de ce mois, et j'ai exécuté
les ordres qu'elle contenait, en portant à la cour de
Naples les félicitations de Sa Majesté, sur les heureux
événements qui se sont passés, à Naples, le mois
dernier.

J'ai aussi informé le gouvernement napolitain que
Sa Majesté, quoique touchée de la démarche par laquelle on avait mis à sa disposition les sujets français
pris à la suite de Murat croyait devoir les laisser
entièrement à celle du souverain sur le territoire duquel ils avaient été arrêtés dans l'exécution de leur criminelle entreprise. Quoique je n'aie pas encore la
réponse officielle à cette dernière communication, le
marquis de Circello m'a fait part des intentions du roi
de Naples à l'égard de ces individus. Ce prince a donc
résolu, puisque la décision de leur sort lui était entièrement abandonnée, de leur pardonner purement et
simplement, de leur expédier des lettres de grâce en
forme, et de les envoyer en Corse, sur un bâtiment, à
ses propres frais.

. . . .

Fº 134.

LETTRE DU MARQUIS DE CIRCELLO, MINISTRE DES AFFAIRES ÉTRANGÈRES DE NAPLES, AU COMTE DE NARBONNE.

[Traduction.]

Naples, 5 décembre 1815.

Le soussigné, ministre des affaires étrangères, a rendu compte au roi de la note que Son Excellence le comte de Narbonne lui a fait l'honneur de lui adresser, au sujet des soixante-dix-huit individus faits prisonniers sur la côte de Calabre, à la suite de feu Joachim Murat.

Sa Majesté a extrêmement apprécié les sentiments que Sa Majesté Très Chrétienne lui a fait exprimer par Votre Excellence, au sujet du sort des susdits individus; mais Sa Majesté, s'abandonnant aux principes de clémence et d'humanité qui sont naturels à son âme royale, a voulu accorder, à ces malheureux, un généreux pardon pour le grave attentat dont ils se sont rendus coupables, et a daigné ordonner qu'on leur expédiât des lettres de grâce, et qu'ils fussent ensuite expédiés en Corse, leur patrie, à la condition expresse que dans aucun temps et sous aucun prétexte, ils ne doivent remettre les pieds dans le royaume, sous peine de perdre le fruit de la grâce qui leur a été accordée, et d'être jugés militairement pour le délit dont Sa Majesté vient de les absoudre.

Le soussigné s'empresse de communiquer ces dispositions souveraines à Son Excellence M. le comte de Narbonne, pour qu'il veuille bien les communiquer à sa cour, pour qu'elle puisse donner, en Corse, les ordres qui lui sembleraient nécessaires.

Fo 135 (No 26).

DÉPÊCHE DU COMTE DE NARBONNE PELET, AMBASSADEUR
DE FRANCE A NAPLES, AU DUC DE RICHELIEU.

Naples, 9 décembre 1815.

Monsieur le duc,

J'ai déjà eu l'honneur de faire part à Votre Excellence
des intentions que le roi de Naples avait annoncées,
relativement aux individus corses pris à la suite de
Murat. Le titre de sujets de Sa Majesté a été pour eux
le gage d'une clémence à laquelle leur conduite ne leur
donnait pas le droit de s'attendre. Votre Excellence
verra, par la copie ci-jointe d'une note officielle du
marquis de Circello, qu'un pardon pur et simple leur
est accordé, et qu'ils doivent être transportés dans leur
pays ; seulement avec la condition expresse qu'ils ne
reparaîtront jamais, sous aucun prétexte, dans le
royaume, sous peine d'être, sur-le-champ, jugés militairement.

J'ai cru devoir faire promptement connaître cette
décision à Votre Excellence, dans le cas où sa Majesté
voudrait envoyer quelques ordres d'avance en Corse,
relativement aux prisonniers dont il s'agit.

Fo 139 (no 28).

DÉPÊCHE DU COMTE DE NARBONNE PELET, AMBASSADEUR
DE FRANCE A NAPLES, AU DUC DE RICHELIEU

Naples, le 18 décembre 1815.

... Votre Excellence a vu par mes dépêches des 21
novembre et 9 décembre la décision pleine de clé-

mence et de magnanimité que le roi de Naples avait prise à l'égard des Corses arrêtés à la suite de Murat. Un agent de la police va être envoyé à l'île de Ventotene, où ils sont détenus, pour leur lire leurs lettres de grâce, les dispensant par là de la formalité qui aurait exigé que cette lecture eût lieu devant une cour criminelle. En même temps on a équipé un bâtiment qui se trouvait dans le port de Baïa, et on le pourvoit des vivres nécessaires pour les transporter à Bastia, où ils sont adressés et consignés par le ministre de la police de Naples au commandant de l'île. J'ai écrit d'avance au préfet pour qu'il fût prévenu de cette circonstance, dans le cas où ces individus arriveraient en Corse avant que les ordres du roi à leur sujet aient pu y parvenir.

.   .   .   .

F° 150.

LE PRINCE DE CASTELCICALA AU DUC DE RICHELIEU

(Sans date.)

... M. de Cazes m'ayant témoigné le désir de savoir si on avait trouvé de l'argent que Fouché eût envoyé à Murat, lors de la catastrophe de ce dernier, j'en ai fait part à ma cour, et j'ai reçu la lettre que le ministre de la police générale a écrite à M. le marquis de Circello à ce sujet, et je l'envoie au ministre d'État, secrétaire de la police générale de France dans la lettre que je prie Votre Excellence de lui faire passer, et je joins pour votre intelligence, monsieur le duc, copie de la pièce en question.

J'ai l'honneur d'être, etc.

CASTELCICALA.

14.

F⁰ 151.

COPIE D'UNE LETTRE RÉSERVÉE DE M. LE CHEVALIER
DE MEDICI, SECRÉTAIRE D'ÉTAT POUR LA POLICE
GÉNÉRALE DE S. M. LE ROI DES DEUX-SICILES, A
M. LE MARQUIS DE CIRCELLO, SECRÉTAIRE D'ÉTAT
POUR LES AFFAIRES ÉTRANGÈRES DE SADITE MA-
JESTÉ, DATÉE DE NAPLES 2 DÉCEMBRE 1815.

Par une lettre de Votre Excellence du 21 novembre
passé, elle a bien voulu me communiquer ce que le
prince de Castelcicala lui avait mandé avec réserve sur
la demande que le ministre de la police lui avait faite de
lui faire savoir si, parmi les papiers trouvés dans l'arrestation de Murat, on remarqua que ce dernier eût reçu
des sommes par Fouché. En réponse, je prie Votre Excellence de faire observer à M. le prince de Castelcicala
que Murat fut arrêté immédiatement après son débarquement, et tous ses papiers surpris sur sa personne
sont ceux mentionnés dans le rapport que j'ai soumis
à Sa Majesté. Les papiers qu'on trouva sur ceux qui
l'avaient suivi ne contenaient que quelques brouillons
de route, certificats de service et congés illimités. Il
est néanmoins indubitable, par les aveux de Murat
même et par les assertions de tous ceux qui débar-
quèrent, que tout l'équipage était resté ainsi que quantité d'argent à bord du bâtiment Scorridojo. On croit
que le capitaine du bâtiment, nommé Barbara, se soit
approprié le tout. Ce Barbara était un pirate fort re-
nommé, destiné par Murat comme commandant de la

flottille, lequel, voyant aller fort mal l'entreprise, jugea à propos de se sauver par la fuite, emportant tous les effets embarqués. C'est pourquoi on n'a aucune preuve à combien l'argent que Murat avait se montait et qui l'avait fourni. Mais il n'y pas de doute que Murat ait eu une correspondance continuelle avec Fouché : tous ses compagnons l'ont dit, et il l'a lui-même franchement assuré à tous ceux qui étaient avec lui ; il paraît donc très probable que Murat ait reçu de Fouché tous les moyens pour mettre en exécution sa criminelle et folle entreprise.

Fº 105.

LETTRE DU PRINCE DE CASTELCICALA AU DUC DE RICHELIEU.

Paris (sans date).

J'ai reçu la lettre que Votre Excellence m'a fait l'honneur de m'écrire le 9 de ce mois en réponse à celle que j'eus l'honneur de lui adresser relativement aux caisses réclamées par Sa Majesté Sicilienne, enlevées de Naples, et qui ont été arrêtées à Marseille, et je ne manquerai pas de l'envoyer à ma cour. Je remercie Votre Excellence d'avoir écrit sur cet objet au ministre de finances, pour recueillir des informations sur la nature des effets. Quant aux indications que Votre Excellence souhaiterait d'avoir de moi, tout ce que je puis lui soumettre, c'est que ces quarante-neuf caisses ont été enlevées de Naples et qu'elles contiennent, pas les effets ; mais les vols que Murat a faits à la couronne du roi mon maître, et qu'à moins qu'il n'y ait quelques effets appartenant à celle de Sa Majesté Très Chrétienne, il me paraît que ce sera juste et digne du gouvernement français de les rendre à Sa Majesté, à qui tout ce qui a été enlevé de Naples par Murat appartient, sauf à Sa Majesté à rendre à quelques particuliers, quelques articles qui pourraient leur appartenir et qui seront prouvés tels.

APPENDICE C

DOCUMENTS TIRÉS DES ARCHIVES
DU FOREIGN OFFICE

Volume intitulé F. O. Sicily.

June to December 1815. N° 104.

LETTRE N° 46. M. A'COURT A LORD CASTLEREAGH.

Naples, September 22nd 1815.

... I communicated to your Lordship in a few hurried lines which I sent by Sir H. Lushington that every precaution had been taken to defeat the objects of Murats armement. Should he effect a landing in this kingdom, the principal thing to be dreaded would be the rising of the people and the general massacre of his adherents in this city. The number of his friends is but small and of the number not one probably would have the courage to join him...

LETTRE N° 48. M. A'COURT A LORD CASTLEREAGH.

Naples, October 15th 1815.

My Lord, Murat having declined suscribing to the offers made to him on the part of the Austrian government, sailed from Ajaccio on the night of the 28 th September with six small vessels having on board hundred and fifty men and several officers. His flottilla appears to have been dispersed by a storm as two of the vessels were taken in this neighbourhood by the Neapolitan gunboats. With two others however, Murat gained the coast of Calabria and landed on the 8th inst. at the small town of Pizzo. Upon his landing he proceeded to the market place followed by about sixteen persons all armed. He immediately made himself known crying out to the people : « Shout long live Joachim ». The people however recovered from the astonishment which this unexpected salutation at first produced immediately flew to arms and began to fire upon the invaders. A slight resistance was offered in which one person of Murats suite was killed and a few others wounded. All the rest were made prisoners including Murat himself. The people in the two vessels seeing the fate of their leader, immediately put out to sea.

A council of war was assembled as soon as possible. Murat was tried as a disturber of public tranquillity and for invading a country at peace with all the powers of Europe. The trial was short as the facts were undeniable: he was found guilty, condemned and executed.

The execution took place at Pizzo at 3 o'clock P. M. on the 13th instant. Thus ended an expedition which through originating in presumption and folly, has kept the country for some time past in great suspense and agitation.

It will however afford your Lordship considerable satisfaction to remark that the good will and the loyalty of the people were in themselves fully sufficient to defeat the purposes of the invader. Not a soldier of any description was present at the seizure of his party. The severity (if severity it may be called) which has been exercised towards the projector and leader of this invasion can need no apology from me. As it has been the first, so it will be the last blood spilt in the glorious restoration of king Ferdinand. Besides there is every reason to hope that the execution of Murat will prove an act of humanity in the end, for it is now alone that we can securely look forward to the enjoyment of peace and tranquillity, to the total extinction of party and to the general cooperating of all classes in cordial endeavour to heal the wounds which this unhappy country has experienced during the last twenty years of revolution. A number of addresses to his Napolitan subjects were found among the papers of Murat and also printed proclamations calling upon them to aid him in the recovery of his kingdom, to which he promised to grant invaluable boon of constitutional freedom. He orders that every individual who has accepted office under king Ferdinand should be treated as a rebel, and reinstates all those who have been dismissed from the employment by the legitimate sovereign. This proclamation is dated October 1815 but no

particular day nor place is mentionned... It is a sin-
gular circumstance that all the officers who sat in
judgment upon Murat were formerly employed by him
and almost all of them decorated with his order. No
others were to be found within the limits of general
Nunziante command...

APPENDICE D

DOCUMENTS TIRÉS DU GRAN ARCHIVIO DE NAPLES ET DE L'ARCHIVIO DI STATO DE PALERME

Les documents trouvés aux archives de Naples sont des pièces originales inédites. Les documents provenant des archives de Palerme ont été publiés, en 1895, par M. le chevalier Giuseppe Travalli, dans une brochure intitulée : *Documenti su lo sbarco, la cattura e la morte di re Gioacchino Murat al Pizzo.* Ce sont des copies envoyées en novembre 1815, par le duc de Calabre, fils aîné de Ferdinand IV, au duc Gualtieri, secrétaire d'État et ministre de l'intérieur en Sicile. M. le chevalier Travalli m'a gracieusement autorisé à donner, dans le présent ouvrage, la traduction de celles de ces pièces qu'il me paraîtrait utile de faire connaître.

15

I

(Gran archivio de Naples.)

LE GÉNÉRAL COMMANDANT LA 5e DIVISION TERRITORIALE ET COMMISSAIRE CIVIL DANS LES CALABRES, A SON EXCELLENCE LE MARQUIS TOMMASI, SECRÉTAIRE D'ÉTAT ET MINISTRE DE L'INTÉRIEUR.

Pizzo, matinée du 9 octobre 1815.

Sous cette même date, je remets à Son Altesse Royale le prince Léopold, président du conseil suprême de la guerre, le rapport suivant, que j'ai l'honneur de transcrire pour Votre Excellence, en sa qualité de ministre de la justice et de l'intérieur.

En outre de ce que j'ai eu l'honneur de vous faire connaître en hâte, je viens continuer le rapport dans les termes suivants :

Il était déjà à ma connaissance que le général Murat ferait probablement quelque tentative.

De Naples, l'ex-administrateur des vivres, D. Giacomo Galatti, m'avait informé par la poste de ce qui se disait dans cette capitale, à savoir l'arrivée de Murat en Corse, la réception du maire (de Vescovato) ; les attroupements des soldats qui, antérieurement, avaient servi sous lui ; la proclamation du colonel d'artillerie, commandant à Bastia, et d'autres faits que je néglige pour être bref. Le colonel Caffiero, en passant par Tropea avec une flottille, me dit que le but de son expédition était d'empêcher les tentatives que ce général

pourrait faire en partant de la Corse. Ces avis ne me
furent pas inutiles[1]. Je pris aussitôt les dispositions les
plus opportunes, eu égard à l'importance de ce qui
pouvait advenir. Je concentrai l'artillerie de montagne
dans la place de Tropea, lieu maritime, d'où il était
possible de l'expédier sur la côte, à droite et à gauche.

Comme, dans la Calabre citérieure, le commandement de la province avait été laissé par le maréchal
Milano au colonel Labonia, commandant la légion, je
crus devoir me servir d'une personne connue pour
commander cette province, afin que, si ce qui semblait
fabuleux se réalisait, je pusse compter sur le commandant. En conséquence, j'y envoyai promptement le
lieutenant-colonel Tschudy.

Je renforçai la garnison de Tropea pour protéger
et escorter, au besoin, l'artillerie. Je pris d'autres mesures secrètes pour éviter une alarme.

Heureusement, ces mesures n'ont pas été infructueuses, parce que, aussitôt que j'eus été informé, par
un rapport du capitaine Mattei, commandant la légion
du Pizzo, du débarquement suivi de l'arrestation du
général Murat et de ses compagnons, je me portai
comme l'éclair dans ce lieu avec l'artillerie de mon-

---

1. On ne s'explique pas que Medeci, prévenu dès le
4 octobre, d'après son propre rapport, du départ de Murat et
« de sa direction précise sur la Calabre », n'en ait donné connaissance au général commandant la province, et pourtant il
avait le télégraphe à sa disposition. Une lettre écrite, le 5 au
matin, fût arrivée le 7 à Tropea. Et, cependant, il dit dans
son même rapport « Notre vigilance en fut redoublée, des
courriers furent expédiés le long de la côte de Salerne à
Reggio. » Voir Appendice E.

tagne, la garnison de Tropea et mon état-major. J'ai appelé d'autres troupes, pour m'assurer plus encore de la personne du général Murat et de sa suite.

Dans le but de ne pas alarmer la population de ces provinces, qui pourraient l'être par de faux bruits répandus, j'ai ordonné à l'intendant de faire connaître l'arrestation avec la plus grande célérité, et de faire chanter le *Te Deum* pour un aussi heureux événement.

Moi et mes officiers, nous avons le soin de garder à vue les prisonniers envers lesquels nous faisons acte d'hospitalité, au même degré que le demande leur garde.

J'ai écrit au prince de la Scaletta, à Messine, pour qu'il m'envoie quelque navire de guerre. J'ai donné avis par télégraphe aux commandants des flottilles, MM. Cafiero et Eratoli, de venir ici.

Actuellement, je fais procéder à l'interrogatoire de tous les prisonniers dont la liste est ci-jointe. Comme il faut du temps pour compléter ces interrogatoires avant de les expédier, j'estime que je dois informer Votre Altesse Royale de ce que j'ai pu recueillir jusqu'à présent, au sujet de l'arrestation du général Murat et de ses compagnons.

Une scorridoja (felouque) et un autre bâtiment, un bove (gondole), ont transporté cette bande sur cette plage. Un canot mit à terre, sans opposition, tous les individus désignés dans la note n° 1. Ceux-ci se dirigèrent vers la place publique. On dit que le général Murat et sa suite s'efforçaient, en s'avançant, de séduire les personnes qu'ils rencontraient, disant : « Je suis votre roi Joachim Murat, vous devriez me connaître. »

La population courut aux armes et commença à les poursuivre. Ils prirent la route de Monteleone, mais en se voyant cernés, ils se précipitèrent vers la plage, vers laquelle fut dirigé le feu des habitants. Les fugitifs parvinrent à gagner une barque qui était tirée à terre, mais leurs efforts furent vains. Le capitaine Pernice, de la suite de Murat, fut tué, huit autres individus dont les noms se trouvent dans la note n° 2, furent blessés.

Dans cette rencontre, le général Murat et ses adhérents se défendirent avec leurs armes, c'est-à-dire avec leurs sabres et leurs pistolets; mais écrasés par le nombre et maltraités à coups de bâton et à coups de poing, dont le général Murat eut sa part, ils furent finalement arrêtés et conduits dans ce fort.

Un capitaine de la gendarmerie royale, nommé D. Gregorio Trentacapilli, qui se trouve je ne sais comment dans cette ville, sans que j'en aie connaissance, mais qui se dit nommé commandant de la gendarmerie dans la Calabre citérieure, se vante d'avoir arrêté le général Murat, ce qui reste vraiment à être prouvé, alors que tous veulent avoir pris part à cette action glorieuse. Il semble réellement que tous ont concouru à cette louable opération. Trentacapilli et ses parents n'auraient pas pu à eux seuls s'opposer à la fuite des agresseurs. C'est pourquoi je dois recommander à Votre Altesse Royale toutes les autorités constituées de cette commune, tant militaires, qu'administratives ou judiciaires. La commune tout entière a droit à la munificence royale, pour un acte qui fera la gloire de cette contrée.

Le signor Trentacapilli, animé peut-être d'un zèle

extrême ou poussé par des vues d'intérêt personnel, a enlevé au général Murat les papiers qu'il avait sur lui, et, sans en avoir pris copie et sans m'en avoir donné connaissance, il me dit qu'il les a expédiés à Sa Majesté. Cette erreur est impardonnable, car ces papiers m'auraient probablement fait connaître les rapports ou les correspondances que Murat avait avec les habitants du royaume et d'autres renseignements qui auraient pu me faire prendre des mesures de précaution. Trentacapilli dit qu'il a pris au général Murat une cocarde ornée de brillants. Il dit que ces brillants étaient au nombre de douze ; mais le général Murat m'a assuré qu'il y en avait vingt-deux valant cent louis chacun.

En général, les pistolets et les épées sont tombés entre les mains du peuple. Un drapeau de l'occupation militaire passée (française) est entre mes mains.

Je continuerai à faire connaître à Votre Altesse Royale tout ce que je ferai, et cela sans ..... et pêle-mêle, parce que mes préoccupations sont aussi graves que mes ressources sont petites.

Le procureur royal général auprès de la cour criminelle de la Calabre ultérieure est avec moi, travaillant à la formation des papiers nécessaires qui ressortent des interrogatoires des individus arrêtés. Je m'empresserai de les expédier à Naples avec le drapeau, en les confiant au lieutenant-colonel Marsiglia, attaché à mon état-major général.

Je suis, avec le plus grand et le plus profond respect, etc.,.

NUNZIANTE.

II

(Gran Archivio de Naples.)

A S. E. LE MARQUIS TOMMASI, SECRÉTAIRE D'ÉTAT
ET MINISTRE DE L'INTÉRIEUR, A NAPLES.

Pizzo, 10 octobre 1815.

Excellence,

J'envoie à Naples le lieutenant-colonel Marsiglia, attaché à mon état-major général, avec les interrogatoires du général Murat et un drapeau[1]. J'ai ordonné au colonel de se présenter à Votre Excellence pour pouvoir lui donner tous les menus détails sur l'événement.

J'espère que Votre Excellence voudra bien l'accueillir avec sa bonté accoutumée et qu'elle me croira à toujours plein du plus humble respect.

VITO NUNZIANTE.

III

(Archivio di Stato de Palerme.)

DÉPÊCHE DU GÉNÉRAL NUNZIANTE
AU DUC DE CALABRE.

Pizzo, 10 octobre 1815[2].

Altesse Royale,

Comme suite à mes rapports précédents relatifs au

1. Ces pièces ne se trouvent plus aux archives de Naples.
2. Ce rapport n'est pas daté, mais une phrase indique

général Murat et à ses adhérents, détenus depuis le 8 courant dans ce château, j'ai l'honneur de faire connaître à Votre Altesse Royale que, n'ayant pas eu de réponse de Sa Majesté, peut-être à cause des nuages qui interceptent la correspondance par le télégraphe, j'ai fait partir ce matin pour la capitale le lieutenant-colonel Marsiglia pour vous présenter le dossier contenant tous les renseignements que j'ai pu recueillir sur cet événement extraordinaire, et, en attendant, j'attends vos ordres sur le sort du prisonnier.

Il ressort du dossier et des interrogatoires que (Murat et sa suite), partis de la Corse le 28 du mois dernier, firent voile vers ces mers-ci. Ils cherchent à déguiser cette criminelle tentative, en disant qu'ils avaient été obligés de débarquer sur cette plage pour y faire de l'eau et des vivres et pour affréter un meilleur bâtiment. Cette subtile *(spiritosa)* invention tombe d'elle-même, et il n'est pas difficile de s'imaginer quel était leur but : à peine débarqués, loin de se présenter à la députation de la santé ou aux autorités du lieu ou à moi, comme c'était de devoir, ils mirent tout en œuvre pour faire soulever la population en leur faveur. Murat lui-même, surprenant tous ceux qu'il rencontrait, leur disait : « Reconnaissez-vous votre roi Joachim ? Suivez-moi ! » Son projet ressort clairement de ce fait, et, sa tentative pour révolutionner le pays ayant échoué parce qu'il a été assailli par la population fidèle à son roi, avec un très petit esprit, il a eu recours à une invention frivole pour couvrir sa

qu'il est écrit le jour du départ du lieutenant-colonel **Marsiglia**, c'est-à-dire le 10.

réputation marquée de taches qui ne pourront jamais
s'effacer ni disparaître dans l'avenir. Ce qui prouve
plus encore son coupable dessein, ce sont les décrets,
datés d'Ajaccio les 25 et 27 septembre dernier, dans
lesquels, prenant abusivement le titre de roi des
Deux-Siciles, il se permet de conférer des distinctions
et des grades à des officiers qui l'accompagnaient. Le
brouillon d'une longue lettre à lui adressée par un
inconnu permet de constater sa hâte de tenter un
coup désespéré. Dans cette lettre, on lui faisait luire
l'espérance de reconquérir le royaume. Ce fidèle correspondant l'assurait que les populations l'attendaient
à bras ouverts et qu'un seul régiment serait suffisant
pour réaliser ses vœux. Sa tête, plus chaude que celle
de son imprudent et ignorant ami, l'a poussé à se flatter d'un résultat qu'au calcul du dernier des fous
il ne pouvait rêver d'obtenir sous aucun rapport. Je
crois que la persistance qu'il a mise à soutenir qu'il
était en route pour l'Autriche, où il pouvait se rendre
en conséquence du passeport obtenu des hautes puissances alliées, et que son débarquement lui a été imposé par le besoin qu'il avait de faire des vivres, est le
résultat de la honte dont il se couvrirait principalement
s'il confessait sa folie. Dans les rapports que j'ai eus
avec lui, j'ai eu l'occasion de le juger, et vraiment sa
position [1] fait rire. Agité par les remords et par les
injures subies, il se complaît à se supposer un esprit

1. Je crois qu'il y a ici une faute de copie, comme on en
constate d'autres dans la copie de Palerme. Il faut mettre :
« présomption ». Ce qu'on sait de Nunziante ne permet pas
d'admettre qu'il trouva la position de Murat risible.

15.

fort. Tous les susdits papiers, au mieux que j'ai pu, je les ai .....[1] ; mais si le capitaine de la gendarmerie de la Calabre citérieure, D. Gregorio Trentacapilli, d'ici, s'était contenté du seul butin enlevé aux prisonniers et, comme c'était son devoir, m'eût remis tous les documents essentiels trouvés par lui sur les prisonniers dans le moment où ils furent arrêtés par la population, j'aurais sûrement découvert le vrai fil de la trame et ce qui est arrivé dans cette affaire, et je n'aurais pas été obligé de présenter à Sa Majesté un travail incomplet qui a coûté beaucoup de peine et à moi et au signor La Camera, procureur royal général de la Calabre ultérieure, qui m'a aidé dans cette délicate besogne. On doit à ce capitaine insubordonné le manque des preuves qui pouvaient peut-être faire acquérir pour toujours la tranquillité au pays.

Il dit qu'il a remis directement à Sa Majesté les papiers et les brillants enlevés à Murat. Je ne dois pas garantir son affirmation, surtout en ce qui concerne les diamants. Murat soutient qu'il y en avait vingt-deux et lui ne veut en .... aucun. Il ne parle pas des armes, et il y a de bonnes raisons de supposer qu'il a en sa possession l'épée de Murat et peut-être ses pistolets. Combien une pareille manière d'agir est criminelle, je laisse à Votre Altesse Royale à en juger, et je me limite seulement à vous faire remarquer que je suis peiné outre mesure de n'avoir pas pu, à cause de ce capitaine, présenter à Sa Majesté une instruction complète si nécessaire au bien de l'État.

1. Ici se trouve un mot incompréhensible, « consignés » probablement.

En attendant, les flottilles des commandants Robinson et Natoli étant arrivées ici, je ne prendrai aucune mesure au sujet des prisonniers sans avoir reçu au préalable des ordres de Sa Majesté. J'assure Votre Altesse Royale qu'ils sont bien gardés et traités avec toute convenance, que les Calabres sont tranquilles et qu'une joie exultante se lit sur tous les visages en suite de l'heureux événement qui a assuré pour toujours la paix et la tranquillité de ce beau pays. J'ai l'honneur d'informer Votre Altesse Royale que le télégraphe m'a annoncé hier que le commandant de la flottille, Caffiero, a pris, dans les eaux de Palinuro, deux barques ayant à bord quarante-deux hommes corses, appartenant à la nouvelle armée du général Murat, de même que les barques.

Ledit général Murat m'ayant remis une lettre cachetée adressée à Sa Majesté et une autre ouverte à l'adresse de sa femme, je me suis fait un devoir de vous les remettre, par le même lieutenant-colonel Marsiglia, à qui j'ai ordonné, en outre, de déposer à vos pieds le drapeau tricolore enlevé audit général Murat au moment de son arrestation par le peuple.

Pour montrer à Votre Altesse Royale le fanatisme du général Murat, je lui rapporterai que lorsque je l'ai interrogé sur les différents faits en question, il a voulu soutenir la qualité de roi imaginaire des Deux-Siciles, et sans vouloir se soumettre aux demandes, il a répondu par une lettre que j'ai remise en original à Sa Majesté. Néanmoins je sais le mesurer, et si Votre Altesse Royale n'a pas reçu les duplicata de ces mêmes pièces, c'est le signe certain que le temps physique m'a manqué pour les faire dans un moment, où le soin de conserver un dépôt si précieux me donne l'audace de vous écrire par une main autre que la mienne, faute de pouvoir faire face aux agitations auxquelles je suis en proie.

Que Votre Altesse Royale veuille bien agréer, l'hommage de mon plus profond respect.

Son très humble et très fidèle sujet.

VITO NUNZIANTE.

IV

(Archivio di stato de Palerme.)

LETTRE DU CHEVALIER DE MEDICI, MINISTRE DE LA POLICE, AU GÉNÉRAL NUNZIANTE.

En suite de l'avis télégraphique reçu ce matin à neuf heures un quart, annonçant l'arrestation, au Pizzo, du général Murat avec quinze ou vingt de ses partisans, le conseil d'État, réuni sur l'ordre de Sa Majesté, a pris la délibération que vous trouverez ci-jointe. J'envoie immédiatement cette délibération à votre Seigneurie illustrissime par ordre exprès de Sa Majesté, et au nom du roi, je vous prescris, sous votre responsabilité, de l'exécuter de la manière la plus exacte, en rendant compte de l'exécution non seulement par le télégraphe, mais aussi par lettre par le même courrier que j'expédie à cet effet, ou par tout autre moyen que vous croirez plus rapide. Je ne vous parle pas des mesures qu'il pourrait être nécessaire de prendre pour assurer la tranquillité publique, comme vous avez le pouvoir de les prendre toutes ; néanmoins je vous au-

torise à adopter toutes les dispositions que pourra
exiger l'importance des cas qui pourront se présenter,
et par cette lettre, je vous confère au nom du roi
l'ALTER EGO.

Naples, 10 octobre 1815.

Signé : LUIGI DE MEDECI.

M. le maréchal de camp D. VITO NUNZIANTE.

En ce moment étant neuf heures un quart du matin
du mardi 10 du mois courant, nous soussignés, réunis
en conseil en vertu du pouvoir qui nous a été donné
par Sa Majesté, sur le rapport télégraphique qui a fait
savoir que le général Murat a été arrêté au Pizzo avec
quinze ou vingt personnes, et qu'il est sous la garde
du général commandant, nous avons résolu d'expédier
de suite, au général Nunziante, les ordres suivants :

1º Réunissez un conseil de guerre ou une commission
militaire, pour le juger comme ennemi public.

2º La sentence rendue, vous procéderez à l'exécution, après un quart d'heure d'intervalle, pour la
préparation religieuse.

3º Pour ses compagnons, ceux qui sont sujets du
roi, Napolitains ou Siciliens, devront être jugés de la
même façon et la sentence devra être exécutée également après un quart d'heure d'intervalle. Le général
commandant est responsable de l'exécution; pour les
compagnons étrangers, on les gardera prisonniers, et
on attendra les ordres ultérieurs.

Naples, 10 octobre 1815, à neuf heures un quart.

LE MARQUIS DE CIRCELLO.

DEI MEDICI.

TOMMASI.

V

(Archivio di Stato de Palermo.)

LETTRE DU GÉNÉRAL NUNZIANTE AU DUC DE CALABRE.

Altesse royale,

Ci-joint les copies des ordres qui me sont arrivés de Naples cette nuit par un courrier de cabinet, et voici ce que j'écris en ce moment, cinq heures de l'après-midi, au ministre de la police générale, à Naples :

« En suite des ordres signés le 10 courant, à neuf heures un quart du matin, par Votre Excellence et ses collègues MM. le marquis de Circello et le marquis Tommasi, j'ai fait de suite convoquer une commission militaire qui a été composée de MM. Giuseppe Fasulo, adjudant général et chef d'état-major de cette division ; le colonel Scarfaro, le lieutenant-colonel Natoli, le lieutenant-colonel Lenzetta, le capitaine Cannilli, le capitaine de Vonge, le lieutenant Martellari, juges ; le lieutenant Froio, rapporteur ; La Camera, procureur royal général auprès de la cour criminelle, assistés par Papa Rossi, secrétaire.

» La commission, toutes les règles observées, et ayant entendu l'avocat d'office de Joachim Murat, a déclaré à l'unanimité ce dernier ennemi public et, en conséquence, passible de la peine de mort et de la confiscation de ses biens. Cette sentence a été exécutée et je me hâte d'en rendre compte à Votre Excellence, me réservant de lui en transmettre une copie aussitôt qu'elle aura été rédigée dans les formes convenables. »

Je me fais un devoir de porter humblement ces faits à la connaissance de Votre Altesse, etc.

VITO NUNZIANTE.

Pizzo, le 13 octobre 1815.

VI

(Gran Archivio de Naples.)

DÉPÊCHE DE L'INTENDANT DE LA CALABRE CITÉRIEURE AU MINISTRE DE L'INTÉRIEUR.

San Lucido, 10 octobre 1815.

Excellence,

Dans la soirée du 7 de ce mois, une « scorridoja[1] » royale qui faisait route vers le Pizzo, arrivée dans la rade de San Lucido et précisément au lieu dit Malpertugio, se rencontra par hasard avec trois bâtiments inconnus. Le patron de la scorridoja les ayant appelés à l'obéissance par les moyens ordinaires, ceux-ci ne répondirent pas. En conséquence, le patron conçut le soupçon que ce pouvaient être des ennemis. A cause de cela il fit retourner en arrière cinq barques marchandes qui faisaient route de l'est à l'ouest et qui pouvaient facilement être pillées, et il se mit à observer les mouvements des bâtiments suspects. Un peu après, un canot se détacha d'eux, qui prit d'abord la direc-

1. Chaloupe coursière.

tion du rivage et qui s'achemina ensuite vers la scorridoja. Interrogés à distance, ceux qui étaient dans le canot répondirent que les bâtiments venaient de France, qu'ils étaient vides et n'avaient à bord que des passagers qui se rendaient à Trieste. Le patron de la scorridoja conduisit le canot avec toutes les précautions sanitaires dans le port de San Lucido, où les députés de la santé se rendirent aussitôt pour s'acquitter de leurs fonctions. Ces fonctionnaires s'étant aperçus que deux individus n'étaient pas munis des papiers nécessaires et légitimes, ils ont cru devoir les faire rester en quarantaine sous la surveillance du lieutenant de la garde nationale et des douaniers et renvoyer le canot avec deux des marins qui le montaient pour enjoindre aux bâtiments d'entrer dans le port. On n'entendit plus parler ni des bâtiments, ni du canot.

La députation sanitaire s'empressa de me faire un rapport sur ce fait et de me le faire parvenir le soir même à Paola, où je me trouvais. Me hâtant de répondre, j'approuvai ce qui avait été fait et je chargeai la députation sanitaire de veiller avec le plus grand soin à tenir en quarantaine les deux individus susmentionnés, de procéder à leur interrogatoire, en observant les lois sanitaires et de veiller avec le concours de la légion à la garde de la côte, En même temps, j'envoyai sur les lieux le capitaine commandant la compagnie d'élite du district avec un fort détachement et l'inspecteur sanitaire. L'interrogatoire eut lieu en leur présence et les individus furent soumis à la quarantaine la plus stricte qu'ils purgent actuellement. Je leur ai fait assigner les moyens de subsistance aux termes des règlements sanitaires en vigueur, et j'ai pourvu non seulement à ce qu'ils fussent bien gardés mais à ce que la côte le fût également.

En attendant, j'ai cru de mon devoir d'informer Votre Excellence de cet événement et de la prier de me faire connaître ses résolutions précises.

Je prie Votre Excellence d'agréer, etc.

MONDARINO.

APPENDICE E

RAPPORT ADRESSÉ AU ROI FERDINAND IV PAR
LE CHEVALIER DE MEDICI, MINISTRE DE LA
POLICE PAR INTÉRIM, ET PUBLIÉ DANS LE
« JOURNAL DES DEUX-SICILES »

(numéro du 20 octobre 1815).

Sire,

Dieu vient de sauver votre royaume des Deux-Siciles des grands maux de la guerre civile et de l'anarchie, et peut-être doit-on regarder l'Italie elle-même comme heureusement échappée à ces fléaux. Quoique le dessein criminel de Joachim Murat, de rentrer dans le royaume en y faisant renaître la révolution, ne ressemble qu'à ces chimères qu'il est facile d'imaginer dans les temps de trouble et au milieu des agitations des partis, il a été pourtant toujours regardé par Votre Majesté comme un objet digne de l'attention de la police. Et en effet, comment pouvoir douter qu'il n'ait pas nourri ces idées, et qu'il n'ait pas cherché à les réaliser par tous les moyens, puisqu'on savait qu'après les persécutions les plus fortes qui avaient été exercées pendant le cours de son gouvernement contre la Société des *Carbonari*, il s'en était fait lui-même, dans les derniers temps, le chef et le régulateur, et qu'il avait obligé les principaux employés civils et militaires, à s'y faire inscrire? Et, quoique les plus chauds sectaires n'eussent pas mis en lui une entière confiance, le plus grand nombre pourtant ne laissait pas que d'être content de se voir délivré de cet état de persécution qu'il avait souffert pendant plusieurs années. Son plan avait encore un principe plus élevé : celui de se servir des moyens que la Société lui aurait fournis pour accoutumer les Italiens à ses idées.

En effet, Sire, nous voyons que, dirigeant constamment ses intentions vers ce but, après avoir quitté Naples, le 19 mai, et s'être rendu à Ischia avec le peu de Napolitains qui le suivirent, il se réfugia en Provence. Napoléon alors était encore en France, et s'y comportait plutôt comme le chef d'une nouvelle révolution que comme ce conquérant formidable, dont un seul regard suffisait pour entraîner toutes les volontés; il était même forcé de cajoler les vieux républicains et, voyant déjà aux portes de la France l'Europe qui venait pour l'écraser, il ne lui restait d'autres ressources que de se faire un parti parmi les gens amis du désordre. Murat, en Provence, cherchait à le seconder le mieux qu'il pouvait, en entretenant, à Naples et en Italie, une correspondance non interrompue et constamment dirigée vers une nouvelle révolution.

Mais le renversement de son maître et le bon esprit des Provençaux l'obligèrent bientôt à abandonner la France et à chercher en Corse un endroit dont il pût faire le centre de nouvelles tentatives. Votre Majesté n'ignore pas de quelle manière la police a suivi toutes ses démarches. Pendant son séjour à Vescovato, il réunit autant d'officiers qu'il put, et il parvint à en avoir au delà de quatre cents. D'amples promesses de grades militaires, de dignités civiles, de donations en biens-fonds furent faites à tous ; enfin, les propriétés des Napolitains étaient désignées comme récompenses de ceux qui devaient servir ici pour organiser la guerre civile. Il fréta et acheta des bâtiments, et, ne se bornant pas à ces seuls moyens d'agression, il renoua ses correspondances. Votre Majesté voulut, dans sa sagesse, qu'il ne fût point donné cours aux lettres interceptées, et méprisant les moyens employés par les polices révolutionnaires qui fomentaient les correspondances, afin d'avoir entre les mains les preuves du crime ; elle préféra que le crime ne fût point commis.

Cette sagesse d'un roi père de ses peuples, qui sera écrite par l'histoire en caractères d'or, méritera encore plus d'éloges, par les mesures de prévoyance que Votre Majesté a adoptées, afin que Joachim Murat fût pris dans ses filets, si jamais il était assez maladroit pour exécuter ses desseins. Trois divisions de chaloupes-canonnières furent formées et confiées au commandement d'officiers expérimentés ; l'une destinée à garder nos côtes depuis Montecircello jusqu'au golfe de Naples, en portant sa vigilance sur l'île d'Ischia, où on avait envoyé des agents de la police pour surveiller quelques personnes qui s'y étaient rendues suspectes ; l'autre à défendre la côte, à commencer du golfe de Salerne jusqu'au phare ; et la troisième à remplir le même objet du cap dell'Armi, jusqu'à la mer Ionienne. Des frégates, des corvettes, et beaucoup d'autres bâtiments légers furent disposés en croisière.

Telles étaient les mesures ordonnées, lorsque nos agents envoyés en Corse nous informèrent de l'édit du chevalier Verrier, commandant de cette île, par lequel il déclarait traîtres et rebelles tous ceux qui suivraient Murat. Nous eûmes aussi sa réponse insolente et insensée, et peu de temps après on sut qu'il s'était rendu avec sa petite armée à Ajaccio. Mais, malgré le changement de lieu et la menace de l'édit, il ne changea pas ses desseins. Ayant toujours l'idée d'allumer la guerre civile dans le royaume de Naples, il ne cessait de flatter ses soldats des plus belles espérances. Il leur montrait ses correspondances et se vantait, sans le moindre fondement de vérité, d'avoir dans son parti tous les généraux et ceux des nobles qui avaient joui de ses prodigalités, et fondant ses espérances imaginaires sur la garde de sûreté, sur les gardes civiques et les légions, mais surtout, chose incroyable, sur les soldats calabrais débandés : et ce fut à cette occasion qu'il commença à manifester son dessein de faire sa descente en Calabre.

La police ayant ainsi aussi bien connu ses intentions, Votre Majesté donna encore ses ordres en Sicile, afin que ses côtes fussent bien gardées sous le prétexte des Barbaresques. Cette mesure devenait d'autant plus nécessaire, qu'on eut la nouvelle d'un bruit vague qui courait en Calabre, que le 4 novembre on devait proclamer une nouvelle république et nommer Joachim Murat premier consul.

Douloureusement affectée au milieu de ces agitations, non pas par la probabilité, mais par la possibilité de voir ses sujets enveloppés dans de nouveaux malheurs, plus funestes encore que les malheurs passés, Votre Majesté était constamment informée par les rapports de la police, que la disposition de l'esprit public était telle, que non seulement il n'y avait pas à craindre que Murat trouvât des adhérents assez nombreux pour rendre ses desseins dangereux, mais qu'on devait plutôt craindre, et avec fondement, qu'à la seule nouvelle de son apparition sur quelque point du royaume que ce fût, le peuple, et surtout celui de Naples, ne fît main basse sur tant de malheureux qui, obligés par la force durant l'invasion militaire, avaient paru être ses partisans, et sur ceux particulièrement qui en avaient été plus que les autres distingués et enrichis. La police, aux mesures employées pour faire échouer les desseins criminels de Murat, a dû joindre ses soins pour veiller à la sûreté personnelle de cette partie des sujets de Votre Majesté qui, tout en partageant les principes d'honneur et de fidélité de tous les autres bons et pacifiques citoyens, ont pourtant le malheur d'être soupçonnés par le peuple d'avoir des opinions contraires à son gouvernement.

Vers la fin de septembre on apprit que l'Autriche, toujours fidèle à ses sages principes de tenir loin de l'Italie toute agitation civile en écartant les motifs les plus légers et les plus éloignés, avait offert à Murat un asile dans ses États ; que, dans la vue de l'y attirer, elle avait envoyé en Corse un nommé Macirone, homme de confiance, et autrefois employé par lui à plusieurs négociations, et qu'une frégate anglaise était

prête pour le transporter à Trieste. Votre Majesté, tout
en reconnaissant dans cette mesure la sagesse du conseil qui l'avait dictée, et l'avantage du moment qui
éloignait le mal, ne crut pourtant pas que Murat s'y
prêterait, tant par suite des renseignements qu'elle
avait sur ses projets, qu'à cause de sa vanité qui lui
ferait tenter des choses au delà de ses forces. En effet,
elle ne tarda pas de savoir que Macirone de Bastia
avait passé à Ajaccio, et qu'après un entretien qu'il
eut avec Murat, il semblait que l'offre n'avait pas été
acceptée. Peu de temps après, on eut la réponse qu'il
avait donnée à Macirone en forme diplomatique par
laquelle, en acceptant le passeport, il se réservait de
traiter avec Sa Majesté l'empereur, sur les conditions
de l'asile, mais refusait de passer à Trieste sur la frégate anglaise, sous prétexte de la sommation peu me-
surée qui lui avait été adressée par le capitaine de la
frégate.

Murat eut la finesse de n'envoyer cette réponse
qu'après s'être embarqué, ou bien certainement au
moment où il était sur le point de se mettre en mer,
car il est constaté par les rapports de Corse, que
Macirone arriva à Ajaccio le 28 septembre, et que
dans la nuit même du 28 au 29, Murat mit à la voile
de ce point avec six bâtiments plats armés, et avec à
peu près deux cents hommes, tant officiers que bas
officiers. Il mérite encore d'être observé que le 27 il
a fait, à Ajaccio, une promotion militaire, créant le
colonel d'artillerie Natali, maréchal de camp; le lieutenant Viaggiani, capitaine, et le sous-lieutenant
Paschali, lieutenant. Les décrets originaux, qui sont
entre mes mains, ont toutes les formes de la chancel-

leric finissant de la manière usitée : « I nostri ministri di guerra et di finanze sono incaricati, ciascuno per la sua parte, dell' esecuzione del presente decreto ».

Il offrit aussi, peu d'heures avant son départ, l'intendance de la province de Salerne à un Corse dont le nom est bien connu de Votre Majesté. Rempli de folles espérances, il s'achemina vers nos côtes, et d'après nos renseignements, il n'y eut personne à Ajaccio qui crût que son projet était d'aller à Trieste. En effet, pourquoi refuser le passage offert sur la frégate? Pourquoi préférer des bâtiments plats, sujets à être facilement pris par notre marine, à la garantie très respectée que lui assurait le pavillon de la Grande-Bretagne? Deux cents officiers et bas officiers, tous armés et animés de l'esprit de rapine et d'incursion, formaient-ils l'escorte qui devait le conduire à Gratz? Sa promesse d'aller à Trieste ne surprit point la crédulité des plus simples bourgeois d'Ajaccio, et tandis qu'on ne se dissimulait pas la folie de l'entreprise, on voyait déjà le sang couler à flots dans nos malheureuses contrées. La navigation elle-même fut dans la direction du cap Carbonara, sur la Calabre.

Ce ne fut que le 4 de ce mois que la police eut l'avis de son départ d'Ajaccio, du nombre des bâtiments, des deux cents officiers et bas officiers qu'il conduisait, et de sa direction précise sur la Calabre. Notre vigilance en fut redoublée. Votre Majesté ne permit point, dans sa sagesse, des mesures de police qui auraient été accompagnées d'arrestations arbitraires ; confiante en Dieu, en la justice de sa cause, et surtout dans la fidélité de ses sujets, elle se contenta de borner ses ordres aux moyens de défense, et surtout de préserver le royaume des scènes sanglantes que produit le mouvement spontané des grandes masses populaires. Des courriers furent expédiés le long de la côte, de Salerne à Reggio ; les mêmes communications furent faites à Messine, et le tout avec une grande réserve.

Les choses étaient ainsi disposées, lorsque le 9 au soir le télégraphe annonça Murat débarqué au Pizzo, suivi de trente officiers, d'une manière hostile, violant les lois sanitaires et criant dans la place publique : *Io sono Gioacchino Murat, gridate tutti viva il re Gioacchino.* Le même télégraphe annonça qu'il avait été saisi par le peuple et conduit avec ses satellites dans les prisons du château de l'endroit. Par le même moyen on sut que la sûreté publique n'avait été compromise nulle part.

Les avis télégraphiques ont été suivis des rapports du général Nunziante, du procureur général, des représentants de la commune du Pizzo, du clergé, de l'intendant de la province, du commandant, enfin de toutes les autorités civiles et militaires. Ces rapports donnèrent à Votre Majesté les détails suivants : que dans la matinée du 8, vers les onze heures et demie, se présentèrent à la marine du Pizzo deux bâtiments armés, un bove et une scorridoja ; qu'à l'imprévu trente et une personnes étaient descendues à terre, lesquelles, toutes en armes, s'acheminèrent vers la place de la commune, et après y être arrivées prononcèrent les paroles séditieuses susmentionnées ; qu'une stupeur imprévue avait frappé pour quelques instants le peuple ; que Joachim avait demandé des chevaux et qu'en attendant il s'était mis avec ses gens en route

vers Monteleone; que le peuple, les propriétaires, et
parmi ceux-ci le digne M. Alcalà, procureur général
du duc de l'Infantado, coururent aux armes et le poursuivirent au milieu des cris : *Viva Ferdinando!* que
Murat avec sa suite avait cherché par la force à s'ouvrir un chemin vers la marine, mais qu'on l'avait atteint
et arrêté. Dans la mêlée, le capitaine Pernice, de
nation corse, fut seul tué, et le général Franceschetti,
avec sept autres personnes, furent blessés. Le peuple
en fureur voulut le massacrer, mais les plus sages pré-
férèrent qu'il fût conservé pour subir la juste punition
que le droit des nations inflige aux brigands armés.
Il est digne d'observation que les femmes mêmes s'armèrent et exposèrent leur propre vie pour sauver le
royaume des horreurs de la guerre civile, et peut-être
l'Italie entière d'une sanglante révolution. Le bove et
la scorridoja, voyant le mauvais résultat de l'affaire,
se sauvèrent par la fuite.

Le 10, le capitaine de vaisseau Caffiero, commandant la division des canonnières, prit à Palinuro deux
autres bâtiments armés, de la même expédition, avec
quarante-huit officiers et bas officiers, et ceux-ci
avouèrent qu'ils avaient reçu dans les eaux du cap de
Carbonara les ordres de Murat de se diriger sur la
Calabre, et précisément au Pizzo. Il est à remarquer
que tous ces gens, outre les fusils, sabres et pistolets,
étaient encore armés de poignards. Une autre barque
parut dans la marine de San Lucido, mit à terre deux
émissaires et après les avoir vus arrêter prit également
la fuite. D'après cela, des six barques qui composaient
l'expédition, il n'y en a que deux de saisies, et les
prisonniers, compris Murat, sont au nombre de

soixante-dix-neuf. La seule chose qui reste à savoir, c'est si le débarquement devait avoir lieu sur trois points ou bien si tous les bâtiments se trouvant à la hauteur du Pizzo ne se sont séparés que parce que le projet avait échoué.

Je me réserve de rendre à Votre Majesté, par un autre rapport, un compte exact de tous les papiers trouvés sur Murat et sa suite. Nous savons de la Calabre que parmi ceux saisis sur lui-même par le capitaine de gendarmerie Trentacapilli, il y a : 1° un passeport de l'empereur d'Autriche pour le duc de Lipano, signé par le comte de Mercy, conseiller de chancellerie, donné à Paris le 7 septembre, pour se rendre du midi de la France à Trieste ; visé par l'ambassadeur britannique : « *Bon pour aller à Trieste.* — STEWARD ; » 2° un décret tout apostillé de la main de Murat, avec la date d'octobre 1815, le jour laissé en blanc, par lequel il organise la guerre civile en mettant hors la loi tous les ministres de Votre Majesté et résorganisant le gouvernement dans toute son économie jusqu'aux fonctions des magistrats inférieurs ; 3° une proclamation au peuple, imprimée également de la date d'octobre 1815, par laquelle il l'excite à la rébellion en se servant des expressions les plus injurieuses pour la personne sacrée de Votre Majesté et pour son gouvernement.

On écrit aussi qu'on a trouvé son drapeau qui devait servir d'étendard à la guerre civile. Aussitôt que ces papiers seront arrivés à mon ministère, je les mettrai sous les yeux de Votre Majesté et je la supplierai de me permettre de les rendre publics par la voie de l'impression afin que l'Europe juge du danger énorme que cette nation, et peut-être l'Italie entière, viennent de courir.

En attendant, comme Votre Majesté a ordonné que les lois aient leur cours, Joachim Murat, débarqué à main armée dans le royaume, proclamant la sédition, invitant le peuple à crier : *Viva il nostro re Gioacchino;* ayant avec lui son propre drapeau, des décrets et des proclamations de guerre civile et de désorganisation du gouvernement ; abusant d'un passeport qui lui fut donné pour aller du midi de la France à Trieste; étant parti d'Ajaccio avec deux cents officiers et bas-officiers, est aux yeux du droit des gens et par le consentement universel de toutes les nations un ennemi public. D'après les mêmes principes de jurisprudence universelle, sont coupables aussi du même crime tous ceux qui l'ont suivi ; mais Votre Majesté a voulu que lui seul fût jugé dans les formes par une commission militaire.

Un rapport officiel du général Nunziante, commandant la 5e division territoriale, fait savoir qu'à voix unanimes il a été condamné à être fusillé et que la sentence a été exécutée le 13 à six heures 'du soir.

Je me réserve, Sire, d'après l'inspection du procès et des papiers originaux, de faire à Votre Majesté un second rapport. En attendant, toute la nation est redevable à Votre Majesté de son salut, et Votre Majesté doit être pénétrée de reconnaissance envers cette même nation qu'elle a vue dans cette crise ne point se départir de ses sentiments de fidélité, ayant vu même ceux que le peuple accuse de peu d'affection rendre grâce à Dieu qui avait délivré le pays d'un si grand danger. Dans ces jours de trouble, les travaux de la cam-

pagne et les arts de la ville n'ont point été interrompus,
les droits ont été perçus, les tribunaux ont continué
leurs fonctions. En somme, le peuple a respecté votre
volonté, et l'événement ne s'est pas fait sentir au delà
de confins de la commune du Pizzo. En dernier lieu, il
n'a point été nécessaire, même après l'attentat commis,
d'employer des mesures de police.

Je me mets avec le plus profond respect aux pieds
de votre trône royal.

Naples, ce 16 octobre 1815.

P.-S. — Peu de temps après avoir fini le présent
respectueux rapport, sont arrivés les papiers trouvés
sur la personne de Murat par le capitaine Trentacapilli, desquels je me trouve avoir déjà fait mention
ci-dessus d'après le rapport des autorités de la Calabre.
Je m'empresse de les mettre sous les yeux de Votre
Majesté conjointement avec le drapeau de la sédition
et un rapport des représentants de la commune du
Pizzo, en me réservant de lui soumettre dans un autre
rapport mes réflexions tant sur ces papiers que sur les
autres que je suis encore à attendre avec les pièces du
procès et la sentence.

Je suis de nouveau avec le plus profond respect,

Naples, le 17 octobre 1815.

Le ministre des finances chargé du portefeuille
de la police générale.

16.

APPENDICE F

SORT SUBSÉQUENT DES PRINCIPAUX ACTEURS

DU DRAME DU PIZZO

I

LES ADVERSAIRES DE MURAT

[§ 1. — *Le général Nunziante.*

Aux heures de crises violentes, les partis, quels qu'ils soient, perdent tout sentiment de justice et de générosité. Nunziante l'éprouva. On lui reprocha les égards qu'il avait montrés à son prisonnier et l'émotion dont il ne s'était point caché au moment de l'exécution. On lui fit un grief de n'être arrivé au Pizzo que dix heures après l'arrestation de Murat. On l'accusa de s'être attribué le mérite de cette arrestation due à Trentacapilli, et de s'être apppoprié les diamants pris à l'ex-roi par le capitaine de gendarmerie.

On l'accusa enfin d'avoir voulu sauver Murat en lui choisissant pour juges des officiers de son ancienne armée.

Ces reproches et ces accusations, propagés par les fanatiques de la légitimité, les ministres de Ferdinand eurent l'impudeur de les lui faire connaître en l'invitant en quelque sorte à se disculper. Nunziante répondit fièrement qu'en agissant comme il l'avait fait vis-à-vis de son prisonnier, il avait sauvegardé l'honneur du roi et du gouvernement ; qu'en se montrant humain, il avait prouvé que les généraux bourboniens n'étaient pas, comme on le leur reprochait, dépourvus de sentiments généreux, et qu'en choisissant pour juger Murat des officiers de son armée, il avait tenu à ce qu'il ne parût pas condamné par des coupe-jarrets, comme on l'aurait dit s'il avait été envoyé à la mort par un tribunal composé uniquement ou en majorité d'officiers bourboniens.

Pour prouver aux populations que l'ex-roi avait été régulièrement jugé et condamné, le général fit imprimer et afficher la sentence dans les villes et les villages de la province. Le 18 octobre, il reçut l'ordre de la tenir secrète. Il répondit que la publication était déjà faite et que la loi exigeait qu'elle le fût. Medici, après avoir pris connaissance du texte, finit par lui donner raison.

Investi des pleins pouvoirs du roi, il parvint sans aucun acte arbitraire à maintenir l'ordre dans les Calabres.

Nunziante était un trop fidèle et trop utile serviteur de la légitimité pour que Ferdinand IV lui gardât longtemps rancune d'avoir montré des égards à un

rival détesté. En 1816, il le nomma marquis, en 1819,
lieutenant général et grand-croix de Saint-Georges, et
en 1820 il lui confia le commandement de la province de Salerne. Lors du soulèvement de Nola (juillet 1820), il reçut ordre de marcher contre les insur-
gés. Ses soldats l'ayant abandonné, il rentra à Naples
et engagea le roi à accorder la Constitution que la
nation paraissait maintenant désirer. Après le rétablissement de la monarchie absolue, il fut de nouveau
investi de grands commandements, et, en 1830, il remplit les hautes fonctions de vice-roi de Sicile. Remplacé dans ce poste de confiance par le comte de Syra-
cuse, frère de Ferdinand II, il fut rappelé à Naples
pour recevoir, en 1831, le commandement de toutes
les troupes du royaume. Il mourut en 1836.

§ II. — *Le chevalier de Medici.*

Avant de devenir, en 1815, le ministre des finances
et de la police de Ferdinand IV, le chevalier Luigi de
Medici, des princes d'Ottajano, avait eu à subir
d'étranges vicissitudes. Il avait débuté dans l'administration au moment où Ferdinand IV et Marie Caroline, effrayés par les progrès de la révolution française,
cherchaient à empêcher par tous les moyens la propa-
gation, dans leur royaume, des idées qui allaient
amener dans notre pays la ruine de la monarchie.
Nommé en 1791 régent de la Vicaria, ce qui faisait de
lui le chef de la police de Naples, il poursuivit avec
rigueur ceux qui avaient des aspirations libérales ou

républicaines, et rétablit même, pour l'appliquer aux
condamnés politiques la peine du fouet qui avait cessé
d'être en usage. En 1794, il fut appelé à siéger dans
la junte d'État, tribunal d'exception, composé de sept
membres et chargé de juger les crimes de lèse-majesté.
Le zèle qu'il déploya dans ses fonctions, en le faisant
bien voir du roi, lui attira la haine du tout-puissant
ministre Acton, qui en cette même année l'accusa
d'avoir protégé les partisans de la révolution et d'avoir
pactisé avec eux. La reine, qui était sous l'empire
d'Acton, appuya le ministre, et Medici fut jeté en prison, malgré les prières de sa sœur, la marquise de San
Marco, pour qui Caroline avait pourtant une sincère
amitié. Il resta quatre ans enfermé. En 1798, le marquis Vanni, celui que les historiens de la révolution
napolitaine appellent le Fouquier-Tinville de Naples, et
qui avait siégé avec lui dans la junte d'État, proposa à
ce tribunal de le soumettre à la torture. Cette odieuse
proposition fut repoussée par le terrible tribunal qui,
malgré les instances et les menaces de Vanni, acquitta
Medici et lui rendit la liberté.

Après sa sortie de prison, celui-ci resta six années
sans occuper aucune fonction publique. En 1804, Fer-
dinant l'appela à la vice-présidence du conseil des
finances, où il s'agissait de remettre de l'ordre. Acton
vieilli, rassasié d'honneurs et d'argent, ne lui barrait
plus la route. Dans ce poste nouveau, Medici déploya
de véritables talents. En 1806, il suivit Ferdinand en
Sicile, et à la Restauration de 1815, il fut appelé au
ministère des finances. Le roi lui confia également par
intérim le ministère de la police, qu'il conserva jusqu'en janvier 1816, c'est-à-dire jusqu'à la complète

liquidation de la trame ténébreuse ourdie contre Murat. Elle dut, d'après le baron de Koller, coûter fort cher au gouvernement napolitain. L'intendant général se plaint qu'à force de donner de l'argent pour récompenser les complices du guet-apens, le ministre n'en a plus pour payer ce qui est dû au gouvernement autrichien.

Medici avait la passion du pouvoir; il eut la bonne fortune de le conserver, sauf pendant la période constitutionnelle, jusqu'à la dernière heure de sa vie. De l'aveu même de ses adversaires politiques, il administra les finances avec habileté et intelligence et rétablit le crédit de son pays. Il eût laissé la réputation d'un grand ministre s'il n'eût pas sacrifié les idées de modération qui l'animaient à la passion de répression violente et sanguinaire qui dominait Ferdinand IV.

En 1820, la crainte de tomber, comme le préfet de police, sous le poignard des Carbonari, le décida à fuir Naples, où il ne revint qu'en 1822. Pendant cet éloignement il vint en France. Louis XVIII lui fit le meilleur accueil, et pour lui faire honneur fit pendre aux murs du salon où il lui donna audience, les portraits des deux reines de sa maison, Catherine et Marie, qui s'étaient assises sur le trône de France.

Après le rétablissement du pouvoir absolu, Ferdinand, qui lui préférait le terrible prince de Canosa, ne se hâta pas de le rappeler au ministère. Deux influences diverses contribuèrent à lui faire rendre son portefeuille, celle de sa sœur et celle de Rothschild.

Ce n'était pas une femme ordinaire que la marquise de San Marco. Elle avait le tempérament et l'audace de son amie Marie-Caroline. Mariée à un homme de quatre-vingt-douze ans, elle avait eu une vie assez déréglée et avait eu quatre enfants. Elle avait accompagné la reine à Vienne, lorsqu'elle fut chassée de la Sicile par les Anglais. M. Nicolas Nisco, dans son *Histoire de François Ier de Naples*, laisse entendre que la sœur de Marie-Antonelli ne serait pas morte de mort naturelle, et que la marquise serait revenue à Naples, maîtresse d'un secret qui lui valut une grande influence sur le roi. Cette influence, elle la mit en jeu pour son frère.

Par ailleurs les finances allaient fort mal : il fallut faire un premier emprunt qui fut vite dévoré. On dut recourir à un second ; mais Rothschild ne consentit à prêter son concours qu'à la condition que Medici serait de nouveau appelé à gérer les affaires de l'État.

Sous la pression de la marquise et de Rothschild, Ferdinand lui rendit, en 1822, le portefeuille des finances. Son successeur, François Ier, le fit premier ministre. Il conserva ses hautes fonctions jusqu'à sa mort arrivée en 1829, à Madrid, où, quoique atteint de la pierre, il avait accompagné son souverain dans la crainte de se voir supplanter par un rival qu'il détestait.

§ III. — *Trentacapilli.*

Avant de devenir capitaine de gendarmerie, D. Gregorio Trentacapilli avait été chef de masses. On désignait sous ce nom les partisans, tous gens de sac et de corde, qui servirent d'auxiliaires à l'armée royale et aux Anglais, dans leur lutte contre les troupes de Napoléon, de Joseph et de Murat, de 1806 à 1814. Voici ce que Nunziante écrivait à son souverain au sujet de ces funestes auxiliaires : « Ces hordes n'ont pour mobile ni la fidélité au roi, ni le désir de combattre l'ennemi, mais uniquement la soif de tuer et de piller les riches habitants. Rebelles aux ordres qu'on leur donne, lâches dans les combats, ils ne font que déshonorer le drapeau sous lequel ils combattent. Ils nous aliènent les populations en les forçant à demander aux Français de les protéger. »

Après que les généraux de Napoléon eurent contraint les royalistes et leurs alliés les Anglais à chercher un refuge de l'autre côté du détroit de Messine, Trentacapilli s'en fut en Sicile. Deux de ses frères continuèrent à se livrer au brigandage et tombèrent entre les mains de Manhès. Franceschetti nous dit que ce général les fit pendre ; d'après M. Gasparri, il se borna à les jeter en prison.

La cour de Naples était pleine d'indulgence pour les brigands qui avaient soutenu sa cause, même en la déshonorant. Trentacapilli fut nommé capitaine de gendarmerie. Ses tristes antécédents faisaient bien de lui l'homme qu'il fallait pour mener à fin le mauvais coup projeté par le ministère, contre Murat. Il est à présumer qu'il regretta l'intervention d'Alcalà, qui empêcha Joachim d'être massacré sur la plage, et que ce fut lui et les siens qui continuèrent à exciter la populace dans l'espoir qu'elle envahirait la prison et finirait la sanglante besogne interrompue du matin.

Nunziante semble avoir eu raison, lorsqu'il écrit le 10, qu'il ne garantit pas que Trentacapilli ait, comme il l'avait dit, envoyé au roi les vingt-deux brillants qui ornaient la cocarde de Joachim. M. Gasparri raconte qu'il les porta à Naples et qu'il les offrit à la princesse de Partanna, femme morganatique du roi, qui en prit quatre et lui rendit les dix-huit autres qui, paraît-il, furent trouvés dans son héritage. Malgré le mécontentement que sa conduite avait provoqué chez Nunziante, Trentacapilli fut promu au grade de colonel au commencement de 1816. Au mois de mai de la même année, il reçut la croix de commandeur de l'ordre de Saint-Ferdinand et une pension de mille ducats. Depuis cette époque l'histoire le perd de vue. Tout ce que l'on sait, c'est qu'il mourut à Messine, en 1830, à l'âge de soixante ans, à la suite d'une opération chirurgicale, nécessitée par une maladie de vessie.

II

LES ADHÉRENTS.

§ I. — *Le général Franceschetti.*

Après l'exécution de Murat, Nunziante fit sortir ses compagnons de l'horrible prison où ils étaient enfermés et les fit transférer dans une autre plus habitable. On leur annonça qu'on attendait à leur sujet de nouveaux ordres de Naples. Ils passèrent ainsi quatorze mortels jours, s'attendant à subir le sort de leur prince et à terminer leurs jours sur un échafaud. Enfin, le 27 octobre, on les tira de leur cachot pour les embarquer et

les conduire dans l'île de Ventotene où une autre prison
les reçut. Ils y trouvèrent les officiers et les soldats
embarqués sur les barques n°s 4 et 5 capturées par la
flottille napolitaine dans les eaux de Palinuro. A ce
moment-là, le gouvernement napolitain était très désireux de se montrer, aux yeux de l'Europe, animé
d'un grand esprit de modération. Débarrassé de Murat,
il ne tenait nullement à faire fusiller les pauvres dia-
bles qui s'étaient lancés, à la suite de l'ex-roi, dans
cette folle aventure. Faisant montre de générosité, il
annonça au gouvernement français son intention de
lui rendre les compagnons de Joachim, pour décider
s'il devait les punir ou leur pardonner. Le duc de
Richelieu s'empressa de répondre que, tout en étant
très sensible à ce témoignage de bienveillance, le roi
de France croyait « devoir abandonner au gouvernement des Deux-Siciles l'examen d'une question qui
l'intéressait si directement. C'est contre ce gouvernement, « disait le duc », que l'entreprise a été formée,
c'est sur son territoire que ces individus ont été arrêtés ;
lui seul peut être à portée de recueillir tous les documents relatifs à cette affaire et de juger si les premiers
exemples qui ont eu lieu, et si la tranquillité dont ses
États n'ont pas cessé de jouir, lui permettent aujour-
d'hui d'être moins rigoureux. »

A l'instigation du commandant de Ventotene, les
prisonniers adressèrent une supplique à Ferdinand qui
s'empressa de leur octroyer des lettres de grâce, à la
condition, toutefois, qu'ils ne remettraient jamais les
pieds dans le royaume. Le 17 janvier on les embarqua
sur un bâtiment de commerce qui les emmena en Corse.
Un navire de guerre français les attendait dans le

golfe de Saint-Florent, pour les conduire à Marseille. Là on enferma les officiers au château d'If, et les soldats au fort Saint-Nicolas, d'où ils sortirent peu après pour être incorporés dans la légion des Bouches-du-Rhône et dans la légion coloniale.

La captivité des officiers fut pénible. Plusieurs durent entrer à l'hôpital où l'un d'eux mourut. Au bout de six mois, les généraux Franceschetti et Natali, le chef de bataillon Ottaviani (celui qui avait été pris à San Lucido) et les capitaines Lanfranchi et Medori furent transférés à Draguignan, pour être jugés par la cour prévôtale du Var qui, après examen de l'affaire se déclara incompétente. Les portes de la prison ne s'ouvrirent pourtant que le 16 janvier 1817.

Franceschetti retourna en Corse. Il espérait y trouver les fonds laissés chez Gregori que Murat lui avait cédés en paiement de l'argent qu'il lui avait fourni. Mais le marquis de Rivière s'en était emparé et les avait employés à diverses fondations pieuses ou philanthropiques[1]. Le malheureux Franceschetti tomba dans une gêne voisine de la misère et fut très heureux d'obtenir, avec la reconnaissance du grade de colonel, la demi-solde attachée à ce grade. Il passa sa vie à réclamer à l'ex-reine les sommes qu'il prétendait lui être dues. Celle-ci se refusa au paiement de cette dette. Franceschetti mit opposition sur des fonds qu'elle faisait passer en France. Il en résulta un procès dans

---

1. Dans les cent un mille huit cent cinq francs confisqués et employés pour être distribués au nom du roi en bienfaits, il y a deux cents francs assignés pour des messes pour Louis XVIII à dire, à raison de deux francs par messe, dans le canton de Vescovato.

lequel, au dire d'un dictionnaire biographique contemporain, le général souleva contre lui l'opinion publique par de perfides réticences contre son ancienne souveraine. Le 27 juillet 1827, le tribunal déclara la demande mal fondée et le condamna aux dépens. Il mourut en 1835, en Corse, où il s'était retiré.

§ II. — *Francis Macirone.*

Macirone ne paraît pas s'être employé à autre chose qu'à assurer à Murat l'asile qu'il avait tant désiré obtenir pendant qu'il errait en Provence, traqué par des bandes d'assassins. Pourtant l'officier anglais fut fortement soupçonné, par la police française, d'avoir joué un tout autre rôle et d'avoir servi d'intermédiaire entre l'ex-roi et Fouché, qu'on accusait d'avoir été l'instigateur de la folle tentative du Pizzo. Macirone, à son retour en France, fut jeté en prison, à Marseille, par le marquis de Rivière. Le comte Decazes, qui avait été forcé de le mettre en liberté au mois d'août alors que Fouché était encore ministre de la police, devenu à son tour titulaire de ce même portefeuille, mit tout en œuvre pour obtenir des preuves de la culpabilité de l'agent de Murat et de son ancien ministre. Malgré la malveillance de lord Exmouth, le jeune Anglais finit par se tirer des griffes de ses ennemis. Il fut mis en liberté en janvier 1816 et dut quitter la France. Sir Charles Stuart s'entremit pour lui faire rendre ses papiers, mais quand il fut remis en possession de la traite de quarante mille francs que Murat lui avait remise sur Barillon, ce banquier se déclara dans l'impossibilité de la payer, tous les fonds appartenant à l'ex-roi de Naples ayant été confisqués par le gouvernement français. De retour en Angleterre, il fut accusé par un journal d'avoir trahi la confiance que les souverains alliés avaient placée en lui. C'est pour se disculper qu'il publia les Mémoires qui sont une des meilleures sources pour l'histoire des derniers mois de Murat. Il intenta même un procès au journal qui l'avait accusé, mais il paraît l'avoir perdu. Après 1816, il retomba dans l'obscurité et je n'ai pu trouver la date de sa mort.

§ III. — *Barbara.*

En quittant le Pizzo, avec la felouque et la gondole royale, Barbara fit voile pour Ajaccio. Arrivés au milieu du canal, entre la Calabre et la Sardaigne, les deux bâtiments furent arrêtés par un corsaire barbaresque. Voici comment le patron Cecconi raconte le fait dans son mémoire du 6 février 1818[1] : « Le corsaire visita toutes nos malles, après en avoir brisé les serrures, et dans une malle fut pris un sac que le capitaine Barbara nous dit contenir mille francs ; le corsaire nous ayant retenus avec lui deux jours et une nuit, il nous relâcha en restituant au bord du commandant nos valeurs, nos sacs ; et le sac d'argent ayant été compté en présence du Rhais et de l'équipage, il n'y fut trouvé que huit cent soixante-dix francs

1. Franceschetti, p. 172.

et l'on disait que ce qui manquait avait été pris par un matelot du bord. Le commandant Barbara sachant que je n'avais eu que mille francs, me remit cette somme. »

A voir la conduite si peu ordinaire d'un corsaire barbaresque rendant les objets et l'argent trouvés à bord d'une prise, on est amené à se demander si ce corsaire n'était pas un complice de Barbara qui l'attendait au retour, et si ce n'est pas lui qui aurait reçu les sommes et les diamants de Murat.

Les deux barques arrivèrent le 20 octobre à Ajaccio où il fallut faire une longue et dispendieuse quarantaine qui coûta quatre cents francs à Cecconi.

D'argent il ne devait plus y en avoir à bord, car une grosse somme n'aurait pas pu échapper à la vigilance des douaniers.

Le trésor de Murat, s'il fut conservé par Barbara, devait donc se composer des diamants que l'ancien corsaire devait porter sur lui en débarquant, comme l'ex-roi les avait portés en Provence.

Il est à présumer que Barbara toucha à Ajaccio le solde du prix de sa trahison. On ne sait rien de son sort subséquent. Seul M. Gasparri dit dans son livre que le butin mal acquis ne lui profita pas, que peu d'années après il vivait misérablement à Malte, où il s'était retiré, mis à l'index par tous ses compatriotes.

APPENDICE G

UNE LÉGENDE

Le général Pepe raconte dans ses Mémoires (I. p. 324) que « quelques jours après l'exécution, la tête de Murat, séparée de son corps et enfermée dans un bocal rempli d'esprit-de-vin, fut envoyée à Naples et déposée au Palais-Royal ».

Il arrive presque toujours, lorsqu'un homme qui a joué un rôle dans l'histoire périt de mort violente, que l'imagination populaire entoure cette mort de légendes dramatiques. C'est parmi ces légendes qu'il faut classer le fait rapporté par Pepe. La haine qu'il portait à Ferdinand IV l'a entraîné à consigner dans ses Mémoires un bruit populaire qu'il savait bien être sans fondement.

Cette fable de la tête coupée devait séduire un romancier comme Alexandre Dumas. En la racontant avec de palpitants détails de son invention, il l'a popu-

larisée en France et bon nombre de gens l'acceptent
comme une vérité historique. Pourtant le célèbre écrivain lui-même est revenu sur ses affirmations premières. Lorsque plus tard, pendant son séjour dans
l'Italie méridionale, il publia en italien une histoire
des Bourbons de Naples, il n'osa plus parler que comme
d'une tradition populaire, de la mutilation du cadavre
de Murat et de l'emmagasinage de la tête dans une
cachette du Palais-Royal.

Si le fait eût été vrai, Colletta, qui détestait cordialement Ferdinand IV, ne se serait pas fait faute de le
raconter dans son « Histoire du Royaume de Naples ».
Cette histoire, il est utile de le rappeler, fut composée
pendant son exil, alors qu'il n'avait plus à ménager
personne. Elle passe à juste titre pour un libelle dans
lequel l'ancien général muratiste a assouvi ses impla-
cables rancunes, non seulement contre ses ennemis
politiques, mais aussi contre la plupart de ceux qui
avaient servi les mêmes causes que lui. J'ajouterai,
comme le dit si bien Palmieri, qu'une révolution radi-
cale mit pendant près d'une année le pouvoir aux
mains des amis de Murat et tout spécialement de Colletta. Pendant son passage au ministère de la guerre,
cet écrivain entrait et sortait comme il l'entendait du
palais, ouvert d'ailleurs, à cette époque, au dernier
des Carbonari. Si lui ou ses amis avaient cru trouver
la tête de Murat, ils ne se seraient pas fait faute de
fouiller tous les recoins de la demeure de Ferdinand.

Ce qui démontre le mieux la fausseté du bruit dont
Pepe s'est fait l'écho, c'est qu'il n'en est question dans
les récits d'aucun de ceux qui ont été recueillir la
tradition du Pizzo. Ni M. Lenormant, ni M. Romano,

ni M. Gasparri, dont le livre est si plein d'intéressants
détails, n'en font mention. Et pourtant, comment
admettre, si le fait a eu lieu, qu'aucun de ceux qui
durent le constater ou qui furent mêlés à l'exécution,
n'aient jamais trahi le secret? Si, comme le prétend
Dumas dans son premier récit, la mutilation du cadavre eut lieu après l'exécution dans la chambre où on
l'avait rapporté, les soldats qui le mirent en bière
auraient constaté l'absence de la tête; mais Condoleo
nous dit que sur le bord de la fosse le cercueil se brisa,
que le corps apparut aux yeux des spectateurs dont il
faisait partie et que le visage avait été défiguré par
une balle.

Si, au contraire, ce n'est que quelques jours après,
comme le dit Pepe, que la tête fut détachée du tronc
qui devait déjà être en décomposition, il fallut ouvrir
la fosse et rouvrir le cercueil. Pour mener à fin une
pareille opération, il fallut la connivence du fossoyeur
et de ceux qui avaient la garde de l'église. Et aucun
n'aurait parlé. Ce n'est pas admissible.

La meilleure preuve que le récit de Pepe n'a aucun
fondement sérieux, c'est que non seulement aucun
des contemporains ne cite ce fait, mais qu'aucun
des historiens qui se sont occupés de la catastrophe du
Pizzo depuis la révolution de 1860, ne l'a répété.
La plupart, pourtant, sont hostiles aux Bourbons et
eussent saisi volontiers l'occasion de mettre en lumière
un acte répugnant, peu honorable pour Ferdinand IV.

SOURCES IMPRIMÉES

BEAUCHAMP (ALPHONSE DE). *Catastrophe de Murat ou récit de la dernière révolution de Naples, avec les pièces justificatives.* In-8°, Versailles, 1815.

CARABELLI (IGNAZIO) *I calunniatori smascherati ossia confutazione dei libelli publicati dal Colletta e dal Franceschetti sulla catastrofe di Murat, nel 1815,* in-8°, Italia 1826.

COLLETTA (LE GÉNÉRAL). *Sur la Catastrophe de l'ex-roi de Naples Joachim Murat,* traduction LÉONARD GALLOIS. Paris 1823, 2ᵉ édit., in-8°.

COLLETTA (PIETRO). *Storia del reame di Napoli,* dal 1734 sino al 1825. 2 vol. in-12. Turin 1852.

DUMAS (ALEXANDRE). *Marie Stuart. Karl Ludwig Sand, Murat.* Paris, in-16. S. D. Marpon et Flammarion.

DUMAS (ALEXANDRE). *I Borboni di Napoli.* 10 vol. in-8°. Naples 1862-1864. 10ᵉ vol., la mort de Murat.

FRANCESCHETTI (DOM. CES.). *Mémoires sur les événements qui ont précédé la mort de Joachim Iᵉʳ, roi des Deux-Siciles, suivis de la correspondance privée de ce général avec la reine, comtesse de Lipona.* Paris 1826, et supplém. 1829, in-8°.

GALLO (LE DUC DE). *Mémoires. Apud Archivio Storico per le provincie Napolitane.* 1888, Anno XIII, pages 205 et suiv.

GALLOIS (LÉONARD). *Gioachino Murat o Storia del reame di Napoli, dal 1800 al 1815.* 2 vol. in-16. Milan 1839. Traduction de l'ouvrage français.

GALVANI. *Mémoires sur les événements qui ont précédé la mort de Joachim Napoléon, roi des Deux-Siciles.* Paris 1843, in-8°.

GASPARRI (GAETANO). *La fine di un re : Murat al Pizzo.* Testimonianze inedite. 1 vol in-12. Monteleone di Calabria 1894. La narrazione di Antonio Condolco, p. 19 à 104. Lettere del Cav. Francesco Alcala y Cebrian, p. 105 à 123. Lettere di Mattia Nunziante, p. 135 à 160.

HELFERT (FREIHERR VON). *Königin Karolina von Neapel und Sicilien im Kampfe gegen di französische Weltherrschaft.* 1 vol. in-8°. Vienne 1878.

HELFERT (FREIHERR VON). *Joachim Murat.* Seine letzten Kämpfe und sein Ende mit Benutzung von Schriftstücken des K. K. Haus-Hof und Staats Archivs. Vienne, Manz, 1878, in-8°.

LENORMANT (FRANÇOIS). *La Grande Grèce,* paysages et histoire. Paris 1884. 3 vol. in-8°, tome III. La Calabre.

LA ROCCA (JEAN DE). *Le Roi Murat et ses derniers jours.* In-8°. Paris, 1868.

MACIRONE (F.). *Faits intéressants relatifs à la chute et à la mort de Joachim Murat, roi de Naples, à la capitulation de Paris en 1815 et à la deuxième restauration des Bourbons.* In-8°. Gand 1817.

MENEVAL (BARON C. DE). *Mémoires pour servir à l'histoire de Napoléon Ier.* Paris, Dentu, 1894, 3 vol. Le passage relatif à la fin de Murat forme le chap. VII du 3e vol., p. 463 et suiv.

Notice historique sur le lieutenant général Charles-Antoine comte Manhès, [par M. de G..., officier employé à l'état-major général du général Manhès dans le royaume de Naples. 1 vol. in-8°. Paris, Dentu, 1817.

Notizia storica del conte Carlo Antonio Manhès, tenente generale dell'armata francese, commendatore della Legione di onore, cavaliere di San Luigi, gran cordone del real ordine delle Due Sicilie, scritta da un antico uffizale dello Stato Maggiore del sudetto generale Manhes nella Calabria. 1 vol. in-8°, Naples 1846.

ORLOFF (LE COMTE GRÉGOIRE). *Mémoires historiques, politiques et littéraires, sur le royaume de Naples.* 2e édition. Paris 1825. 5 vol. in-8°.

PALERMO (FRANCESCO). *Vita et Fatti di Vito Nunziante.* 2e édition. Broch. in-8°, Florence 1870.

PALMIERI DE MICCICHE (M.). *Pensées et souvenirs historiques et contemporains.* 2 vol. in-8°. Paris 1830.

PALMIERI DE MICCICHE (M.). *Mœurs de la cour et des peuples des Deux-Siciles.* Paris, in-8°, 1837.

PEPE (LE GÉNÉRAL GUGLIELMO), *Memorie intorno alla sua vita e ai recenti casi d'Italia*, scritte da lui medesimo. 2 vol. in-8°, Paris 1847.

RICCIARDI (G.). *Relazione autentica della fazione operata in Calabria nel 1815 da re Gioacchino Murat*, apud Archivio storico italiano, 1876, serie terza, tomo XXIV, b. 71.

ROMANO (G.). *Ricordi Murattiani. L'arresto e il supplizio di G. Murat. Narrazione del canonico T. A. Masdea*, con altri documenti, in-8°. Pavie 1890.

TRAVALLI (GIUSEPPE). *Documenti su lo sbarco la cattura e la morte di re Gioacchino Murat al Pizzo*. Broch. in-8°, Palerme 1895.

VAUDONCOURT (LE GÉNÉRAL GUILLAUME DE). *Quinze années d'un proscrit*. 4 vol. in-8°. Paris, 1835, 2e vol., p. 95.

ZAHN (LE DOCTEUR VON). *Von König Joachim Murat's Ende, drei Berichte des General-Intendanten der österr. Occupations armee in Neapel an Graf Franz von Saurau betreffs des wahren Sachverhaltes in der Angelegenheit von König Joachim's Landung und Verhaftung*. Apud Steiermärkische geschichtsblätter. 1re année, p. 171 à 174. Gratz.

ZAHN (LE DOCTEUR VON). *König Murat's Gefang nahme ap. Historisches Jahrbuch*. 2e vol., 1880, Münster, p. 512 à 529.

SOURCES MANUSCRITES

Archives des affaires étrangères. Naples 1815-
1816, 141. Rome 1815, 946.

Archives de France. Fonds Murat. F⁷ 9021,
54642, Corse et F⁷ 6788.

Gran archivio di napoli. Dossier intitulé 1ᵃ divi-
sione, 1° buro, Calabria ulteriore, 1815, personale :
Arresto del generale Gioacchino Murat e sua morte.
Arresto di diversi corpi del seguito di Murat.

Record office. Grandes Archives d'Angleterre. F. O.
(Foreing Office). Tuscany, June to December 1815,
103. F. O. Sicily, June to December 1815, 104.

Record office. F. O. Sicily, June to Decembre
1815, n° 104. Voir Append. C.

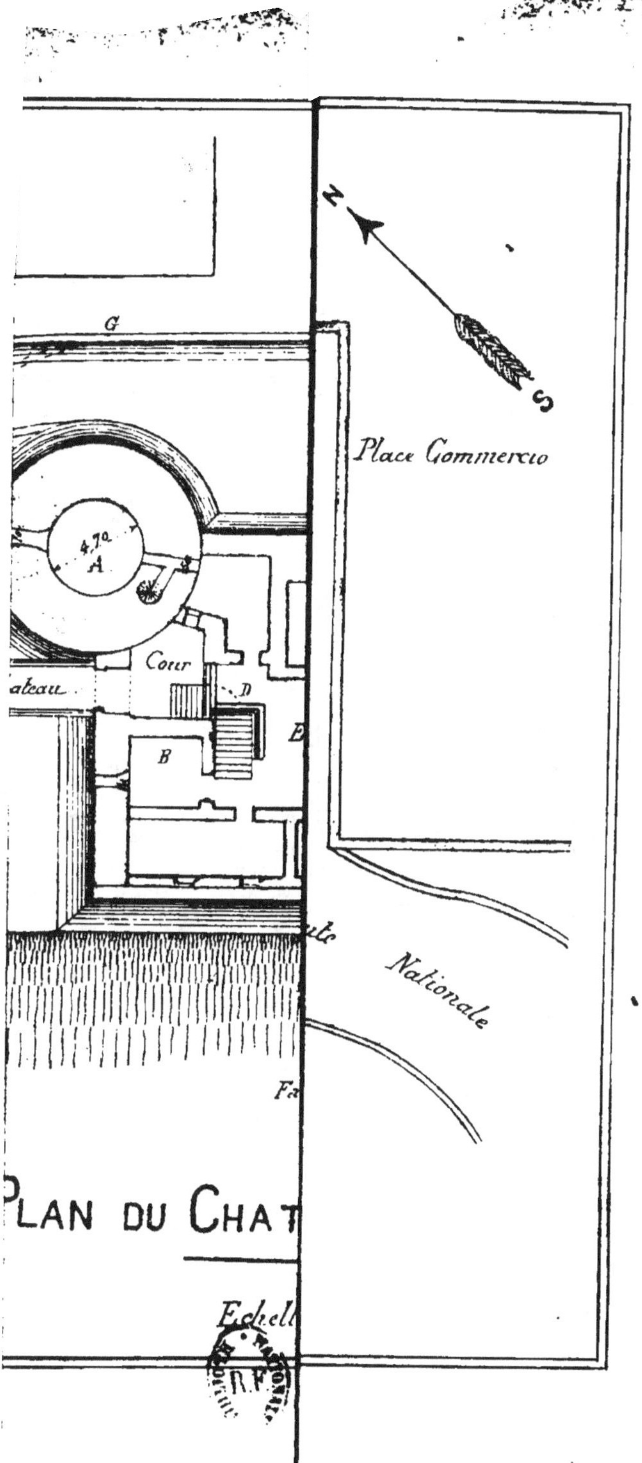

G
N
S
Place Commercio
4.70
A
Coeur
D
B
E
ateau
Nationale
Fa
PLAN DU CHAT
Echell

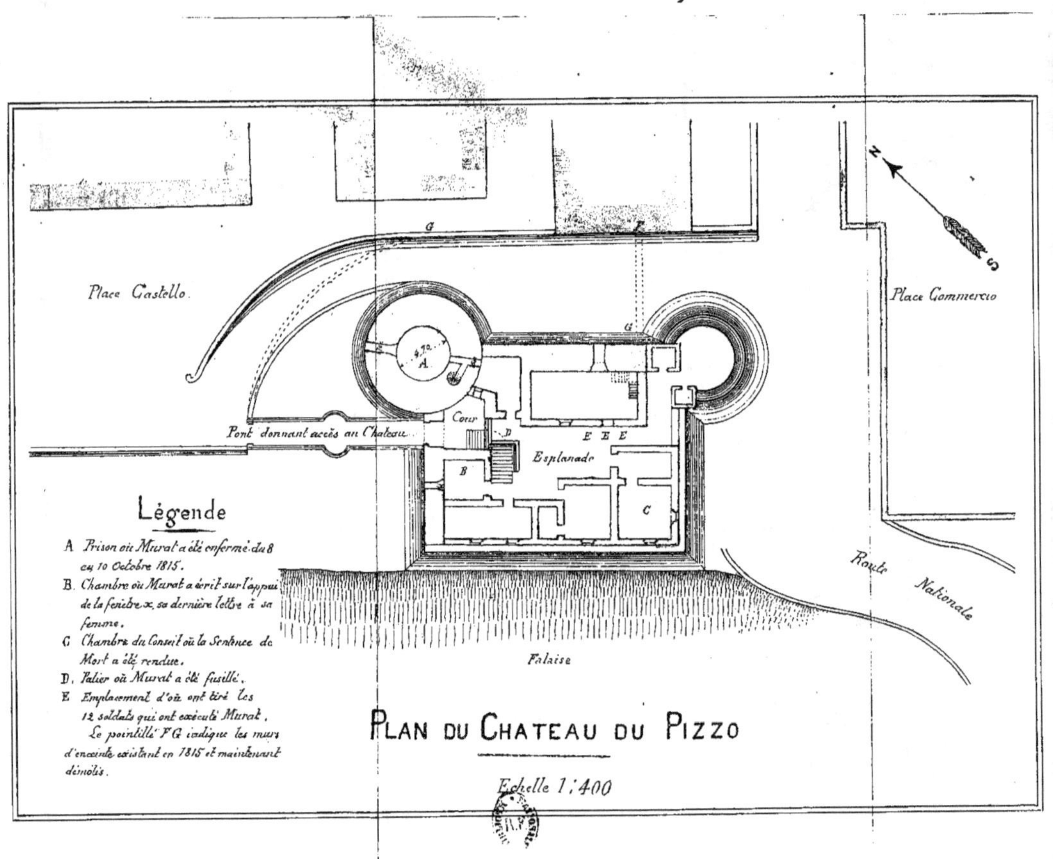

Légende

A. Prison où Murat a été enfermé du 8 au 10 Octobre 1815.

B. Chambre où Murat a écrit sur l'appui de la fenêtre x, sa dernière lettre à sa femme.

C. Chambre du Conseil où la Sentence de Mort a été rendue.

D. Palier où Murat a été fusillé.

E. Emplacement d'où ont tiré les 12 soldats qui ont exécuté Murat.

Le pointillé F G indique les murs d'enceinte existant en 1815 et maintenant démolis.

PLAN DU CHATEAU DU PIZZO

Echelle 1:400

TABLE

—

Pages

PARIS. — IMPRIMERIE CHAIX. — 23842-10-95. — (Encre Lorilleux)

CATALOGUE

DE LA

SECTION ETHNOGRAPHIQUE

DE L'EXPOSITION INTERNATIONALE
COLONIALE ET D'EXPORTATION GÉNÉRALE

tenue à AMSTERDAM

du 1 mai au 31 octobre 1883.

PAR

le Dr. L. SERRURIER,

Directeur du Musée national ethnographique de Leyde.

LEYDE. — E. J. BRILL.

1883.

CATALOGUE

SECTION ETHNOGRAPHIQUE

DE L'EXPOSITION INTERNATIONALE COLONIALE ET D'EXPORTATION GÉNÉRALE

tenue à AMSTERDAM

du 1 mai au 31 octobre 1883.

PAR

le Dr. L. SERRURIER,

Directeur du Musée national ethnographique de Leyde.

LEYDE. — E. J. BRILL.

1883.

Il faut ici un mot d'explication au sujet du titre donné à cette section. On l'a choisi faute de mieux.

Lorsque l'année passée on put prévoir que l'exposition recevrait un grand nombre d'objets que l'on ne pourrait placer ni dans le bâtiment du commerce général, ni dans la section coloniale, le comité d'exécution décida de demander au gouvernement l'autorisation de disposer de la grande cour intérieure du Musée national, afin d'y placer une section spéciale, à laquelle on destina le nom de section ethnographique à cause de la grande variété de provenance des collections que l'on attendait.

La nature des envois qui furent annoncés fit adopter pour cette section le projet de division des matières suivant:

Groupe   I. Inde anglaise et Perse.

   „   II. Religions orientales. Indouïsme. Bouddhisme.

   „   III. Chine et Japon.

   „   IV. Collections historico-ethnographiques.

   „   V. Collection d'ethnologie comparée du Général Pitt Rivers.

REMARQUES GÉNÉRALES.

Le groupe II était destiné à servir de transition entre le groupe I et le groupe III.

On se proposait de réunir dans le groupe IV de petites collections provenant de voyages de découverte célèbres à divers degrés, de ceux de Cook, de la frégate l'Eugénie, du Challenger, de Dumont d'Urville, de l'Astrolabe, de la Coquille, qui tous ont eu surtout l'Océan pacifique du Sud pour théâtre. En outre l'on comptait y joindre les objets provenant de l'exploration de l'Afrique centrale entreprise sous les auspices du Comité du Haut Congo de Bruxelles, et ceux qui ont été réunis par M. Révoil pendant ses voyages dans le pays des Somalis dans l'Afrique orientale.

La collection Pitt Rivers a, comme l'on sait, ceci de particulier que les objets qui la composent n'ont pas été classés d'après leur provenance, mais d'après leur nature et leur forme. On a voulu rendre sensible par ce classement le fait que dans les contrées les plus distantes du globe l'homme est conduit par un enchaînement d'idées qui suit partout essentiellement la même marche, et que tant les formes des objets que les ornements dont on les charge se déduisent régulièrement d'une forme à l'autre,

Il n'a pas été possible de suivre complètement le plan primitif quand on a organisé la section.

C'est surtout la bonne volonté dont on a fait preuve en Angleterre à l'égard de l'exposition qui a fait que notre section ait néanmoins pu se constituer.

On peut considérer le groupe I comme répondant entièrement à ce que l'on se proposait. Les objets qui nous ont été adressés parmi ceux dont le South Kensington Museum a l'administration, ceux qui nous viennent du Rajah Sourindro Mohun Tagore de Calcutta, et ceux qui ont été envoyés par la Société de commerce persane de Rotterdam, forment un bel ensemble et fournissent de nombreux points de comparaison instructifs.

On comptait pour le groupe II sur un envoi fort important du savant propriétaire du Musée Guimet de Lyon. Malheureusement M. Guimet s'est ravisé et a jugé devoir s'abstenir d'exposer à Amsterdam. On n'a plus pu constituer le groupe. Les quelques objets relatifs au bouddhisme, au sintoïsme et au taoisme qui sont exposés ont été réunis au groupe III, Chine et Japon; ceux qui se rapportent au culte indon ont été renvoyés parmi les collections provenant de l'Inde anglaise.

L'honneur du groupe III est soutenu par nos compatriotes MM. le Dr. A. F. Bauduin, de la Haye, le Dr. J. W. van Lansberge, de Brummen, et D. Boer, de la Haye. Nous n'aurions rien obtenu de ce qui se trouve dans les collections d'art japonais bien connues de Paris, si M. Bing n'avait pas fait une heureuse exception à l'abstention unanime des propriétaires de ces belles collections.

L'abstention des gouvernements de la France et de la Belgique a forcé à modifier quelque peu le caractère du groupe IV. L'élément historique n'y est plus représenté que par les objets provenant des voyages de Cook et de l'Eugénie, et encore, si l'on veut, du Challenger. M. H. P. N. Muller de Rotterdam s'est donné beaucoup de peine pour nous aider à réunir de quoi représenter la côte de Mosambique, et l'on a fait des emprunts au musée national ethnographique pour combler les lacunes qui restaient.

Au moment où j'écris ces lignes, la réponse définitive du général Pitt Rivers ne nous est pas encore parvenue. Je ne puis donc qu'exprimer l'espoir que son important envoi sera là avant que le présent catalogue quitte la presse.

Il était nécessaire de donner ces renseignements pour expliquer le manque évident d'unité de notre section ethnographique.

L'examen des objets provenant de peuples à demi-civilisés et de peuples non civilisés qui sont exposés ici est sans aucun doute des plus instructifs. En même temps les collections formées pendant leurs voyages par des marins et des explorateurs énergiques doivent réveiller, surtout pour nous, Hollandais, des souvenirs flatteurs pour notre sentiment national et de nature à exciter l'enthousiasme qui porte aux grandes actions. Toutefois je me permets de penser que la grande utilité des expositions ne se trouve par dans les progrès qu'elles peuvent faire faire à la science; celle-ci a besoin de plus de recueillement que n'en permettent ces grandes assises. Les expositions ne peuvent pas non plus avoir pour but principal d'aider notre imagination à faire revivre le passé. Elles servent avant tout à aire éclore des idées en vue de la pratique, à suggérer les moyens de perfectionner la production d'objets matériels et ainsi à augmenter la prospérité générale.

Les collections confiées à la garde du musée de South Kensington que l'on verra à notre exposition font toucher du doigt mieux que les plus habiles démonstrations combien l'industrie artistique est plus développée chez les Indous que chez les Malais et les Javanais de nos colonies néerlandaises.

La source où les Javanais avaient puisé leur sentiment artistique est tarie. Pourrions-nous la faire couler de nouveau? Pourrions-nous renvoyer le Javanais à l'école des Indous, dont l'imagination féconde et la main alerte lui ont servi dans le passé d'instruction et d'exemple à suivre?

Un autre exemple bon à suivre nous est donné par cette remarquable exposition anglaise. On y voit autre chose encore que des objets religieux dont l'usage dans le culte nous est inconnu, ou que des armes dont nous ne nous servons plus, ou que des nécessaires à sirih dont nous n'avons que faire; il y a dans ces vitrines nombre d'objets bons pour le marché européen, et qui, avec leur ornementation orientale, unissent l'élégance à l'utilité. Il s'y trouve de ces tapis et de ces tissus précieux, pour la fabrication desquels il faut une patience à toute épreuve et un mépris de la dépense de temps tels qu'on ne les trouve qu'en Orient. Il s'y trouve aussi de ces soieries Tusser qui ont ouvert pour l'Inde anglaise une nouvelle source de prospérité.

Comment pourrions-nous voir tout cela sans être forcément amenés à nous dire qu'il y aurait dans nos colonies bien des essais dans ce sens dignes d'être tentés, bien des choses utiles peut-être susceptibles d'être réalisées? Puissent des actes prouver que ces pensées ne sont pas chimériques!

Je ne saurais terminer sans exprimer ma vive reconnaissance pour M. F. S. A. de Clercq, inspecteur des écoles indigènes aux Indes néerlandaises et actuellement en congé dans les Pays-Bas, qui a bien voulu se charger de faire l'introduction pour l'exposition persane, et pour le Dr. G. J. Dozy, professeur à l'école secondaire de Leyde, qui a fait l'introduction du groupe IV. J'ai eu le privilège de me voir assister, pour la description des objets venus de la Perse, du Japon et de la Polynésie, par MM. le Dr. J. E. Polak, de Vienne, ancien médecin du Shah, Otsouka, membre de la commission japonaise pour l'exposition internationale, résidant à Amsterdam, et J. D. E. Schmeltz, conservateur du musée national ethnographique de Leyde. Je leur dois mes sincères remercîments.

Il me faut encore mentionner avec gratitude la bonne aide que j'ai reçue de M. Dan. de Lange, d'Amsterdam, qui a bien voulu se charger de la révision de ce qui concerne les instruments de musique, et qui y a fait plusieurs corrections, et du professeur H. Kern, qui a ajouté quelques notes explicatives au catalogue des instruments de musique.

Sir Philip Cunliffe Owen, directeur du musée de South Kensington, a eu la bonté de me confier un exemplaire des étiquettes rédigées en hollandais de ce musée. Comme les règlements de cette institution s'opposent à ce qu'on les reproduise et que d'ailleurs chacun peut les lire, je me suis contenté de décrire à grands traits le contenu général de chaque vitrine, en n'ajoutant que quelques observations pour relever certains détails.

J'ai consulté les ouvrages suivants pour rédiger les observations relatives à chaque vitrine: Egerton, Illustrated handbook of Indian arms; Sir George Birdwood, Industrial arts of India; Thomas Wardle, Handbook of the collection of wild silks of India; les ouvrages du Rajah Tagore, et plusieurs autres.

GROUPE I.
L'INDE ANGLAISE ET LA PERSE.

COLLECTION DE L'INDE ANGLAISE.

Exposée par:

S. A. R. LE PRINCE DE GALLES.

LE COMTE LYTTON, ancien vice-roi de l'Inde anglaise.

Sir GEORGE BIRDWOOD, M. D., C. S. I.

M. THOMAS WARDLE.

La section indienne du SOUTH KENSINGTON MUSEUM de Londres.

Composée d'armes et d'armures, d'objets en or et en argent,
d'ouvrages de jouaillerie, d'émaux, d'objets en métal, de
poterie, de sculptures sur ivoire, pierre et marbre, de
mosaïques, d'objets en bois d'ébène et de santal,
d'étoffes tissées, de soies et de velours, de
brocard et de broderies, etc., de tapis, de
châles, de nattes, etc.

Rangée sous la direction de M. Whitworth Wallis, employé
de la section indienne du musée de South Kensington à Londres.

INTRODUCTION.

Tous les peuples de la terre aiment à orner leurs armes, leurs outils, leurs ustensiles et meubles, les objets dont ils se servent dans leurs cultes. J'ai montré, dans l'introduction que j'ai écrite pour la onzième classe, groupe II, du catalogue de la section coloniale de l'exposition, comment ces ornements sont dérivés d'inventions qui ont eu l'utilité pour but; ainsi il y en a qui primitivement ont été des raies destinées à aider à tenir fermement l'arme sur laquelle on les a tracées; ainsi encore tel ornement d'un objet fragile, par ex. d'un pot en terre, a commencé par être une enveloppe servant à le préserver. Peu à peu les raies et les entailles ont envahi l'arme toute entière et ont pris des formes plus accusées et plus élégantes, et les joints et arrêtes de l'enveloppe se sont transformés en figures, qui se font au moyen d'un vernis lorsque l'enveloppe elle-même disparaît. On achève la vague ressemblance que certains objets ont par leur forme avec telle plante ou tel animal, ou bien ces plantes et ces animaux deviennent des symboles, que l'on représente alors de propos délibéré au moyen de la sculpture ou du dessin. Plus tard encore ces mêmes plantes et ces mêmes animaux prennent des formes conventionnelles sous lesquelles on les reconnaît à peine. L'un des motifs de décoration se voit préféré aux autres, et ainsi se constitue peu à peu un style ornemental qui se trouve en rapport avec le caractère du peuple chez lequel il est en vigueur, de telle sorte que dans la plupart des cas on peut déterminer la provenance des objets, même souvent leur âge. Il est vrai que dans la suite des temps il s'introduit des éléments étrangers dans le style propre à chaque peuple; mais ces éléments commencent par se transformer pour s'adapter au style qu'ils enrichissent sans en détruire le caractère général.

Quoique nous puissions ainsi décrire en peu de mots la marche générale que suit l'ornementation dans son développement, il serait extrêmement difficile, il serait même impossible pour le moment d'indiquer l'origine de chaque motif de décoration en particulier. Que savons-nous de l'histoire du monde primitif? Avant que l'on commençât à écrire l'histoire, il a existé des relations de peuple à peuple, des mouvements ethniques en divers sens, dont il ne reste aucune trace écrite, et dont les vestiges ne se découvrent que par une lente et patiente comparaison des monuments, des objets retrouvés, des langues et des traditions. On retrouve les mêmes motifs chez des peuples différents; et comme ces motifs sont le produit d'un enchaînement d'idées passablement compliqué, il est extrêmement probable qu'ils remontent à une origine commune.

Les auteurs anglais veulent expliquer la ressemblance qui existe entre les motifs de décoration de l'Egypte, de l'Assyrie, de la Perse et de l'Inde en supposant qu'ils ont été empruntés à une civilisation anté-historique, la civilisation touranienne, d'où ils seraient tous provenus directement ou indirectement.

Il me semble que c'est simplement remplacer dans l'équation l'x par un y.

Tant que les Touraniens ne seront pas devenus pour nous une notion concrète, il sera oiseux de rechercher quelle a pu être leur influence. Mais il n'est pas impossible en revanche de déterminer en général ce qui provient dans l'Inde de l'influence persane, qui s'est exercée à la suite des invasions mahométanes venues si souvent de l'Afghanistan. Lorsqu'une civilisation a créé des formes locales permanentes et qu'elle a donné naissance à un type caractérisé, on peut suivre avec quelque certitude ce qui provient d'elle au sein des civilisations de peuples voisins. La culture d'un peuple est comme un de ces jeux de jonchets, où les jonchets sont superposés pêle-mêle; en les enlevant un à un avec précaution, on arrive à les démêler. C'est ainsi que l'on peut débrouiller, en s'y prenant avec beaucoup de circonspection, les couches supérieures des civilisations enchevétrées. Ce travail est assez considérable pour le moment pour nous dispenser de nous attaquer encore aux couches profondes.

On discute actuellement beaucoup pour savoir à quel degré l'art grec a contribué au développement de l'art indou. Peutêtre y a-t-il quelque exagération à affirmer, comme les auteurs anglais le font à l'exemple de M. Fergusson, qu'au moins l'architecture indoue est née sur le sol hellénique, et qu'elle a été apportée en Inde à la suite des conquêtes d'Alexandre le Grand, et que les autres arts plastiques ainsi que les métiers ont subi dans une grande mesure l'influence grecque. Le Dr. Rajendralála Mitra combat énergiquement cette opinion dans son ouvrage intitulé *Indo-Aryans*, Calcutta, 1881. En tout cas, il n'est guère possible que le voisinage de l'empire gréco-bactrien, dont les maîtres ont plus d'une fois étendu leur autorité jusque sur la partie nord-ouest de l'Inde, n'y ait pas laissé des traces profondes. Les monuments réunis par le Dr. Leitner dans les environs de Peschawar et conservés actuellement dans le musée de South Kensington, en donnent la preuve irréfragable; du premier coup d'œil on est frappé de ce qu'il y a de grec dans les traits donnés par le sculpteur à ses personnages et dans la manière dont il a arrangé les draperies.

Quoique les objets qui proviennent des différentes parties de l'Inde anglaise appartiennent au même type général, cela ne veut par dire que rien ne les distingue suivant les régions d'où ils sont tirés; il y a des différences, parfois minimes, toutefois suffisantes pour permettre de déterminer leur lieu d'origine.

D'après Egerton, qui fait autorité dans les questions relatives à l'art de l'Inde, le style le plus par d'ornementation se trouve dans les lignes géométriques et dans les décorations des objets qui proviennent des provinces du nord-ouest, le Cachemire et le Punjab, l'antique demeure des Aryens. Les figures représentant des hommes et des animaux, assez fidèles à la nature dans le Nord de l'Inde, deviennent souvent conventionnelles et fantastiques dans le Midi de la presqu'île; les arabesques aussi y perdent de leur élégance et le dessin, assez indécis, avertit que l'artiste n'a pas tiré ses motifs directement de la nature, mais qu'il a imité de seconde main des modèles venus d'ailleurs. On trouve comme un lointain écho du culte des serpents ou des mauvais esprits, qui a régné surtout dans l'Inde méridionale, dans les figures monstrueuses qui se rencontrent souvent dans la décorations des armes.

Si nous passons de l'ornementation aux objets eux-mêmes, nous rappellerons avant tout que chez les Indous la religion intervient dans chaque acte qu'ils accomplissent, dans chaque parole qu'ils prononcent, et qu'elle détermine la forme qu'ils donnent à ce que leurs mains façonnent. Tout ce que fabrique un Indou a une destination ou une signification religieuses. La loi religieuse détermine les matières premières et en règle l'emploi, les proportions, les couleurs, l'ornementation. On ne saurait étudier avec fruit l'art indou, sans commencer par se familiariser avec ces idées et ces traditions religieuses. Sir George Birdwood a le mérite d'avoir attiré l'attention sur ce point.

„Nous pouvons à peine, dit-il, nous faire en Europe une „idée de relations aussi intimes avec le surnaturel. Un grand „nombre d'espèces de pierres, de plantes, d'animaux, sont sacrées. „Toute rivière, toute montagne, est sacrée. Chaque outil servant „à gagner le pain quotitien est sacré et reçoit un culte à „des moments déterminés; c'est surtout le cas pour le soc de „la charrue, pour le métier à tisser et pour le tour du potier. „Tout objet qui sert d'attribut à une divinité ou ressemble à „un de ces attributs, devient un objet de vénération et de culte."

Les objets qui ont un rapport plus ou moins direct avec le culte sont extrêmement nombreux; sonnettes que l'on fait tinter à certains moments du rituel; lampes que l'on balance en rond devant les idoles; miroirs où l'on fait réfléchir l'image des idoles pour laver l'image au lieu du dieu lui-même; cuillers servant à asperger ou à purifier les idoles, à verser le beurre clarifié dans le feu des sacrifices, à offrir à boire au dieu; encensoirs; plats de toute forme et de toute matière, pour l'eau du Gange, pour l'eau mélangée de poudres colorées et parfumées, ou bien servant aux offrandes de rameaux de plantes sacrées, de fleurs, de fruits, de pâtisseries; *lotas* ou aiguières pour les sacrifices; tapis sur lesquels on s'accroupit pour accomplir des rites religieux, etc. Il y a de nombreux objets de cette nature, soit dans les collections qui nous ont été envoyées d'Angleterre, soit dans celle du Rajah Tagore. Ajoutons que les sectes de toutes couleurs que l'indouïsme compte dans son sein peuvent en général se classer en deux grandes branches, comprenant, l'une les sectes vouées essentiellement au culte de Siva, l'autre, celles qui ont pour point de départ le culte de Vishnou. Les Sivaïtes se recrutent surtout dans les classes élevées; le culte de leur divinité est prédominant à Mysore dans le Sud, et dans le pays des Mahrattes, dans le Sud-Est. Vishnou est principalement adoré dans le Bengale, dans les provinces du Nord-Ouest et à Oude; les dogmes sacrés de cette religion reviennent essentiellement à la doctrine des incarnations de Vishnou, et surtout du messie Krishna, qui a parcouru la terre dans un grand nombre de corps différents. Les Sivaïtes se marquent le front de lignes horizontales, les Vishnouïtes de lignes verticales. Les lignes se voient sur le front de petit fakir à moitié nu, en argile, exposé dans la vitrine n°. 1.

On ne saurait nier que la grande variété d'objets nécessaires pour le culte n'ait été favorable au développement du sens artistique chez ceux qui les fabriquaient. L'ouvrier était préoccupé de faire correspondre l'apparence extérieure des objets à la sainteté du but auquel ils étaient destinés. Son métier devenait un culte et y gagnait en noblesse.

Il existe une autre cause encore de la perfection que l'industrie artistique a atteinte dans l'Inde anglaise. C'est la tranquillité complète dont jouit l'artiste, première condition du travail bien fait. Il a sa place marquée dans la guilde de ses confrères, soit par sa naissance, soit, exceptionnellement, parce qu'on l'y a admis pour de l'argent, et il reçoit du chef de la guilde presque tout ce dont il a besoin pour lui et les siens, à charge de livrer en échange à la communauté ce qu'il réussit à produire dans la mesure de ses forces. Ou bien il est au ser-

vice de quelque personnage de marque et il touche un traitement fixe, qu'il n'a pas à craindre de se voir retirer si l'âge
ou la maladie viennent le rendre incapable de travail. Il poursuit donc son œuvre libre de tout souci, et reçoit en outre
une récompense extraordinaire lorsqu'il lui arrive de produire
un ouvrage remarquablement beau.

VITRINE N⁰. 1.

Les figurines de terre cuite de l'Inde anglaise n'ont guère de valeur artistique; mais elles sont des plus intéressantes au point de vue ethnographique. Il s'en fabrique en très grand nombre. La plupart représentent des dieux, dont on cuit et peint chaque jour les images, pour les adorer et aussitôt après les jeter à l'eau. Les figurines qui reproduisent des types de la vie de tous les jours se fabriquent pour être vendues aux Européens.

La vitrine n⁰. 1 contient des figurines représentant la suite composée de serviteurs qui accompagne un personnage de destinction, puis des ouvriers, des tailleurs, des lessiveurs, des cuisiniers, des négociants, des marchandes de fruits, des porteurs d'eau, des agriculteurs, un éléphant chargé de cannes à sucre, un charretier avec ses bœufs et sa charrette, des soldats, un chameau portant des munitions, un fakir ou ascète des devins, des charmeurs de serpents, des lutteurs, des acrobates, des danseuses, un ballet exécuté en présence d'un prince, et enfin le propriétaire de la collection, lord Lytton, dans son palanquin.

VITRINE N°. 2.

Poterie, émaillée, noire, bleue, brune, brun-rougeâtre, verte, jaune. Les fleurs et les arabesques symétriques, non ombrées. Collection venant de Bombay (Sind), sauf un objet qui vient de Madras. Une note avertit que la décoration de l'une des pièces est imitée des vases représentés dans les grottes bouddhiques d'Ajanta, sur le territoire du Nizam.

Pièce noire, avec ornementation argentée en creu, imitée des poteries de Bidri (voy. la vitrine 18), provenance non indiquée; cette pièce vient probablement de Guzerate (Bombay). Vases avec ou sans pridestaux. Pots et plats.

Il se fait dans l'Inde anglaise une consommation extraordinaire de poterie. Les Indous ont de la répugnance à se servir deux fois d'une même pièce de vaisselle de terre. D'ordinaire on brise l'ustensile de terre qui a servi. Aussi chaque village a-t-il son potier. Il va du reste sans dire que ce n'est que la poterie grossière qui est traitée avec ce sans façon.

VITRINE N°. 3.

L'école de poterie fine de Bombay est très florissante, grâce aux efforts de M. George Terry. Cette école a pour but d'empêcher l'industrie indigène de la poterie de tomber en décadence. Dans ce but, on y copie avec soin les anciens modèles, et l'on étudie aussi les bons exemples que l'on parvient à recueillir dans les diverses contrées de l'Inde. La vitrine 3 renferme les produits de cette école.

VITRINE N°. 4.

La plupart des objets exposés dans cette vitrine rentrent dans deux catégories, celle de l'ivoire et celle du bois sculptés, incrustés ou non.

Une collection de figurines d'ivoire, exposées par Lord Lytton, et un jeu d'échecs, viennent de Berhampore (Bengale). Il y a encore, en ivoire, de ces peignes ornés de figures indoues qui se fabriquent surtout à Bombay, un vase, une boite et un couteau à papier de Madras (Trivandrum, Travancore), des théières et des étuis pour cartes de Lahore et d'Amritsar (Punjab), une boite de Bareilly (provinces du nord-ouest).

Dans toute l'Inde on fabrique d'élégantes boites, soit avec le bois de santal, soit avec d'autres espèces de bois. Cette industrie s'est fort développée dans les derniers temps, parce que les Européens sont friants d'en acheter les produits. On incruste à Vizagapatam (Madras) l'ivoire dans le bois, et on y fait aussi divers objets avec les piquants du porc-épic. Mynpuri (provinces du nord-ouest) mérite une mention spéciale pour ses produits en bois de couleur sombre, incrusté de fils de cuivre arrangés de façon à former toutes sortes de figures symétriques; ce procédé est imité, ou plutôt copié, d'après les produits koftgari (voy. la vitrine 5). Bombay fait des mosaïques d'après une méthode que nous expliquerons en parlant de la Perse. Cette branche d'industrie est tout à fait persane d'origine.

VITRINE N°. 5.

Objets en argent et en vermeil, ciselés ou émaillés, en or repoussé et de fabrication dite koftgari.

Le Punjab est célèbre pour la manière dont on y travaille l'or et l'argent. Les objets venus de Cachemire se distinguent de tous les autres par la beauté de leur exécution; il y en a en vermeil, où la gravure a fait reparaître l'argent mat; d'autres sont en argent émaillé, en or rouge, ou encore d'un alliage d'or et de cuivre qui ne s'emploie que dans cette province et en Birmanie. Les produits koftgari se fabriquent comme nous allons dire. Après avoir rendu rugueuse la surface d'un objet en acier qu'il s'agit d'orner, on y trace avec une pointe le patron qu'on veut exécuter; l'ouvrier enfonce alors à coups de marteau un fil d'or qui suit les lignes du dessin, puis on chauffe l'objet ainsi décoré et on le polit. Actuellement on fait du koftgari bon marché en employant de l'or en feuilles, qui ne peut adhérer que très superficiellement à l'acier.

L'art de l'émailleur n'est exercé en Inde que par un très petit nombre de personnes, dans les familles desquelles il passe de père en fils, comme cela a lieu pour la plupart des métiers. Les émailleurs se considèrent comme descendant tous de l'inventeur du procédé. C'est celui qu'on appelle champ-levé; on grave le patron sur l'objet que l'on veut émailler et l'on remplit les traits de la gravure avec le vernis vitreux que l'on a fait fondre. En Chine et au Japon on pratique l'émail cloisonné; c'est-à-dire qu'au lieu de graver le patron en creu, comme en Inde, on le trace en relief au moyen de fils métalliques fixés à la surface de l'objet que l'on veut émailler. On fond l'émail au feu afin de le faire adhérer dans l'intervalle des fils; puis il ne reste qu'à polir.

Cet art semble avoir été importé de Perse en Inde. Les plus beaux émaux sont ceux qui s'exécutent sur fond d'or. C'est le cas pour ceux, fort célèbres, qui se font à Jaipur dans le Rajputana. Cachemire, Delhi et Lahore (Punjab) produisent aussi de beaux objets d'art de ce genre. Les émaux qui viennent des autres parties de l'Inde n'atteignent pas la perfection de ceux que nous venons de nommer. Ceux de Jaipur sont accaparés, contre paiement, par le gouvernement.

Cette vitrine renferme des échantillons du travail en or des anciens orfèvres, des bouteilles à eau de même forme que celles faites d'argile dont le peuple se sert dans les contrées occidentales de l'Inde, des flacons pour l'eau de rose, de petits flacons pour en asperger, des pots, des coupes pour boire le vin, d'autres plus grandes, soit des bocaux, où se sert le sorbet ou la soupe, des boîtes, des échantillons de la pièce supérieure du hukah (pipe), enfin des objets à l'usage des Européens.

Un seul objet représente ici l'art de Madras; c'est un coffret de Vizagapatam en filigrane d'or.

VITRINE N°. 6.

Tout les objets contenus dans cette vitrine se rapportent au culte ou à la vie domestique. Ce sont de petites idoles, des cuillers de sacrifice, une lampe de sacrifice, un encensoir, un support pour parfums, de nombreux lotahs ou pots à eau, des flacons pour asperger avec l'eau de rose, genres d'objets dont il a été parlé dans l'introduction générale de ce groupe. La vitrine contient en outre des vases, des bocaux, des pieds pour le hukah, qui se termine par en bas en pointe et a par conséquent besoin d'un support, un nécessaire à sirih — indiqué ici comme boite à épices, — des plateaux et des assiettes, enfin un porte-chapeaux.

Ainsi que l'on en a la preuve par les monuments existants, les Indous ont de fort bonne heure atteint un haut degré de perfection dans l'art de travailler les métaux autres que l'or et l'argent.

La présidence de M a d r a s est représentée ici par les célèbres objets en cuivre ciselé de Tanjore. Quant aux p r o v i n c e s d u n o r d - o u e s t; elles ont dans cette vitrine des objets en métal blanc (alliage de plomb, de bismuth et d'antimoine) et en cuivre jaune; ils viennent de Moradabad et de Rohilcund. Ceux de Moradabad sont niellés; la vitrine 13 nous fournira l'occasion d'y revenir. Il existe pour la composition des différents métaux plusieurs combinaisons des proportions; mais chaque combinaison reste fixe; c'est ainsi que dans les p r o v i n c e s d u n o r d - o u e s t on indique comme proportions fixes pour le laiton quatre parties de cuivre et trois de zinc.

Les visiteurs pourront voir par les objets venus de Tanjore, comment on grave une mince couche de cuivre étendue sur un objet en laiton, de telle façon que le laiton reparaisse pour produire le dessin voulu. On emploie le même procédé à Moradabad, dans les provinces du nord-ouest, pour des objets en cuivre jaune recouverts d'une mince couche d'étain.

Il y a encore dans cette vitrine quelques objets de Cachemire (Punjab), où l'on soude de l'étain sur du cuivre après y avoir gravé des fleurs dont on remplit ensuite le tracé avec une substance noire.

VITRINE N°. 7.

L'histoire de l'Inde anglaise est celle d'une longue succession de luttes et de querelles intestines. A chaque instant des troupes armées allaient de province en province, tuant et pillant; les princes louaient des mercenaires de tous les côtés; des guerriers venus des contrées les plus diverses de l'Inde se trouvaient souvent réunis sous un seul drapeau. Il n'est donc pas étonnant qu'à part quelques formes locales, les mêmes espèces d'armes aient été en usage d'un bout de l'Inde à l'autre. Ce sont des fusils à mèche ou à pierre, des sabres, des poignards, des armes d'estoc (Katar), des lances, des arcs et flèches, et comme armes défensives, les casques, les cottes d'arme, les boucliers et les barres à parer les coups. A l'heure qu'il est, tout cet attirail disparaît pour faire place aux armes européennes.

On employait beaucoup le Katar (Kuthar), dont il existait plusieurs variétés, à une, à deux, à trois, jusqu'à cinq pointes, avec différents genres d'ornementation. Le talwar ou sabre se trouvait aussi partout. Quant au bich'hwa ou poignard recourbé, c'était surtout dans les contrées occidentales et centrales qu'on le portait. Le salawar-yataghan est une arme de l'Afghanistan, et le pata — le long sabre droit avec une garde pour protéger la main et l'avant-bras — était, à ce qu'assurent quelques auteurs, celle des cavaliers du Grand Mogol. On en fait encore usage, dans le nord-ouest de l'Inde, dans les combats simulés, et les Mahrattes, au sud-est de l'Inde, le portent.

Les masses d'arme viennent de la Perse; elles affectent parfois la forme du morgenstern, laquelle probablement était peu usitée.

En ce qui regarde les ornements, on peut dire en général que les musulmans de l'Inde anglaise préféraient décorer leurs armes au moyen de versets du Coran ou de devises religieuses plutôt qu'avec des figures. Les procédés employés restent du reste les mêmes que pour d'autres objets; c'est l'émail, l'incrustation de pierres précieuses, d'or (koftgari) ou d'argent (bidri), le vernissage, la dorure, la gravure, etc.

VITRINE N°. 8.

On trouvera ce qu'il y a à dire au sujet des instruments de musique dans l'introduction relative à la collection du Rajah Tagore. La vitrine 8 en contient qui sont destinés à servir à l'ordinaire et d'autres, peints avec soin, qui sont des objets de luxe. Du reste les formes des instruments de cette collection ne diffèrent que peu de celles de la collection du Rajah. Le n°. 599 est le Vina n°. 1 de la collection Tagore. Les instruments à cordes des n°. 492, 523 et 524 se retrouvent dans l'autre collection comme n°. 32 (Chikara), n°. 16 (Sharadiya Vina) et n°. 19 (Sarangi).

L'instrument qui affecte la forme d'un paon (n°. 600) et la guitare (n°. 602) sont les n°. 22 (Mayuri) et 28 (Tumburu Vina) de la collection Tagore.

Les flutes aussi se retrouvent dans cette dernière collection, de même que la flute des charmeurs de serpents, qui est formée de deux bouts de roseau plantés dans une calebasse (n°. 496). Le charmeur qui se trouve dans la vitrine 1, celle des figurines, joue de cet instrument.

La harpe aux 19 cordes métalliques (n°. 598) rappelle le Kattyauna Vina, n°. 17 de la collection Tagore, quoique ici les cordes soient moins nombreuses.

Seul le violon avec son archet (n°. 495) ne se retrouve par dans la collection parallèle.

On trouve aussi dans cette vitrine quelques instruments de musique birmans. Il y a un violon (n⁰. 490), une harpe (n⁰. 526), un instrument, probablement d'origine chinoise, qui imite la forme du crocodile, et un instrument à touches de bois, qui se rapproche du gambang dans le gamelan de Java.

On trouve aussi dans cette vitrine quelques instruments de musique birmans. Il y a un violon (n⁰. 490), une harpe (n⁰. 526), un instrument, probablement d'origine chinoise, qui imite la forme du crocodile, et un instrument à touches de bois, qui se rapproche du gambang dans le gamelan de Java.

VITRINE N°. 9.

Le district de Gya dans le Bengale produit des figurines d'animaux, en marbre noir; celles qui sont en marbre blanc et en gré rouge (par exemple le chameau avec son cavalier) viennent du Rajputana (Jodhpore, Jeypore). Agra (provinces du nord-ouest) a dans la vitrine de la stéatite sculptée en assiettes, plats, vases, pots avec leurs couvercles, boites.

Souvent la nature est reproduite avec une fidélité admirable dans ces figurines, qu'il faut comparer avec celles en ivoire de la vitrine 4.

Cette vitrine renferme aussi des produits de la menue industrie des indigènes, par exemple de petites corbeilles de fibres et de soie entrelacées, d'autres tressées avec une espèce d'herbe odorante, d'autres en bambou, et enfin un échantillon d'une espèce de broderie sur cuir.

VITRINE N°. 10.

Cette vitrine et la suivante renferment les objets exposés par le Prince de Galles. Ils ne sont pas aussi nombreux, tant s'en faut, qu'à l'exposition de Paris. On aurait cependant tout à fait tort d'en conclure que la collection envoyée par S. A. R. à Amsterdam manque d'intérêt. C'est le contraire qui est vrai, car pour la former on a choisi dans la grande collection les objets les plus beaux et du travail le plus riche. On y trouve d'admirables produits de l'art de l'orfèvre et de l'art du bijoutier, et des séries d'objets qui permettent de passer en revue les différents procédés de travail dont nous avons parlé dans les introductions relatives aux vitrines précédentes.

On peut signaler en particulier l'écritoire d'or émaillé en forme de gondole indoue, fabriquée à Jaipur dans le Rajputana (voy. vitrine 5), et un poignard richement orné dans la lame duquel le forgeron a ménagé une cannelure intérieure, le long de laquelle plusieurs perles roulent en suivant les oscillations que la main imprime à cette arme.

VITRINE N⁰. 11.

Les présents offerts à S. A. R. le Prince de Galles ont consisté surtout en armes. Il n'est donc pas étonnant que les objets de ce genre soient très nombreux dans la collection. Cette vitrine en est exclusivement remplie. Comme dans les autres vitrines, il n'a été exposé ici que des pièces de choix. Le bouclier en peau de rhinocéros est à demi-transparent, à cause de la préparation toute particulière que l'on a fait subir au cuir dont il est fait. L'arme défensive qui se voit aussi dans cette vitrine, et qui consiste en un petit bouclier rond portant des cornes d'antilope aux pointes armées de métal, est une de celles que portaient ces moines mendiants, qui prenaient parfois par grandes troupes du service en qualité de mercenaires dans l'armée de quelque prince.

Les disques de jet en acier sont l'arme favorite de la secte, autrefois si puissante, des Sikhs du Punjab. Le guerrier passe quelques uns de ces disques à son bras gauche, et en porte plusieurs autres, prêts à être lancés, autour de son turban. Ainsi armé, il est redoutable. En faisant tournoyer un disque autour de son index levé perpendiculairement, il le lance avec une force et une justesse qui lui permettent de frapper avec certitude son ennemi à une distance de 80 pas.

On peut voir encore une autre arme de jet, peu employée et provenant de la population non-aryenne de l'Inde. C'est le bumerang. Celni que est exposé est en ivoire avec des ornements d'or. Ce n'est probablement pas une arme sérieuse.

Le sabre droit et court du n°. 672 est l'arme ordinaire du peuple des Lepchas, dans le Sikkim, contrée du nord-est de l'Himalaya.

VITRINE N°. 12.

Pierres taillées (jade, cristal) et bijouterie.

Le jade (néphrite) est cette pierre remarquable, si estimée par les Orientaux à cause de son éclat mat, semi-translucide, et de la variété de nuances qu'elle présente, dont ils aiment à faire des ornements. Il est curieux que l'on ait trouvé dans les palafites de la Suisse des objets fabriqués avec cette pierre, et que cependant on ne l'ait nulle part jusqu'ici découverte en Europe à l'état naturel. C'est ce qui a donné à supposer que les objets en jade des demeures lacustres étaient venus d'Asie. Le jade est extrêmement dur et peut acquérir un beau poli. Il y en a de blanc mat, de bleu clair et de vert foncé, avec les nuances intermédiaires Il ne semble pas qu'il se trouve dans le sol de l'Inde britannique; mais il existe en Perse et en Birmanie; c'est donc du nord-ouest et du nord-est qu'on l'importe dans l'Inde. Quand les Indous ont eu connaissance du jade, il leur est venu l'idée d'y incruster des gemmes de diverses couleurs, et ils ont ainsi obtenu des effets surprenants.

On aime beaucoup en Inde les émeraudes, les rubis et les diamants enchassés tantôt dans l'or, tantôt dans le jade; mais on se sert aussi d'autres pierres, infiniment moins précieuses aux yeux des Européens, au moyen desquelles on cherche en Inde à produire de brillants effets de couleur; les Indous tiennent davantage à ces effets d'ensemble qu'à la belle taille ou à la pureté des pierres prises une à une. On fait souvent des festons de perles que l'on suspend comme des franges à certains objets, par exemple à la poignée des sabres, ou bien que l'on porte en colliers.

Les objets enfermés dans cette vitrine proviennent des contrées les plus diverses de l'Inde septentrionale.

Il s'y trouve aussi un collier formé de petites barres d'acier en forme de fuseaux. Ils servent à faire tenir la tête droite aux bayadères qui apprennent à danser pour le service des temples.

VITRINE Nº. 13.

Ce qui attire en premier lieu l'attention dans cette vitrine, ce sont les objets du genre dit bidri, de Bidar, ville des Etats du Nizam, où on les fabrique surtout. Il s'en fait cependant aussi dans le Bengale et dans d'autres contrées de l'Inde. Les objets que l'on veut orner d'après ce procédé se fabriquent avec un alliage d'étain, de plomb et de cuivre, ou bien de cuivre et de zinc (Bengale), que l'on coule dans les proportions voulues dans un moule en terre; on achève l'objet au tour. Cela fait, ou lui donne au moyen du sulfate de cuivre une couleur noire provisoire, qui sert à mieux faire ressortir, pour la facilité de l'ouvrier, les lignes qu'il devra graver. Le dessin se trace à la pointe et s'achève au burin, après quoi l'on force, avec un poinson chassé à coups de marteau, l'argent dans les creux de la gravure, et l'on finit par polir l'objet au moyen d'une solution dans laquelle le sélamoniac et le salpètre sont les principaux ingrédients. On obtient ainsi un dessin argent sur fond noir, qui a l'avantage de ne pas s'oxyder et de ne pas devenir mat. Ce procédé a été importé de la Perse dans l'Inde.

L'indication jointe à plusieurs autres objets les dit niellés. Le fond est blanc (alliage de plomb, de bismuth et d'antimoine). Ce niellage est aussi originaire de la Perse, d'où il a été importé, non seulement dans l'Inde, mais aussi dans la Russie, où il s'applique à ce qu'on appelle ouvrages de Toula. On grave profond des figures et des fleurs de convention, on remplit les creux d'une composition d'argent et de cuivre avec un peu de plomb, puis on chauffe très fort l'objet ainsi préparé, on le frotte de borax, on le remet au feu pour un moment, et enfin, quand il est refroidi, on le polit. Les objets en métal blanc, niellés et non-niellés, viennent des provinces du nord-ouest. Il se prépare aussi dans ces provinces un métal blanc dans la composition duquel il entre du laiton.

Il y a dans la vitrine quelques objets en laiton argenté, en métal blanc et en alliage d'étain et de laiton, venant du Rajputana (Kerowly et Oodeypore).

Les objets exposés sont des lotahs ou pots à eau, des bocaux, des coupes, une théière, des plateaux, des supports de hukah's, des crachoirs — complément nécessaire des boites à bétel — et des pieds de charpoy, aussi appelés colonnes de lit. Ou en place quatre debout, de façon à former un rectangle; on les réunit au moyen de lattes en bois; puis on étend sur ce cadre une natte, qui sert de lit.

VITRINE N°. 14.

On trouve en grand nombre, dans les collections d'objets de la Perse et de l'Inde, des casques et des cottes de mailles qui rappellent ce qui se voyait en Europe au moyen-âge. M. Egerton croit à tort que les casques et les cottes de mailles ont été apportées aux Indes pour la première fois par les armées du Grand Mogol. En effet, il ressort des recherches faites par le Dr. Rajendralála Mitra que les anciens poëmes épiques des Indous, le Rámájana et le Mahábhárata mentionnent les casques en métal et font aussi mention d'armures ; il est vrai que, pour celles-ci, il n'est pas facile de décider si le poëte entend parler de la cotte de mailles ou bien d'une cuirasse en lames de métal cousues sur le cuir. On n'a pas retrouvé d'armures de ces temps antiques. On peut affirmer en général qu'il ne se trouve plus dans l'Inde anglaise d'armes antérieures au XVI° siècle.

Les armures exposées ici ressemblent à celles de la Perse. Elles ont été en usage surtout dans le clan guerrier des Mahrattes au sud-ouest de l'Inde, dans le territoire musulman du Nizam, dans toute la partie nord-ouest de la péninsule et dans le Népal.

Il se trouve en outre dans cette vitrine des sabres recourbés, appelés tulwar (talwar), en usage dans l'Inde entière ; le sabre droit, appelé farang (firangi dans la langue mahratte ; c'est une importation des Portugais, Firingis) ; le cimeterre appelé kukri, qui se rencontre surtout dans le Népal ; la hache de combat, arme tout à fait indoue ; un carquois rempli de flèches et un kris, de fait étranger à cette collection, puis qu'il vient des Indes néerlandaises.

Cette vitrine contient exclusivement des objets envoyés par lord Lytton et forme un tout avec la vitrine 7.

VITRINE N°. 15.

Ici se trouvent surtout des objets sacrés. Le contenu principal est formé par une très intéressante collection de sonnettes
de Madras (Tanjore, Trichinopoly); — voy. l'introduction.
Il y a en outre des pots à eau (lotahs), des bouteilles à eau,
une boîte à bétel de Delhi (Punjab), un lotah du Bengale,
un crachoir et un bocal. Tous ces objets sont en laiton et
complètent ceux de même genre exposés par lord Lytton dans
la vitrine 6.

VITRINE N°. 16.

Objets en laque.

La laque de la Chine et du Japon est végétale; celle de l'Inde anglaise est animale. La première se tire des baies du Rhus vernix et autres espèces rapprochées; l'autre est sécrétée par un insecte appelé Coccus lacca, dont la femelle s'attache aux rameaux du Ficus indica, l'arbre des Banians, bien connu pour la propriété qu'il a de s'étendre à l'infini au moyen de ses racines aériennes, qui descendent jusqu'au sol, y prennent pied et forment de nouveaux troncs, souvent si nombreux qu'un seul figuier est une forêt. La laque se recueille sur les branches où l'insecte l'a déposée. Elle constitue dans l'Inde anglaise un important article de commerce. Ce vernis se met surtout sur des objets en bois et en papier-mâché, mais aussi en bambou, en natte, même en marbre. Le papier-mâché se fabrique principalement à Cachemire.

Les objets en laque de l'Inde sont élégants et relativement bon marché; aussi sont-ils très recherchés en Europe.

On fait de la manière suivante les boites en laque de Sindh (Bombay). Pendant que la boite est sur le tour on y applique plusieurs couches de laque de différentes couleurs; puis on grave des dessins, en variant la profondeur des traits de façon à faire paraître tantôt une couleur, tantôt l'autre.

La vitrine renferme un chandelier, deux services pour le café, des plateaux, des boites à thé, des boites diverses, surtout des boites-écritoires indoues.

VITRINE N°. 17.

Tous les objets contenus dans cette vitrine out été offerts par lord Lytton. On y voit de beaux échantillons d'objets en argent repoussé, par exemple des figures d'animaux, que l'on fera bien de comparer avec les figurines en ivoire et en pierre qui sont exposées dans les vitrines 4 et 9. Cachemire et le Punjab (Mooltan, Delhi) brillent de nouveau ici au premier rang; cette fois c'est avec l'argent ciselé. On voit ici l'argent et le vermeil, l'argent niellé, l'argent émaillé, façonnés en bijoux, en flacons pour l'eau de rose, en flacons pour asperger avec l'eau de rose, en coupes et bocaux, en vases, en porte-adresses, en plateaux, en pots, en porte-bouquets. — La vitrine contient aussi un moulin à prières du Thibet.

Comme on le sait, le lamaïsme (forme du bouddhisme) fait de la prière un acte purement formel, que l'on croit d'autant plus efficace que la répétition en est plus fréquente. On ne se contente donc pas de marmotter sans cesse les mêmes formules, mais on les écrit encore des centaines, des milliers de fois sur des bandes de papier que l'on attache à une roue; tant que la roue tourne, les prières se répètent à ce que l'on pense. On en est même venu à munir ceux de ces appareils qui sont de grandes dimensions de roues hydrauliques, qui les maintiennent continuellement en rotation.

VITRINE N°. 18.

Ici encore tous les objets viennent de lord Lytton.

On voit de nouveau des vases en argent ciselé ou repoussé, doré ou émaillé, des flacons d'eau de rose sur des plateaux, des flacons pour asperger avec l'eau de rose, des boites à sirih, un étui à cigarettes et un collier; tous ces objets sont en argent et viennent pour la plupart de Cachemire. Il y a un ouvrage remarquable en filigrane, dont la provenance n'est pas indiquée, mais qui vient probablement d'Orissa (Bengale) où s'exerce le plus cette branche d'industrie. On y emploie de jeunes garçons, dont les doigts déliés se prêtent mieux que de gros doigts à ce travail délicat. Il se fait des ouvrages en filigrane dans d'autres parties de l'Inde encore, surtout à Ceylan.

Il est très difficile de déterminer la provenance de ce genre d'oeuvres d'art, qui ne réclament pour la fabrication qu'un outillage des plus simples. Cet art a été importé de l'Orient dans les contrées du nord et du midi de l'Europe. Enfin les filigranes de Padang (Sumatra) sont bien connues.

VITRINE N°. 19.

Le contenu est conforme à celui de la vitrine 16, qui appartient à la même personne, et à celui de la vitrine 4. Nous y renvoyons par conséquent, nous bornant à signaler à l'attention deux exemplaires du chowrie, ou chasse-mouches, appelé aussi chamara. C'est le symbole de la dignité princière. Les meilleurs sont faits de la queue du yak, Bos grunniens, laquelle ressemble un peu à celle d'un cheval gris d'argent.

Les objets exposés dans cette vitrine viennent du Punjab (Cachemire, Lahore), de Bombay, et un de Bénarès (provinces du nord-ouest). Ce sont des boites, des plateaux, une coupe, des presse-papier, des modèles de portes et de cannes, en papier-mâché et en bois vernis à la laque, et du bois sculpté, avec et sans incrustations.

VITRINE N°. 20.

Harnachement, comprenant selle, étiers, couverture, têtière et cravache.

VITRINE N°. 21.

On parlera des broderies à l'occasion des vitrines 25 et 26.

Le mot de mushroo (mashru) que l'on voit sur les étiquettes exige une explication. La loi musulmane ne permet pas de porter d'étoffes faites exclusivement avec de la soie; cependant il est p e r m i s de confectionner des vêtements tissus de soie jointe au coton. L'étoffe dont on les fait s'appelle pour cela mashru, ce qui veut dire „permis".

Nous ferons aussi observer que la broderie de Cutch (Bombay), dont cette vitrine donne un échantillon sur le vêtement n°. 88, est semblable aux broderies de Resht sur la Mer Caspienne, dont on parlera à propos des objets de la Perse. Il se pourrait bien que ce genre d'ouvrage ait été importé à Cutch par des marchands arméniens.

VITRINE N°. 22.

Il n'y a pas un grand nombre d'années que l'art de faire la dentelle était encore inconnu dans l'Inde anglaise. Nous avons donc ici les produits d'une branche d'industrie extrêmement récente, que les Européens ont réussi à faire adopter par les indigènes. A ce point de vue, le contenu de cette vitrine est très instructif. Les dentelles qui s'y trouvent viennent de l'école du dimanche de Tinnevelly (Madras).

L'autre côté de la vitrine est rempli d'étoffes de coton brochées et de brocards de soie qui portent le nom de kincob.

Il y a trois manières d'introduire l'or dans les tissus de coton. D'après l'une, on fait usage de très étroites lamelles d'or battu. C'est la méthode la plus ancienne, et c'est encore la plus usitée, non seulement dans l'Inde anglaise, mais encore au Japon. D'après la seconde méthode on tisse des fils d'or avec les fils de coton. D'après la troisième on entoure des fils de coton avec du fil d'or et puis on les fait entrer dans le tissu.

VITRINE N°. 23.

L'industrie de la soie paraît avoir passé de la Chine dans l'Inde. Le Bengale produit de la soie provenant de la chenille du murier. Cependant la matière première vient pour la majeure partie de Chine, de Bassora et de Bokhara, pour être ensuite tissée sur les métiers d'Ahmenabad (Bombay) et d'autres villes de l'Inde.

Le ver à soie qui se nourrit des feuilles du murier est une chenille du genre Bombyx. On en élève six espèces différentes, dont quatre au Bengale et une en Birmanie. Toutes sont originaires de la Chine. Le Bombyx mori est le plus fréquent; on l'élève en Europe sur une grande échelle, c'est lui qui fournit les meilleurs cocons.

D'autres genres encore, outre le Bombyx, filent de la soie. Nous ne citerons que les genres Antheraea, Attacus, Actias, Saturnia, Cricula. Chacun d'entre eux a sa région propre, l'Inde anglaise, l'Indochine, la Chine ou le Japon, et l'on tire parti de plusieurs d'entre eux.

On réunit toutes ces espèces de chenilles sous le nom de vers à soie sauvages, parce qu'ils vivent sur les feuilles d'arbres et d'arbustes qui croissent sans soins, et qu'on les distingue ainsi du Bombyx mori, pour la nourriture duquel on cultive exprès le murier, dont on récolte les feuilles pour les lui apporter.

De toutes les espèces sauvages l'Antheraea mylitta, appelée Tusser ou Tasar, est celle qui se voit le plus dans l'Inde. Ce ver à soie existe dans presque toutes les provinces, où il se nourrit de feuillage de plusieurs espèces différentes d'arbres et d'arbustes. Pendant longtemps on ne s'est servi de la soie de cette chenille que pour des tissus destinés aux indigènes, mais depuis quelques années on a commencé à l'exporter. Cette soie a en sa faveur que l'insecte qui la file est originaire de l'Inde, qu'il est par conséquent entièrement adapté au climat et au sol et que les indigènes sont familiarisés avec lui. En outre la soie du Tusser a plusieurs qualités qui la rendent préférable pour plus d'un usage spécial. Mais pour continuer à se la procurer, il faudra songer à commencer la culture des plantes dont il se nourrit, car la destruction toujours plus grande des forêts qui se poursuit en Inde et la mise en culture des régions vierges menacent l'existence du Tusser. Il y a déjà des districts où l'élevage en est devenu si difficile qu'on y a renoncé.

Il faudra aussi remplacer par la méthode européenne la mauvaise méthode suivie par les indigènes pour dévider les cocons.

Le cocon, comme on sait, est formé d'un double fil que la chenille enroule en spirale autour d'elle de façon à former une chambre où elle reste pendant le temps qu'elle doit passer à l'état de chrysalide. Outre les fils de soie, elle sécrète une sorte de ciment qui pénètre tout le cocon, et en fait une masse compacte. Cette masse devient si solide que les montagnards la coupent en bandelettes dont ils se servent pour fixer au bois les canons de leurs fusils; ils assurent que ces bandelettes sont à l'épreuve de l'eau et du feu.

Dès que la chrysalide est devenue papillon, elle sécrète une liqueur acide qui amollit le ciment en un endroit, et lui permet de s'y frayer un passage à travers le murs de sa prison.

Actuellement les indigènes dévident les cocons, après les avoir ramollis dans un bain, au moyen d'instruments des plus primitifs. Si le cocon a un défaut qui rende le dévidage difficile, on le jette. Les cocons d'un grand nombre d'espèces de vers à soie ne sont par utilisés, parce que les indigènes ne sont pas en état de les dévider.

On peut prévenir cette perte, 1°. en dévidant suivant la méthode européenne, qui a de plus l'avantage de procurer un fil beaucoup plus fin, 2°. en cardant pour les filer les cocons défectueux. Le dévidage donne le fil naturel, la filature, le fil artificiel. Il y a déjà des fabricants anglais qui se sont mis à acheter les cocons Tusser mis au rebut, afin de les carder, de les filer et d'en faire ainsi de la soie industrielle.

La soie Tusser est beaucoup plus épaisse que celle de Bombyx et vaut donc mieux que celle-ci pour la confection des tapis, pour lesquels il faut un fil assez raide; elle mérite aussi la préférence pour la broderie. Un tapis fait avec cette soie est suspendu à la muraille, et des broderies pour lesquelles elle a servi se trouvent dans la vitrine 23. La soie Tusser a en outre plus d'éclat que l'autre. Elle a cependant un inconvénient, qui n'est par léger du tout, mais que peut-être on parviendra à surmonter. Elle est rebelle à la teinture, moins, il est vrai, quand elle a été dévidée à la manière européenne que lors qu'elle a été traitée selon la méthode indigène. C'est ce qui a empêché les indigènes de l'employer pour en faire des tapis et autres produits de métiers artistiques. La soie Tusser se prête mieux aux couleurs d'aniline qu'à d'autres; la difficulté existe surtout pour les matières tinctoriales végétales que produit l'Inde, qui sont si belles et, pour la plupart, si solides. C'est dommage. L'Inde est plus que riche en couleurs superbes, qui conservent leur éclat pendant des siècles, là où pour l'aniline et autres matières analogues il faut compter par années. Les teintes sont en même temps plus belles et plus chaudes.

M. Wardle a néanmoins réussi à découvrir quelques matières

colorantes végétales qui peuvent s'employer, avec des mordants convenables, pour la soie Tusser. Si l'on veut d'autres nuances que celles qu'il a obtenues, il faudra se rabattre provisoirement sur les couleurs d'aniline. Provisoirement, car M. Wardle continue, avec succès, ses recherches.

Un autre inconvénient vient de la couleur jaune-clair que le ciment dont nous avons déjà parlé donne au cocon. Cela empêche de teindre la soie Tusser en nuances claires. Il faudrait auparavant blanchir la soie, ce qui n'est pas impossible, mais ce qui jusqu'à présent est trop coûteux. On a appris cependant que le major Coussmaker a réussi à forcer la chenille à se débarrasser de tout son ciment avant de filer son cocon; mais nous ne connaissons par encore les détails de cette invention. La couleur naturelle jaune de la soie Tusser est du reste fort belle; on la porte souvent sans autre teinture, et même cette soie non-teinte est cotée dans les prix-courants des magasins de Paris.

On voit dans la vitrine de la soie Tusser non-blanchie et non-teinte; de la soie Tusser blanchie, et de cette soie teinte aux couleurs d'aniline et aux couleurs indoues constantes.

M. Wardle a encore réussi à imprimer les tissus de soie Tusser. Depuis qu'il a exposé ses produits à Paris en 1878 on a commencé à imprimer cette soie sur une grande échelle, et à en faire des vêtements en Angleterre aussi bien qu'en France. On peut voir dans la vitrine des échantillons de ces étoffes.

La vitrine a aussi un échantillon de Sealskin imitée avec la soie Tusser cardée et filée. La vraie Sealskin est plus belle.

Outre le ver à soie Tusser, les indigènes de quelques contrées de l'Inde élèvent le ver à soie Eria (Attacus ricini), qui se nourrit des feuilles du ricin (Ricinus communis) et de celles de quelques autres espèces, et le ver à soie Muga (Antheraea Assama), qui vit surtout dans l'Assam. La soie Eria a par rapport aux substances colorantes à peu près les mêmes propriétés que la soie Tusser. La soie Muga est beaucoup plus facile à teindre.

L'Inde anglaise a une chenille qui produit la soie, l'Attacus Atlas, en commun avec tout l'archipel indien. C'est de cette chenille que le professeur Veth dit dans son „Java" qu'il semble que l'on pourra en essayer l'élevage dans l'île de Java, maintenant que les expériences que l'on a faites avec le ver à soie ordinaire du murier ont échoué.

Enfin on a fait, soit dans l'Inde anglaise, soit à Java, mais là sans réussir, des expériences pour acclimater le ver à soie sauvage du Japon, l'Antheraea yamamayu. Cette chenille se nourrit de feuilles de chêne, et l'on a aussi essayé il y a quelque temps de l'introduire chez nous. Feu le professeur Hoffmann s'est beaucoup occupé de la chose; il a composé en puisant aux sources japonaises un manuel de l'élevage de cette chenille, et plusieurs personnes, surtout M. de Roo van Westmaas, essayèrent de l'acclimater, invitées à cela par la Société pour les progrès de l'Industrie. Les premiers résultats parurent encourageants, mais au bout d'un certain temps ou dut renoncer à cette entreprise, parce qu'il se déclara des maladies parmi les chenilles et parce que les œufs éclosaient trop tôt, avant que les chênes eussent leurs feuilles. Cependant le rapporteur de la Société a cru devoir conclure ce qu'il disait à ce corps des renseignements venus de divers côtés par les paroles suivantes: „En attendant, il n'est aucunement prouvé qu'une nouvelle

„expérience entreprise avec des œufs venus, soit du Japon, soit
„de quelque autre contrée, devrait nécessairement aboutir à des
„résultats aussi négatifs, et nous continuons de recommander
„cet objet à l'intérêt de tous." Voy. Revue pour les progrès
de l'Industrie, 1867, vol. VIII, p. 3.

VITRINE N⁰. 24.

Tissus de coton.

Les tissus et les toiles imprimées de coton ont commencé par être apportés de l'Inde en Angleterre à titre de nouveauté, et ils y eurent beaucoup de succès à cause de leur beauté et de leur bas prix. Maintenant ce n'est plus l'Angleterre qui reçoit, mais qui donne. Les usines à vapeur de Manchester produisent des quantités colossales de ces articles, qui s'en vont aux Indes, pour s'y vendre à des prix bien inférieurs à ceux qui autrefois semblaient si bon marché. L'avantage d'une immense production est malheureusement contrebalancé par la diminution de la valeur artistique des produits: sous ce rapport la vapeur ne vaudra jamais la main. L'Inde, inondée de produits mécaniques, voit peu à peu s'en aller son antique industrie, et les nuances agréables et artistiques de ses couleurs disparaître devant l'envahissement de l'aniline.

Il se porte cependant encore dans l'Inde beaucoup d'étoffes indigènes. Cette vitrine renferme plusieurs pièces de vêtements qui en sont faits; des loongees (lunghis) de Ludiana (Punjab), mouchoirs dont on entoure ou la tête, ou les hanches; des dhotis, mouchoirs qui se portent légèrement jetés sur les hanches, comme le kain pandjang de Java; des sarees, des jupes de femmes, en coton de couleur ou en mousseline.

La fabrication de la mousseline a presque disparu de Dacca (Bengale). Autrefois cette localité était célèbre pour la transparence de ces tissus, que les poëtes comparaient à la vapeur de rosée qui s'étend le soir sur la campagne.

Jeypore et Jodhpore dans le Rajputana produisent encore des étoffes qui sont recherchées dans l'Inde entière à cause de l'excellence de leurs couleurs. Les Marwaris de Jodhpore, mentionnés sur l'une des étiquettes, forment la classe des marchands de cette contrée. Une pièce venant de Jeypore est exposée comme échantillon de l'impression des tissus avec de l'or en feuilles. Au lieu de couleur, on enduit le modèle en bois avec de la gomme et on l'imprime sur le tissu; on applique alors sur celui-ci des feuilles d'or ou parfois d'argent, et le métal adhère là où la gomme a pris. Un frottement énergique enlève le métal superflu et l'on bat avec persistance l'étoffe ainsi imprimée.

VITRINES Nᵒˢ. 25 et 26.

L'art de la broderie est très cultivé dans l'Inde. Les broderies européennes modernes, avec leurs bouquets et autres dessins à ombres, forment un contraste frappant avec celles de l'Inde anglaise, où tous les dessins sont plats, précisément comme les mosaïques, et où l'on affectionne surtout les patrons symétriques. Le résultat de la comparaison est tout en faveur de l'Inde. Le pourtour de chaque ornement est indiqué par une ligne dont la nuance harmonise avec celle de fond; par exemple, quand on brode en soie sur un fond de satin ou de velours, le pourtour du dessin sera esquissé par une ligne brodée en or ou en argent.

Le brodeur indou apporte aussi beaucoup de réflexion et de goût au choix qu'il fait des nuances. Une expérience séculaire lui a appris que les étoffes légères ne doivent être surchagées ni de couleurs, ni de broderies, et que les étoffes plus lourdes gagnent à être relevées de couleurs plus vives et de dessins plus développés. Il cherche toujours en choisissant ses patrons à se rendre compte de l'effet que l'étoffe produira quand elle sera portée.

On brode la soie, le velours, la laine et le cuir, soit avec de la soie floche, soit avec du fil d'or on d'argent. Les étoffes de laine brodées de Cachemire sont renommées; il y en a d'assez nombreux échantillons dans les vitrines. Tout le Punjab et Sind (Bombay) produisent des broderies en tous genres. Outre les genres d'ouvrage que nous avons énumérés, on y fait encore ceux en application, dans lesquels les ornements, découpés à part, se cousent sur l'étoffe; nous retrouverons cela quand il sera question des étoffes de Perse. On introduit aussi quelquefois des ailes de scarabées et des perles dans les broderies sur mousseline.

VITRINE N°. 27.

Le devant de la vitrine est rempli de vêtements d'enfants dont les pièces n'ont pas été assemblées; ils sont en satin et en soie, avec bordures brodées en soie, en fil d'argent ou d'or, à paillettes ou sans paillettes.

De l'autre côté de la vitrine sont exposés des objets brodés en fil d'or ou bien faits tout entiers en passementerie d'or, ce qui est le cas pour le voile de mariée. On se sert pour cela de très étroites bandes d'or (voy. vitrine 22). Tantôt ces bandes sont découpées dans des feuilles d'or battu, tantôt c'est du fil d'or étiré à la filière, puis aplati.

Cette branche d'industrie s'exerce surtout à Lacknow (Oude), à Delhi et à Lahore (Punjab) et à Moorshedebad (Bengale). Les tréfileurs indous savent faire 750 mètres de fil avec une pièce d'argent de la valeur de trois francs. On emploie principalement le fil d'or et d'argent pour broder les bordures des vêtements.

VITRINES Nos. 28 et 29.

On appelle des Kincobs des étoffes de soie dans le tissu desquelles des fils d'or ou d'argent forment toutes sortes de figures d'animaux et de plantes et autres dessins. Quelquefois le fil d'or prédomine au point que l'étoffe tout entière semble en être tissée. Les produits de ce genre les plus renommés sont ceux de Bénarès (provinces du nord-ouest), de Moorshedabad (Bengale), d'Ahmedabad (Bombay) et de Lucknow (Oude). Cette industrie est très ancienne. Autrefois Ahmedabad envoyait ses soieries, ses étoffes de coton et ses kincobs sur tous les marchés de l'Asie et aussi dans nos possessions des Indes orientales; on les trouvait jusque sur les côtes d'Afrique.

RAYON N°. 30.

Ici commence une série de dessins de M. J. L. Kipling, représentant les différents métiers exercés dans le nord-ouest de l'Inde. On voit dans ce compartiment le potier, le modeleur de figurines d'argile, le teinturier en soie, l'ouvrier en genre bidri (voy. vitrine 13) et le sculpteur sur bois.

RAYON N°. 31.

Grand punkah ou ventilateur, orné de dessins au suif. Grande lampe de temple en laiton.

RAYON N°. 32.

Suite de la série commencée au n°. 30. Incrustation du marbre; perforation des perles; apprêteur de laque; tisseur de laine; fabricant de navettes de bisserand; tissage des bordures et ceintures; dévidage de la soie à broder.

RAYON N°. 33.

Continuation de la série. Brodage au fil d'or.

RAYONS. N°s. 34 et 35.

Costumes de l'Inde occidentale, aquarelles de M. J. Griffiths.
Lampe de temple en laiton.

RAYON N°. 36.

Comme ci-dessus; de plus un assortiment de carreaux de terre
cuite bleus encadrés.

RAYON N°. 37.

Carreaux de terre cuite, bleus, bleus et violets, bleus bordés
de brun-jaune. Quoique les anciens carreaux qui ont été trouvés
en Inde provinssent tous d'édifices musulmans, il n'est point
impossible que les Indous aient connu l'art de les fabriquer
avant les invasions mahométanes; en effet, les dessins de quelques uns des plus anciens sont de style tout à fait indou.
Quoi qu'il en soit, ceux de Sindh (Bombay), surtout représentés ici, sont des imitations évidentes des carreaux persans,
beaucoup plus beaux.

Le dessinateur procède comme pour les vases; le patron est
reporté sur l'argile au moyen d'un papier percé de petits trous
qui en suivent les contours; on frotte sur le papier une poudre

colorante, qui reproduit sur la terre le patron, en petits points que le dessinateur n'a plus qu'à suivre avec son pinceau.

Carreaux de marbre sculpté à jour.

RAYON Nᵒ. 38.

Echarpe de coton, brodée de soie et d'or.

RAYON Nᵒ. 39.

Chaînes pour le cou, broche, bracelet d'argent et filigrane d'argent (voy. vitrine 18). Le Dr. Birdwood fait remarquer la remarquable ressemblance d'une broche du Thibet exposée ici avec un objet analogue d'origine Celtique.

Chaînes pour le cou, ornements de cou pour jeunes gens, ornement pour le nez, le tout en or et doré; quelques objets ornés de verroterie ou de perles.

Toutes ces parures diffèrent d'après la religion (mahométane, indoue, parse de Bombay) et le séjour de ceux qui les portent.

Ornements plus grossiers faisant partie de la toilette des campagnards, chaînes pour le cou faites en pièces de monnaie, bracelets en filigrane d'or et en or repoussé, bijoux ornés de pierres précieuses et de perles, bracelets d'argent avec clochettes, pendants et boucles d'oreilles.

RAYON Nº. 40.

Ceinture large (dopatta) de mousseline blanche, avec fils d'or dans le tissu (voy. vitrines 24).

RAYON Nº. 41.

Tapis de soie de diverses couleurs. Ces tapis de soie ne se font qu'à Hyderabad (Deccan), ainsi qu'à Tanjore et à Salem (Madras). Le matière avec laquelle les tapis sont ordinairement fabriqués est la laine et le coton. Toutefois cette branche d'industrie n'est pas représentée à l'exposition. Les tapis suspendus dans la section de South Kensington viennent de Perse et ont été envoyés par la Société de commerce persane établie à Rotterdam.

Entre les tapis se voient quelques nattes indoues, venant de South Kensington. On les fabrique dans le Bengale et dans la présidence de Madras; elles sont très recherchées à cause de leur solidité et aussi pour les beaux patrons que l'on sait y reproduire en tressant des roseaux colorés de diverses nuances.

RAYON Nº. 42.

Châle de gaze cramoisie, brodé d'or et de soie.

RAYON N°. 43.

Trois plaques d'argent repoussé et ciselé, dans des cadres d'ivoire sculpté. Plat de laiton et de cuivre (voy. vitrine 6).

On fait à Delhi, dans le genre des miniatures européennes, de petits tableaux sur plaques d'ivoire; seulement on ne les peint pas, on les dessine à la plume. Ils représentent des vues prises dans différentes parties de l'Inde.

Le premier des maîtres vivants est Zulfikar Ali Khan, dont les œuvres sont réunies dans une vitrine suspendue au mur; elles représentent des intérieurs et des extérieurs de mosquées, et des portraits.

RAYON N°. 44.

Echarpe en Kincob, gaze jaune et argent (voy. vitrines 28 et 29).

RAYON N°. 45.

Plats de cuivre doré avec ciselures, et deux plats de Moradabad, étain sur fond de cuivre, les creux remplis de laque.

RAYON Nº. 46.

Couverture brodée de soie Tusser mentionnée à propos de la vitrine 23.

RAYON Nº. 47.

Plat de cuivre persan.

RAYON Nº. 48.

Echantillons de sculpture sur bois (voy. vitrine 19).

RAYON Nº. 49.

Continuation de la série de costumes indous (voy. ray. 34 et 35).

RAYON Nº. 50.

Douze estampes représentant les salles du musée de South Kensington.

RAYON Nº. 51.

Lampe de cuivre pour temple, représentant un arbre avec des paons. Au dessus un punkah (voy. rayon 31).

RAYON Nº. 52.

Sept photographies noires et coloriées représentant des princes indous.

OBJET ISOLÉ.

Nº. 53.

Lampe de cuivre pour temple, représentant un arbre avec des paons.

COLLECTION

D'OBJETS ETHNOGRAPHIQUES

DE

L'INDE ANGLAISE

ENVOI DU

RAJAH COMM. Dr. SOURINDRO MOHUN TAGORE

DE

CALCUTTA. PATHURIAGATHA.

LE RAJAH ET LA FAMILLE DES TAGORES.

A l'époque où dans l'Inde le bouddhisme avait relégué l'indouïsme dans l'ombre, le trône du Bengale était occupé par
Adisura, adoré maintenant comme un dieu. Ce pieux prince
voyait avec douleur que les mœurs de son peuple se corrompaient
et que les brahmanes de son royaume étaient ignorants et incapables de faire revivre l'ancienne foi. Il fit donc venir de Kanouj
(provinces du nord-ouest), qui était alors un puissant
état, le savant brahmane Bhatta Narayana, qui possédait la
puissance miraculeuse, et avec lui quatre de ses collègues. Ils
arrivèrent l'an 1072 dans la résidence d'Adisura. Bhatta Naranaya devint l'ancêtre de la famille des Tagores.

Un grand nombre de ses descendants furent renommés pour
leur science et publièrent des écrits devenus célèbres. L'un
d'entre eux fut le brahmane Halayudha, qui faisait partie de
la douzième génération de ses descendants. Il fut le premier
ministre du souverain régnant, et celui-ci, voulant lui donner
une marque de sa haute estime, lui conféra à lui et à ses
descendants la dignité de prince. C'est de là probablement que
vient le titre de Rajah porté par le représentant actuel de cette

famille. Il faut aussi mentionner le brahmane Puroshottama, de la vingt et unième génération, qui perdit sa caste pour avoir épousé une femme mahométane. Cela n'a pas empêché ses descendants, jusqu'à maintenant, d'être comptés au rang des brahmanes; toutefois ils forment un groupe à part et s'affranchissent de certaines prescriptions de leur caste, par exemple de la défense de passer la mer. Ils constituent comme une caste à eux et ils ont une organisation particulière.

Puroshottama quitta la résidence primitive de la famille et alla s'établir à Jessore (Bengale).

Punchanana, descendant en ligne directe de tous les précédents, et de Narayana au 26e degré, quitta Jessore et se rendit à Govindpore (Bengale) où il fit grande amitié avec les Anglais. Son fils se fixa à Calcutta, Pathuriaghata, qui est encore maintenant le siège de la famille.

Puchanana portait aussi le nom de Thaqnore; c'est de ce nom qu'on a fini par faire Tagore. Ses descendants en ligne directe ont continué à le porter. Ils ont persévéré dans les études sanscrites qui ont illustré leur famille, mais de plus ils se sont distingués par la manière dont ils ont cultivé les sciences de l'Occident. Ils surent augmenter encore par le commerce les grandes richesses que possédait leur famille et ils s'en sont servis pour acheter de vastes domaines, anciennes possessions de Rajahs dont les familles sont tombées en décadence. Ils ont fait de grandes dépenses pour exercer la charité, encourager la science et fonder des temples Le gouvernement britannique leur a conféré à plusieurs reprises de hautes fonctions honorifiques.

Le Rajah Sourindro Tagore, docteur en musique „honoris causa", est le descendant direct des savant brahmanes dont nous venons de parler, et, à la 31e génération, de l'ancêtre commun

Bhatta Narayana. Il s'est imposé la tâche de faire revivre la musique indoue et il est le fondateur de l'école de musique du Bengale. Il a publié un grand nombre d'ouvrages, tant sur la musique que sur d'autres sujets, et il a composé plusieurs morceaux de musique.

Il a généreusement offert des exemplaires de tous ces ouvrages à la plupart des sociétés savantes de l'Europe et de l'Amérique.

Il n'a pas oublié notre pays. L'université d'Utrecht recevait en 1878 du Rajah dix-sept ouvrages grands et petits, en anglais et en sanscrit. En 1881 suivait „un présent unique en son „genre; c'est une collection de cent vingt-cinq ouvrages sans-„crits, traitant de omni re scibili, de la théologie et de la „philosophie, du droit civil et du droit canonique, de la méde-„cine, des mathématiques, de la chimie, de l'astronomie, de la „philologie et de la littérature. Ces livres, imprimés avec le „plus grand soin et tous revêtus de la même magnifique reliure „en cuir vert gaufré et doré avec dos ornés, forment un cadeau „vraiment princier, qui fait le plus grand honneur au haut „donnateur" (Rapport du Recteur pour 1880/81, annales, p. 102).

Vers la même époque le Rajah fit don à notre gouvernement de la belle collection d'instruments de musique indous dont la liste va suivre. Elle fut placée dans le musée ethnographique de Leyde.

Le gouvernement offrit au Rajah la médaille d'argent insti-tuée par le décret royal du 5 mai 1877, n°. 22.

Les instruments ont beaucoup souffert en route. Le directeur du musée en ayant avisé le Rajah, celui-ci lui a promis il y a peu de temps de remplacer par d'autres les instruments endom-magés.

Le Rajah vient maintenant de donner une nouvelle preuve

de son amitié pour la Néerlande en décidant que sa précieuse collection ethnographique, dont nous donnons aussi la description, serait placée dans notre musée national ethnographique après la clôture de l'exposition.

Nous sommes heureux de pouvoir annoncer qu'il a plu récemment au roi de nommer le Rajah Sourindro Mohun Tagore chevalier de l'orde du Lion néerlandais.

LISTE DES OBJETS

OFFERTS AU GOUVERNEMENT DES PAYS-BAS

POUR

L'EXPOSITION INTERNATIONALE COLONIALE ET D'EXPORTATION GÉNÉRALE
TENUE À AMSTERDAM EN 1883

PAR LE

RAJAH COMM. SURINDRO MOHUN TAGORE,

MUS. DR., F. R. S. L., M. R. A. S.,

Compagnon de l'Ordre de l'Empire des Indes.

COMMANDEUR DE PREMIÈRE CLASSE DE L'ORDRE D'ALBERT, DE SAXE;
DE L'ORDRE DE LÉOPOLD, DE BELGIQUE;
DU SUBLIME ORDRE DE FRANÇOIS JOSEPH, D'AUTRICHE;
DE L'ORDRE ROYAL DE LA COURONNE DE FER, D'ITALIE;
DU SUBLIME ORDRE DE DANNEBROG, DE DANEMARK;
ET DE L'ORDRE ROYAL DE MÉLUSINE DE LA PRINCESSE MARIE DE LUSIGNAN;
CHEVALIER DE PREMIÈRE CLASSE DE L'ORDRE IMPÉRIAL DE
»PAOU SING" OU ETOILE D'OR, DE CHINE;
DE SECONDE CLASSE DE L'ORDRE IMPÉRIAL DU LION ET DU SOLEIL, DE PERSE;
DE SECONDE CLASSE DE L'ORDRE IMPÉRIAL DE MEDJIDIÉ, DE TURQUIE;
ET DE L'ORDRE MILITAIRE ROYAL DE CHRIST, DE PORTUGAL;
CHEVALIER DE L'ORDRE DE BASABAMALA, DE SIAM;
ET DE L'ETOILE DE GURKHA, DE NÉPAL;
»NAWAB SHAHZADA" DU SHAH DE PERSE, ETC., ETC., ETC.

Dressée d'après la liste imprimée anglaise qui
accompagnait la collection.

VITRINE N°. 54.

Classe A.

OBJETS EN ARGENT.

a. Fabriqués à Calcutta.

1. *Báti*. — Plat.
2. *Gáru*. — Pot à eau en forme de vase, avec goulot.
3. *Ghará*. — Vase à eau à cou étroit.
4. *Thálá*. — Assiette sur laquelle on sert du riz, du pain, etc.

b. Fabriqués dans l'un des domaines du Rajah Comm. S. M.
Tagore, C. I. E., Bengale oriental.

5. *Arakdán*. — Pièce supérieure du *Huká* (12) (pipe), sur laquelle se place le *Kalki* (13).

6. *Atardán*. — Vase en filigrane pour l'*Atar*, huile essentielle à odeur très pénétrante, offerte ordinairement à des visiteurs de distinction. Le couvercle représente un oiseau.

7. *Bátá*. — Assiette avec trois petits plats, dans lesquels se gardent différentes espèces d'épices qui se mangent après le repas.

8. *Dibá*. — Boite ronde où se met le *Pan* (feuille de bétel) que l'on mâche après les repas mélangé avec la noix d'arec,

le catechu, la chaux et des épices, et que l'on offre aussi aux visiteurs (nécessaire à sirih).

9. *Fursi*. — Pied en forme de vase pour appareil à fumer; en usage dans la classe aisée.

10. *Gelás*. — Coupe avec couvercle, pour l'eau.

11. *Goláb-pás*. — Vase de filigrane en forme de fleur, pour asperger avec l'eau de rose; s'emploie dans l'appartement des réceptions.

12. *Huká*. — Appareil à fumer ordinaire, monté en argent; le réceptacle pour l'eau est en noix de coco et le tuyau qui y est ajusté est en bois.

13. *Kalki*. — Tête évasée du *Huká*, servant à recevoir le tabac et le charbon ardent.

14. *Mukh-nal*. — Bout du tuyau du *Huká* qui se met à la bouche.

15. *Sálbot*. — Petit plateau.

c. Fabriqués à Cachemire.

16. *Goláb-dán*. — Petit vase pour eau de rose.
17. *Phul-dán*. — Coupe à fleurs.

Classe B.

OBJETS EN MÉTAL DE CLOCHE.

a. Fabriqués à Khangra, district de Moorshedabad, Bengale.

1. *Albalá.* — Espèce de pipe.
2. *Bátá.* — Petit plateau pour épices.
3. *Báti.* — Boite ronde avec couvercle.
4. *Dibá.* — Idem pour le *Pan* (bétel).
5. *Gelás.* — Coupe.
6. *Ghantá.* — Sonnette pour cérémonies religieuses.
7. *Karanga.* — Pot à eau avec couvercle, en forme de vase, imitation du *kamandalu*, forme classique.
8. *Kánchan-thálá.* — Assiette ronde.
9. *Phero.* — Petit pot en forme de vase dont on se sert pour boire.
10. *Pikdáni.* — Crachoir (forme de vase).
11. *Rekáb.* — Petite assiette ronde pour fruits, bonbons, etc.
12. *Teler-Bhánr.* — Pot à huile.

b. Fabriqués dans l'un des domaines du Rajah Comm. S. M. Tagore, C. I. E., dans le district de Midnapore.

13. *Ghari.* — Epaisse plaque ronde en métal faisant office de cloche et sur laquelle on frappe à certains moments des cérémonies religieuses.

c. Fabriqués dans le district de Cuttack, Orissa.

14. *Kánsar.* — Petit gong, frappé à certains moments du culte.

Classe C.

OBJETS EN CUIVRE ROUGE.

a. Fabriqués à Calcutta.

1. *Koshá.* — Vase en forme de cuiller, pour l'eau dans les rites.

2. *Kushí.* — Cuiller avec laquelle on asperge d'eau bénite.

3. *Támra-kunda.* — Plat bas pour eau bénite.

4. *Pushpa-pátra.* — Plateau rond sur lequel se gardent les fleurs pour le culte.

5. *Tát.* — Assiette sur laquelle on place le dieu domestique „Sálagráma", corne d'ammon pétrifiée, qui se trouve surtout dans la Gandak dans le Népal, et dans le lit de la Narmadá (Nerbudda) dans l'Inde centrale.

b. Fabriqués dans l'un des domaines du Rajah Comm. S. M. Tagore, C. I. E., dans le district de Nuddea, Bengale.

6. *Ghati.* — Espèce de cruche où se garde l'eau pour les rites.

Classe D.

OBJETS EN CUIVRE JAUNE.

a. Fabriqués à Calcutta.

1. *Badná.* — Pot à goulot, employé surtout par les Mahométans, pour l'eau des ablutions.

2. *Baithak.* — Pied de *Hukah* en forme de coupe (voy. nº. 12, classe A).

3. *Banti.* — Machine à couper les légumes pour la cuisine, formée d'une plaque de métal horizontale, en avant de laquelle se meut verticalement au moyen d'une charnière une autre plaque, qui a la forme d'une tête d'oiseau. Le couteau se trouve du côté intérieur de la plaque verticale. La surface des deux plaques a des ornements gravés.

4. *Beri.* — Espèce de pinces pour retirer du four les pots et les casseroles.

5. *Chhepáyá.* — Pied pour le *Bátá* (voy. nº. 2, classe B).

6. *Dábar.* — Cuvette avec couvercle.

7. *Dánr.* — Cerceau à perroquet avec deux auges.

8. *Dhákan.* — Couvercle rond avec bouton.

9. *Dhunuchi.* — Encensoir en forme de coupe, avec poignée.

10. *Hámán-distá.* — Mortier et pilon pour épices, etc.

11. *Hánri.* — Pot pour cuire le riz.

12. *Hátá.* — Cuiller potagère pour la cuisine.

13. *Jhánjri.* — Ecumoire au moyen de laquelle on retourne les aliments que l'on fait frire dans l'huile ou le *ghee* (beurre clarifié).

14. *Kará.* — Plat à double oreillon, dans lequel on fait frire le poisson et les légumes.

15. *Kájal natá.* — Petite boite ovale avec couvercle et pinceau pour le collyre employé en Inde par les femmes et les enfants.

16. *Khunti.* — Petit ustensile en forme de pelle pour retourner les aliments sur le feu.

17. *Myáchlá.* — Grand plat pour riz et légumes cuits.

18. *Pancha pradipa.* — Image tenant devant elle cinq des lampes plates que, dans les cérémonies du culte, on allume et balance en rond devant les idoles.

19. *Pradipa.* — Lampe à huile en usage à la campagne.

20. *Sará.* — Couvercle en forme de plat pour une marmite.

21. *Sálbot.* — Plateau de métal.

22. *Sinhásana.* — Trône sur lequel on place les idoles.

b. Fabriqués dans le district de Hoogly, Bengale.

23. *Bahugná.* — Pot pour riz ou légumes cuits.

24. *Gáru.* — Pot à goulot en forme de vase pour ablutions.

25. *Ghará.* — Sorte de cruche à eau.

c. Fabriqués dans le district de Cuttack, Orissa.

26. *Ghati.* — Petit pot à boire en forme de vase.

d. Fabriqués dans l'un des domaines du Rajah Comm.
S. M. Tagore, C. I. E., dans le district de
Midnapore, Bengale.

27. *Pilsuj.* — Pied en forme de chandelier, pour la lampe à huile employée à la campagne.

e. Fabriqués à Bénarès, provinces du nord-ouest.

28. *Sáji.* — Vase rond avec des pieds, pour fleurs devant servir aux rites.

f. Fabriqués à Delhi, provinces du nord-ouest.

29. *Kalki.* — Tête de la pipe *Albalá* (voy. n°. 8, cl. G.), destinée à recevoir le tabac et le charbon allumé.

Classe E.

VÊTEMENTS.

1. Soie.

a. Fabriqués à Bénarès.

1. *Benares Sári.* — Etoffe de soie violette brodée d'or, portée par les femmes indoues.

b. Fabriqués dans l'un des domaines du Rajah Comm.
S. M. Tagore, C. I. E., dans le district de Moorshedabad, Bengale.

2. *Báluchar Sári.* — Etoffe de soie violette, avec fleurs multi-colores dans la trame, portée par les femmes indoues.

c. Fabriqués dans l'un des domaines du Rajah Comm.
S. M. Tagore, C. I. E., dans le district de
Midnapore, Bengale.

3. *Garad Sári.* | Etoffe de soie jaune-clair à bord violet,
4. *Tassar Sári.* | portée par les femmes indoues.

d. Fabriqués à Delhi.

5. *Galâ-band.* — Mouchoir vert à bord rouge.

2. Coton.

e. Fabriqué à Dacca, Bengale oriental.

6. *Daccai Sari.* — Mousseline blanche portée par les femmes
indoues.

Classe F.

OUVRAGES SUR LA MUSIQUE ET AUTRES SUJETS.

Ecrits ou publiés par le Rajah Comm. Sourindro
Mohun Tagore, C. I. E.

a. Ouvrages en bengalais.

1. *Muktâbali-Nâtikâ.* — Drame. (Original).
2. *Mâlabikâgnimitra Nâtaka.* — Drame (Traduction).

3. *Játiya-Sangita-Bishayaka-Prastáva.* — Traité sur la musique nationale.

4. *Yantra Kshettra Dipiká.* — Traité sur le *Setár.*

5. *Hármonium Sútra.* — Traité sur l'harmonium.

6. *Yantra Kosha.* — Collection d'instruments de musique.

7. *Victoria Gíti-Málá.* — Histoire d'Angleterre en vers, mise sur de la musique indoue.

8. *Bháratiya Nátya Rahasya.* — Traité sur le drame indou, compilé d'après des ouvrages sanscrits.

9. *Rasábishkára Vrindaka.* — Morceaux dramatiques, dans lesquels sont personnifiées les huit principales *Rasás*, émotions des Indous.

b. Ouvrages en anglais.

10. *Musique indoue d'après divers auteurs.* — Recueil.

11. *Les six principales Rágas des Indous.* — Avec planches lithographiées.

12. *Les huit principales Rasas des Indous.* — Avec planches lithographiées.

13. *Les dix principales Avatáras des Indous.* — Avec planches lithographiées.

14. *La tresse attachée.* — Traduction du Vení-Sanhára Nátaka sanscrit.

15. *Aperçu succinct des instruments de musique indous.* — Par ordre alphabétique.

16. *Quinze mélodies.* — Recueil de compositions originales de l'auteur.

17. *Quelques chants indous.* — Avec de courtes descriptions; mis en musique.

18. *Deux chants de Owen Meredith mis en musique indoue.*

19. *Huit mélodies.* — Recueil de quelques unes des compositions originales de l'auteur.

20. *Táravati.* — Traduction d'un récit écrit en bengalais par la très honorée mère du traducteur.

21. *Sentiments dramatiques des Aryâs.*

22. *Hymne national.* — Traduit en vers sanscrits et bengalais et mis en musique sur douze mélodies indoues différentes.

c. Ouvrages en sanscrit.

23. *Sangita-Sâra-Sangraha.* — Antologie tirée de différents ouvrages sanscrits.

24. *Mânasa Pûjanam.* — Recueil d'hymnes de louange mis en musique indoue par S'ankaráchárjya.

25. *Kavi-rahasyam.* — Edition d'un ouvrage de Haláyudha, avec des notes de l'éditeur.

26. *Haratattva Dídhíti.* — Edition d'un ouvrage de feu Hurro Coomar Tagore, très honoré père de l'éditeur.

27. *Sangita-Darpana*, 1re partie. — Edition d'un ouvrage de ce nom, par Dàmodara Mis'ra, avec des notes de l'éditeur.

28. *Puras'charana Bodhini*, 1re partie. — Edition d'un ouvrage de feu le très honoré Hurro Coomar Tagore.

29. *Les cinq principaux musiciens des Indous*, ou courte exposition des principes essentiels de la musique indoue, telles qu'ils ont été indiqués par cinq célestes musiciens de l'Inde. — Mémoire présenté au cinquième congrès des orientalistes, tenu à Berlin en Septembre 1881.

d. Ouvrages sanscrits avec traduction anglaise.

30. *Victoria Sâmrájyam.* — Description de la Grande

Bretagne et de l'Irlande et de tous les autres pays soumis à S. M. la reine d'Angleterre, en vers et sur des mélodies de ces différentes contrées.

31. *Rome-kâvya*. — Histoire succincte de Rome, en vers sanscrits, depuis l'époque la plus reculée jusqu'aux temps actuels.

e. Ouvrage en indoustani.

32. *Gitâvali*. — Traité élémentaire de chant.

f. Ouvrage sanscrit avec traductions en indoustani, en bengalais et en anglais.

33. *Manimâlâ*. — Traité sur les pierres précieuses, compilé dans plusieurs sources; en deux parties.

Classe G.

OBJETS DIVERS.

a. Fabriqués à Calcutta.

I. OBJETS EN RUPDASTA.
(alliage d'argent et de zinc).

1. *Arakdân*. — Pièce supérieure de la pipe *Albalá* (n⁰. 8 — classe C), sur laquelle on place le *kalki*.

2. *Mukh-nal*. — Bout pour la pipe *Albalá*.

II. Objet en cuivre jaune plaqué d'argent.

3. *Chauki.* — Baldaquin sous lequel on place les idoles.

III. Objet en bidri.

Fabriqué à Moradabad dans les provinces du nord-ouest.

4. *Panér Kauta.* — Boîte où l'on met les feuilles de bétel préparées.

IV. Objet en terre cuite.

Fabriqué dans l'un des domaines du Rajah Comm. S. M. Tagore, C. I. E., dans le district de Nuddea, Bengale.

5. *Pikdáni.* — Crachoir en terre brune.

V. Objet en rotin.

Fabriqué dans l'un des domaines du Rajah Comm. S. M. Tagore, C. I E., dans le district de Midnapore.

6. *Muslund-mádur.* — Natte avec bordure de franges en coton; natte sur laquelle on s'assied d'ordinaire au Bengale.

VI. Objets en roseau recouvert de soie et de fil d'or.

Fabriqués à Calcutta.

7. *Nal.* — Pipe pour le *Fursi* (N°. 9, classe A).
8. *Nal.* — Pipe pour l'*Albalá* (N°. 1, classe B).

VII. PHOTOGRAMME.

Fait à Calcutta.

9. Portrait photographique du Rajah Comm. S. M. Tagore, C. I. E.

APPENDICE.

Classe G.

VIII. PUNTI (grains de cristal artificiel).

10. Bourse.

IX. OBJET EN PAILLE.

Fait dans le Béhar.

11. Corbeille.

X. VELOURS BRODÉ D'OR.

Fait à Bénarès.

12. *Sujni.* — Courte-pointe de velours rouge, à large bord brodé d'or et de soie rouge et verte.

13. Coussin (même matière et même travail).
14. Deux oreillers (même matière et même travail).

XI. Objet en composition métallique [1]).

Fabriqué à Moradabad.

15. *Gáru.* — Bassin pour l'eau.

XII. Objets en argent.

Fabriqués dans l'un des domaines du Rajah Comm.
S. M. Tagore, C. I. E., Bengale oriental.

16. *Sarpas.* — Couvercle pour le *kalki.*
17. Pièce supérieure du *Sarpas.*

XIII. Photogrammes.

Faits par un indigène.

a. Ajmere.

18. Panorama de la ville d'Ajmere.

b. Jeypore.

19. Rue de Jahari-Bázár.
20. Palais d'„Ambar" (vu depuis le jardin du Daláráui).

---

[1]) Argent, cuivre jaune, plomb et étain.

21. Porte et collines de Galtá.
22. Háwá Mahál.
23. Ville de Jeypore.
24. Galtá-Bálgangá.
25. Rue de Ghat, jardin de Manic Chunder Sett.
26. Palais „d'Ambar" (intérieur avec le Dewan khás).

XIV. PHOTOGRAMME.

Fait à Calcutta.

27. Jenne fille de famille noble du Bengale, en costume de fiancée. — Groupe.

XV. OBJETS EN COTON.

Fabriqués au Bengale.

28. *Gálichá*. — Tapis blanc à dessins bleus.
29. *Satranji*. — Dito, blanc à raies larges et étroites.

XVI. COTON ET LAINE.

Fabriqué à Cawnpore dans les provinces du nord-ouest.

30. *Ashan*. — Petit tapis multicolore sur lequel les indigênes s'accroupissent pour adorer leurs dieux.

XVII. OSIER TRESSÉ.

Fabriqué dans l'un des domaines du Rajah Comm. S. M. Tagore, C. I. E., dans le Bengale oriental.

31. *Sital Páti*. — Natte pour s'asseoir.

XVIII. PEAU DE TIGRE.

32. *Bydghrdsana.* — Tapis carré sur lequel les dévots indous se placent pour méditer et pour adorer les dieux.

XIX. OBJET EN CUIVRE JAUNE.

Fabriqué à Calcutta.

33. *Sarpas.* — Couvercle pour le *kalki* (N°. 29, classe D).

OBJETS ENVOYÉS

PAR

J. W. VAN LANSBERGE, Dr. en droit,

ANCIEN GOUVERNEUR-GÉNÉRAL DES INDES NÉERLANDAISES.

demeurant à

BRUMMEN.

Six petites idoles de cuivre, Inde anglaise.
Dix figurines grotesques en cuivre jaune, Inde anglaise.
Boite d'ivoire sculpté, Inde anglaise.

OBJET ENVOYÉ PAR N. N.

Boite en filigrane d'argent de Ceylan.

MUSIQUE INDOUE.

La gamme indoue est essentiellement semblable à la nôtre.
Elle embrasse sept notes, qui sont en même temps les toniques
des modes ou tons fondamentaux, appelés „Swaras". En voici
les noms:

Sharja,	Panchama,
Rishaba,	Dhaivata,
Gandhara,	Nishada,
Madhyama,	Sharja.

Les initiales de ces noms sont ceux des notes de la gamme,
Sa, *Ri*, *Ga*, *Ma*, *Pa*, *Dha*, *Ni*, *Sa*, qui correspondent à notre
Ut, *Ré*, *Mi*, *Fa*, *Sol*, *La*, *Si*, *Ut*. Pour écrire la musique, les
Indous n'ont pas, comme nous, des signes spéciaux pour exprimer la hauteur des tons et la mesure. Dans leur système à
eux, on écrivait simplement autrefois les noms des notes que
nous venons d'énumérer, et l'on indiquait la mesure en rendant
longue ou brève la voyelle de ces syllabes. C'était évidemment
très primitif et insuffisant, aussi les Indous ont-ils perfectionné
ce mode d'écriture en y ajoutant certains signes, points, courbes,
etc. qui orientent un peu mieux les exécutants.

Ils divisent le ton entier en demi-tons, tiers de tons et quarts de tons, et ont des signes qui, joints au nom de la note, avertissent le chanteur de l'intonation qu'il doit lui donner; ou bien s'il s'agit d'un instrument, par exemple du vina, les signes correspondent à un certain doigté, connu des maîtres de musique et des exécutants, au moyen duquel se produit l'effet voulu par le compositeur.

Entre les sept tons fondamentaux se placent cinq tons intermédiaires produits par l'élévation de la note inférieure ou l'abaissement de la note supérieure, nos dièses et nos bémols. L'échelle entière de tons primitifs et de tons dérivés comporte ainsi douze degrés chromatiques. Chacun de ces 12 tons peuvent se présenter dans la musique sous sept caractères différents, ce qui fait que le compositeur a à sa disposition

$$(7 + 5) \times 7 = 84 \text{ sons musicaux.}$$

De ces 84 sept seulement sont primitifs; les 77 autres sont dérivés, ce qui n'empêche pas les Indous de les considérer chacun comme pouvant servir de tonique, ce qui fait qu'ils ont 84 tons ou modes, à chacun desquels ils donnent un nom. Dans leur musique classique, ils exigent que toute mélodie s'achève dans le même ton, sans modulations fondées sur une autre gamme. Les 84 modes sont répartis entre les diverses heures du jour et de la nuit, et l'on observe très sévèrement cette répartition. Aucun directeur de musique, aucun exécutant qui se pique de culture musicale, ne se permettrait de faire entendre de la musique vocale ou instrumentale à un autre moment que celui exigé par le genre de cette musique; et s'il essayait de commettre un acte aussi audacieux, il ne trouverait pas grâce auprès des auditeurs rafinés.

Voici un exemple donné par Sir William Jones. „Supposez, dit-il, qu'une mélodie ou qu'un passage commence par

D, E, F♯, G♯, A, B, C♯, D;

le premier intervalle d'un demi ton se trouve entre la quatrième et la cinquième note, et le second entre la septième et la huitième, comme dans la gamme majeure: le G♯ et C♯, ou ga et ni des auteurs indous, font de cette série notre gamme en D (Ré) majeur. Il faut d'après la règle indoue que la mélodie qui commence ainsi se termine sur la cinquième note à partir de la tonique, et l'on se rendrait coupable d'infraction aux règles musicales si on la chantait à un autre moment qu'à la chute du jour." [1]

Un autre système, peut-être plus récent, admet six tons fondamentaux d'où se déduisent cinquante quatre modes musicaux au moyen d'une allégorie. Bhairava, Malava, Sriraga, Hindola, Dipaca et Megha sont six nymphes, dont chacune à épousé un Ragini et a huit enfants. On a ainsi les six nymphes comme tons fondamentaux, leurs six époux comme demi-tons, et leurs quarante-huit enfants comme tons dérivés; en tout cinquante-quatre [2].

---

[1] L'explication de Sir William Jones n'est point satisfaisante. Dans la gamme majeure européenne, le premier demi-ton ne se trouve pas entre la quatrième et la cinquième note, mais entre la troisième et la quatrième. Aussi les huit notes de cet exemple ne répondent-elles point à notre gamme de D (Ré) majeur, mais à celle d'A (La). Autre confusion: le ga des Indous est notre C (Ut) et leur ni est notre G (Sol). Enfin l'obligation de faire terminer cette mélodie sur la cinquième note, est pour moi une nouvelle preuve qu'il s'agit ici de la gamme de La majeur et non pas de Ré. Quelqu'un pourrait-il expliquer l'explication de Sir William Jones ? DAN. DE LANGE.

[2] Je ne comprends pas la théorie exposée ici. A force d'y réfléchir, on pourrait peut-être soupçonner qu'une gamme primitive de six notes

C, D, E, F, G, A

a servi de base au système. Nous aussi, nous avons eu autrefois des hexachordes avec ces six notes. Mais je ne comprends par alors pourquoi l'on a admis six demi-tons; car l'intervalle E F est déjà un demi-ton, où il n'y a pas moyen d'en intercaler un nouveau. Le calcul n'est pas non plus clair. En effet

$$6 \text{ mères à } 8 \text{ enfants} = 54$$
$$6 \text{ pères} \quad\quad\quad\quad 6$$
$$\text{font un total de} \quad 60$$

D'après un troisième système, on compte six tons fondamentaux et trente dérivés. Le nom de chacun d'entre eux est dérivé de celui de la note par laquelle la gamme commence ou finit. Par exemple, le Sriraga répond à notre gamme en La mineur; Sa ou notre La est la tonique, et Pa, notre Mi est diminué d'un „sruti", ou partie de note. Nous trouvons ainsi que cette gamme répond à la nôtre de La, Si, Ut, Ré, Mi, Fa, Sol, La, avec un ton dérivé ou trois srutis entre la cinquième et la sixième note.

Beaucoup d'instruments, tels que le *vina*, le *sarungi*, etc. permettent d'exécuter des passages chromatiques et enharmoniques fort compliqués. Cela vient de ce que le système musical indou établit pour chaque octave vingt-deux srutis, ou subdivisions de notes, soit qu'il ajoute des demi-tons, des tiers et des quarts de tons à chaque ton ou bien à ceux pour lesquels c'est nécessaire d'après les règles du mode employé. Il paraît cependant qu'il ne peut pas y avoir plus de „vingt-deux srutis" dans un seul et même octave, et que c'est la tonique ou prime qui détermine quelles notes peuvent avoir des srutis et combien.

„Les demi-tons, dit Sir William Jones, se placent comme dans nos gammes diatoniques; les intervalles entre la quatrième et la cinquième et entre la première et la seconde, sont de grands demi-tons; mais celui entre la cinquième et la sixième, qui dans notre gamme est un petit demi-ton, chez eux en est un grand." [1]

Pourquoi le texte parle-t-il donc de 54? Faut-il admettre que les auteurs de cette théorie suivaient la règle de droit en vertu de laquelle „la recherche de la paternité est interdite?" En d'autres termes, les Ragini ne représentent-ils que des tons fictifs, qui ne comptent pas dans le calcul des gammes possibles? Je m'y perds.   Dan. de Lange.

[1] Je ne saisis absolument pas de quelle gamme diatonique Sir William veut parler.   Dan. de Lange.

On fait harmoniser les deux gammes en enlevant un „sruti‟ du Pa, notre Mi, et en l'ajoutant au Dha, notre Fa; c'est ce que les Indous appellent élever Savaretna à la classe de „Senta‟ et de ses sœurs. Chaque sruti est une petite nymphe, et ces nymphes, srutis ou quarts de la cinquième note Pa (Mi) portent les noms de „Malini, Chapala, Sola et Savaretna.‟

De cette manière chaque note a des fées qui lui sont subordonnées, et comme ces fées ont des noms, les musiciens instruits connaissent chez les Indous immédiatement et sans les confondre toutes les subdivisions de chaque ton.

Il existe maintenant encore un grand nombre d'ouvrages sur la musique, en sanscrit, en telugu, en canari et en tamul. Il paraît que dans la partie méridionale de l'Inde on a continué de considérer la musique comme une science et de l'étudier comme telle, longtemps après qu'elle eut perdu dans le Nord tout droit à porter ce titre.

Lorsque Alla-u-deen Toglak envahit le Deccan en 1294 et que plusieurs années après le général mogol Mullik Kafur acheva la conquête du Midi de l'Inde, on trouva, disent les historiens mahométans de cette époque, que la musique de ces contrées était tellement supérieure à celle du Nord, que les troupes royales emmenèrent avec elles des chanteurs et des chanteuses, ainsi que des musiciens avec leurs professeurs brahmanes, et les firent s'établir dans le Nord.

Des orientalistes compétents ont examiné les anciens traités de musique conservés jusqu'à maintenant, et ils ont acquis la certitude que la musique occupait une place importante dans la vie des Indous d'autrefois. Ils écrivaient des traités très savants et très ampoulés sur les systèmes musicaux, sur les variations de la gamme, sur la structure des instruments de musique, sur la détermination des tons ou modes, sur le chant, sur l'instrumentation; mais rien n'indique qu'ils aient découvert ou inventé les lois de l'harmonie, ce qui fait que leur musique est privée d'un élément capital. Ce fait, joint à la pédanterie avec laquelle les savantasses prétendaient déterminer une fois pour toutes les divers modes de mélodies et prohiber toute infraction à leurs méticuleuses règles, est cause que chez les Indous la théorie et la pratique de la musique n'ont pas pu se perfectionner et progresser comme chez d'autres nations. Comme toutes les autres sciences des Indous, comme leur philosophie, leur érudition musicale est restée stérile. Le joueur de *vina* ou de *sarungi* va à l'aventure, guidé seulement par son oreille et par la nature de son instrument, perdu dans un chaos de tierces, de quintes, d'octaves dont les vrais rapports lui sont inconnus; mais toutes les mélodies, chantées ou jouées, s'exécutent à l'unisson; que l'on réunisse toutes les voix imaginables, sopranos, ténors, basses, tous les instruments aussi, les Indous ne sortent pas de l'unisson.

Inutile de dire à quel point cette musique est monotone. Elle n'a rien d'attrayant en général pour des oreilles européennes, si elle ne leur est pas positivement désagréable. Il faut cependant remarquer que peu d'oreilles européennes ont pu entendre de bonne musique classique des Indous. Les ragoûts qu'on leur sert d'ordinaire sont des ballades et des chants d'amour vulgaires, des chansons modernes persanes ou hindoustani, piaillées par des danseuses sans instruction musicale, au milieu de la cohue des durbars[1]), des noces et autres pompes indigènes. Par exemple, feu le Newab Shumsh-ul Umrah d'Hyderabad avait l'habitude de réunir de dix à vingt escouades de danseurs ou de chanteurs; chaque groupe était composé de

---

[1]) Audiences solennelles des princes.

plusieurs femmes chantantes et d'un nombre proportionné de joueurs d'instruments. Tous chantaient et jouaient en même temps ce que bon leur semblait, mélodies et accompagnements divers à l'aventure, et l'on peut deviner quel infernal sabbat devait en résulter. Il n'est pas surprenant que les hôtes anglais du prince se bouchassent les oreilles et déclarassent que ce que les indigènes appellent de la musique est une abomination. Mais supposons que quelqu'un désire connaître la musique européenne, et qu'on réunisse devant lui pour le satisfaire les chanteurs les plus distingués et les meilleurs orchestres d'une de nos capitales pour leur faire exécuter les plus beaux morceaux de leurs répertoires, mais qu'on les fasse chanter et jouer tous en même temps sans tenir compte les uns des autres. Le tintamare composé de beautés que notre curieux entendra ne sera pas moins affreux que la cacophonie de Shumsh-ul.

Il y a pourtant de la bonne musique indoue. Les anciens râgs avec leurs simples mélodies, les gammes, très difficiles d'exécution, mais souvent d'un très bel effet, et d'autres études vocales et instrumentales, les belles ballades plaintives des Rajputes et des Mahrattes, récompenseraient pleinement la peine de celui qui en ferait un recueil, pourvu qu'il fût compétent. Le gouvernement de l'Inde rendrait au monde musical un service signalé, s'il voulait faire faire un recueil complet des meilleures compositions indoues et musulmanes qui existent dans le Nord de la péninsule, dans le Rajputana et le Guzerat, dans les provinces méridionales et jusqu'au centre du Maharashtra et du pays de Bundelkund. La musique de chacune de ces provinces a son cachet particulier, aussi bien que les différentes musiques nationales de l'Europe, et il s'y trouve de nombreux morceaux fort intéressants. De combien d'anciens râgs ou tons n'a-t-on pas fait des chants d'amour! Combien de haut-faits de l'antiquité et du moyen-âge n'ont-ils pas fourni la matière à des ballades très analogues aux nôtres, descriptives, pittoresques, très originales tant par la musique que par les sujets traités! Il y a encore en circulation dans le pays des Mahrattes d'innombrables ballades et chants d'amour, provenant de la première période mahométane, de l'époque qui suivit et pendant laquelle les Mahrattes se soulevèrent contre leurs oppresseurs, et enfin de l'époque plus récente des guerres que ce peuple a soutenues contre les Anglais. Ces ballades sont pleines d'aventures et de descriptions animées. Quant aux chants d'amour, on en trouverait dans chaque province de l'Inde des vingtaines, même des centaines, de tout à fait dignes d'être arrachés à l'oubli et d'être conservés parmi les monuments musicaux du monde.

INSTRUMENTS A CORDES.

Le Vina (Catalogue N°. 1).

Le meilleur des instruments à cordes de l'Inde, celui qui a le plus de son et est en même temps le plus mélodieux, est le *vina*. Le manche du *vina*, avec dix-neuf touches, embrasse $2^1/_2$ octaves. Les touches elles-mêmes représentent les notes suivantes de la musique européenne:

D, D♯, E, F, F♯, G, G♯, A, B♯, C, C♯, D, D♯, E, F, F♯, G♯, A, D[1]). C'est sur cet instrument qu'il faut enten-

---

[1]) J'ai des doutes au sujet de deux de ces notes, B♯ et D, la neuvième et la dernière de la série. B♯ sur nos instruments revient à C, d'autre part A♯ ou

dre jouer la musique classique pour la comprendre. „Plus d'une fois, dit le colonel Trench, je l'ai entendu jouer par des artistes de talent et exercés, surtout de Mysore et du Midi de l'Inde. Un jour l'un d'entre eux me joua plusieurs mélodies avec des variations, après quoi il modifia le ton fondamental de son instrument et se mit à exécuter un morceau que je reconnus immédiatement, mais que je fus extrêmement surpris d'entendre jouer par cet artiste-là. C'était en effet un passage étendu de la Sonate de Beethoven en *la* majeur. Il me raconta qu'il avait une fois enseigné à une dame anglaise beaucoup de morceaux de sa musique à lui, et que cette dame en revanche lui avait appris cette Sonate. Il la préférait, disait-il, à tout le reste de la „musique anglaise", et je dois dire qu'il l'interprétait très bien dans les limites de ce qui était possible sur un instrument aussi imparfait." Le grand nombre des touches, les notes qu'elles représentent, et la place qu'elles occupent dans le doigté indou, suffisent à faire comprendre que le *vina* est un instrument riche en ressources. Aussi Sir William Jones en dit-il beaucoup de bien dans son *Essai sur la musique indoue* et l'appelle-t-il le maître instrument de l'Inde.

Le Sitar *(Tritantri Vina,* Catalogue N°. 3).

Le *Sitar* est un instrument destiné exclusivement à jouer des mélodies. Il possède cinq cordes de métal, trois d'acier pour le soprano et deux de cuivre pour la basse, avec dix-huit

---

B ♭ manque dans la série. D est la clôture nécessaire du second octave; il faudrait donc admettre que dans le second octave on ne fait pas usage des tons intermédiaires. Je n'ose toutefois pas exprimer d'opinion, tant que je n'aurai pas pu inspecter les touches de l'instrument.   Dan. de Lange.

touches, dix-neuf si l'on compte le sillet. On verra du premier coup d'œil que cet instrument est bien conçu; il a cependant le défaut que ses cordes de métal vibrent avec une résonnance nasale désagréable. On peut mettre le *sitar* à tous les tons en faisant glisser les touches vers le haut ou vers le bas du manche, et les instrumentistes habiles savent le faire avec une grande justesse. On obtient souvent sur cet instrument d'étonnants effets; l'artiste peut y exécuter des passages chromatiques qui tiennent compte même des quarts de tons.

Le Tumbura (Catalogue N°. 28).

Cet instrument est composé d'une grosse citrouille, qui remplit les fonctions de caisse de résonnance, et d'un manche sans touches, muni de chevilles à l'une de ses extrémités. De ces chevilles partent deux cordes, l'une de cuivre et l'autre d'acier, qui courent le long du manche, se tendent par dessus un chevalet, et sont munies à leur extrémité inférieure d'une perle en verre, qui améliore le son et qui aide à accorder. On ne peut pas faire de musique variée sur cet instrument. Il ne s'accorde que pour un seul accord, dont on peut varier le ton, mais que l'on choisit d'ordinaire en *ut*. Le doigt passe rapidement sur les cordes pendant qu'elles vibrent et produit ainsi l'accord complet, ou bien on joue chaque note séparément, mais en succession très rapide.

Presque tous les chanteurs indous et mahométans préfèrent cet instrument à tout autre. De fait il ne sert qu'à soutenir la voix en produisant un accompagnement très simple, qui maintient la mesure sans gêner la liberté du chanteur. Les chanteurs indigènes tiennent surtout aux fioritures, et ne demandent par conséquent qu'aux ressources qu'ils trouvent dans leur gosier les éléments de leur succès. Ils dédaignent comme ne sachant pas se servir de sa voix celui qui ne se contente pas pour s'accompagner du simple accord du *tumbura*. D'ordinaire le chanteur s'accompagne lui-même. Cependant on voit quelquefois deux ou trois instruments de différentes grandeurs et de différents tons accompagner un chanteur sûr de son ton et de sa mesure. Le *tumbura* ne s'emploie donc que pour soutenir la voix des chanteurs et des chanteuses, pour accompagner des récitatifs, pour accompagner des hymnes religieuses et pour maintenir le ton quand on chante des gammes pour s'exercer. Jamais on ne le joue en compagnie de flûtes, de flageolets ou de quelques autres instruments différents que ce soit. Toutefois, quelque simple que soit son effet, il peut, comme on a dit, être fort agréable, pourvu que l'instrument soit doux de son.

Le Sarungi et le Chikara (Catal. Nos. 20 et 32).

Ce sont les violons indous ordinaires. La construction en diffère un peu de celle des nôtres, mais la manière d'en jouer est la même. C'est le *sarungi* que l'on emploie le plus. Le *chikara* est un violon de moindre valeur, que l'on voit surtout entre les mains d'acteurs ou de moines mendiants ambulants, qui représentent de petits drames, récitent des poëmes, chantent des ballades. Le *sarungi* a quatre cordes de boyaux de chat; on le joue avec un archet. Un bon musicien en tire des sons agréables et qui saisissent; c'est peut-être l'instrument dont le son se rapproche le plus de celui de la voix humaine. Les tons qui s'en tirent vibrent plus fort et sont beaucoup plus mélodieux qu'on n'aurait pu le croire en tenant compte de la petitesse et du manque de fini de cet instrument. Deux causes expliquent ce fait. Premièrement, la caisse est recouverte de parchemin; secondement, sous les cordes de boyau que l'archet fait vibrer sont tendues onze cordes de fil d'acier fin, accordées dans le ton où l'on joue; elles vibrent sans doute avec les cordes supérieures et ajoutent des sons harmoniques à ceux que ces dernières produisent.

Le *sarungi* est plus employé par des artistes mahométans que par des Indous; il se peut bien que ce soient les musulmans qui l'ont introduit en Inde, peut-être depuis la Perse. Le *sarungi* se prête jusqu'à un certain point comme notre violon aux passages chromatiques et aux effets d'harmonie; toutefois il faudrait le perfectionner, ce qui se pourrait fort bien sans lui faire perdre son cachet particulier; dans ce cas, il est probable qu'il ne ferait pas un mauvais effet dans nos propres orchestres.

INSTRUMENTS A VENT.

Flûtes de roseau (Catalogue Nos. 40—44).

Les flûtes de roseau sont en usage partout dans l'Inde. Ce que la cornemuse est pour l'Ecosse et l'Irlande, ces flûtes le sont pour l'Inde, et quoique elles aient la forme de flageolets, elles ont tout à fait le son de la cornemuse, si ce n'est qu'il est peut-être plus fort, et, si l'exécutant est habile, plus mélodieux. Elles ont sept ou huit trous, et semblent par conséquent ne posséder que bien peu de notes; toutefois, soit la manière de manier l'embouchure avec les lèvres et la langue, soit celle d'utiliser les trous, permet des combinaisons qui produisent les demi-tons et les quarts de tons. On peut donc jouer sur ces flûtes de ces passages chromatiques qui sont tellement du goût des artistes indigènes, et dont réellement l'effet est grand. Le son de ces flûtes est trop intense pourqu'il soit agréable de les entendre de près; mais à distance et en plein air, surtout dans les montagnes, le son est un peu étouffé et devient puissant et doux. Comme il a été dit, l'emploi en est général. Ce sont les seuls instruments qui se jouent régulièrement en plein air. On le fait à propos de tout, cérémonies religieuses domestiques ou publiques, processions solennelles, etc. Le genre de musique exécutée varie avec les circonstances pour lesquelles on la joue. Il y a des modes distincts, dont l'effet est très varié, pour les marches et la musique militaire, pour les morceaux joués aux noces, pour les fêtes joyeuses, pour les funérailles, pour la bienvenue et pour les adieux, pour les ballades populaires, pour la musique du Nobut ou Nahabat. On peut souvent dans le pays des Mahrattes entendre une flûte jouer gaiement ou plaintivement quelque mélodie populaire de façon à produire un effet saisissant; l'exécutant sait introduire dans son jeu des combinaisons très originales et intéressantes.

Le Nahabat est l'orchestre d'apparat réservé au service des nobles, des temples, ou des tombeaux de saints mahométans ou indous. On s'efforce d'ordinaire de les composer des meilleurs musiciens que l'on puisse trouver. L'exécution est accompagnée par des tambours, ténor et basse, et par de grandes timbales accordées sur les flûtes, qui rehaussent fort l'effet du tout. La musique qui s'exécute est à peu près toute de tradition, car on ne joue jamais de musique écrite. Cela ne veut pas dire que l'on ne compose plus. Les maîtres combinent de nouvelles mélodies dans les cadres donnés par les modes de la classification reçue, et ils les enseignent à leurs élèves.

C'est ainsi par l'enseignement oral que se conserve de génération en génération la connaissance des changements de modes qui doivent se faire pour les différentes heures du jour ou de la nuit, et pour les différentes circonstances où l'on se trouve.

Pour en revenir aux flûtes, notons que les musiciens mahrattes y joignent souvent des flageolets, dont le son plus doux modère les éclats trop perçants des flûtes.

Les joueurs de flûte du pays des Mahrattes portent le titre de *Gursee*. Leurs fonctions s'héritent de père en fils. Avec leurs fonctions ils se passent héréditairement les uns aux autres certains priviléges, la jouissance de certains morceaux de terre, une part des récoltes appartenant au village, etc., etc. Les *Gursees* sont chargés de balayer les temples des villages, d'y allumer les lampes et de figurer dans certaines cérémonies. Quand ils jouent pour des noces, des fêtes, des funérailles, etc., ils ont droit à des émoluments que personne ne leur conteste et qu'au contraire on paye exactement.

Le Cor (Catalogue Nos. 45—47).

Le *cor* s'emploie dans l'Inde entière pour donner des signaux, pour le service de garde, dans les processions et autres circonstances semblables. Mahométans et Indous en font usage, cependant ce sont généralement des Indous d'assez basse caste qui en jouent. Dans tous les villages de l'Inde centrale et méridionale, il y a un ou plusieurs gardes de nuit, qui doivent sonner du *cor* au coucher du soleil, à certaines heures de la nuit, ou quand ils font leurs rondes. Dans les grandes villes chaque *mahulla* ou garde est accompagné d'un joueur de cor, qui doit prêter ses services pour la police de nuit ; rarement ce fonctionnaire fait défaut dans les rangs d'une patrouille ou d'un détachement de troupes irrégulières. Le cor est considéré comme indispensable dans toutes les processions, dans les cérémonies du culte, surtout quand se célèbrent des noces et d'autres fêtes. On joue des complaintes sur cet instrument à l'enterrement des Indous des classes inférieures et lors de la crémation des cadavres de princes indous.

Tout dignitaire indigène qui parcourt le pays a dans sa suite au moins un joueur de cor, et dès qu'on approche d'une ville ou d'un village, celui-ci, marchant en avant tout rempli du sentiment de son importance, annonce avec son instrument l'arrivée du grand personnage. Un autre cor répond depuis la porte, où à ces signaux se réunissent les autorités du lieu afin d'aller à la rencontre du visiteur et de lui faire leurs compliments de bienvenue. Dans ces occasions, les joueurs de cor s'escriment de chaque côté à qui se fera entendre par dessus son collègue, et l'effet produit est loin d'être harmonieux.

Les mendiants voyageurs de différentes classes, mahométans et Indous, font usage de cet instrument. Les conducteurs de bestiaux ou de transports de grains ou de marchandises, Brinjarees, Comptees et autres, aiment à sonner du cor de temps en temps le long de la route pour animer leurs buffles ou pour les rallier, et ils le font aussi en quittant les stations ou en y arrivant.

Le son du cor indou ressemble beaucoup à celui du *cor de chasse* ordinaire, mais il est plus puissant. L'instrument indou a aussi plus d'étendue quand on sait s'en servir. Dans les signaux il y a souvent des notes hautes que l'on accompagne de trilles et de cadences aiguës, qui font un effet surprenant et ont quelque chose de singulièrement hardi, quand on entend ces sons étranges descendre des murailles d'un vieux château, ou des tours ou des portes d'une ville, aux approches de la nuit, bien plus encore quand la nuit est tout à fait venue et que le silence règne partout et n'est interrompu par les sons du cor.

Le Clairon (Catalogue Nos. 48—52).

On ne se sert pas du clairon comme d'instrument de musique, mais on en sonne pendant les cérémonies religieuses des Indous, dans leurs processions et devant les idoles. Il ne se prête pas aux mélodies, quoique on puisse au moyen des lèvres en varier beaucoup les modulations. Il produit des sons clairs, onduleux, que l'on ne peut pas entendre, de grand matin ou tard dans la soirée, sortir des temples indous ou des bosquets qui les entourent sans éprouver une impression particulière, triste, mais non sans charme.

La flûte du charmeur de serpents (Catal. N°. 53).

Ces instruments permettent de disposer de six tons avec trois demi-tons. On peut en tirer des mélodies simples et plaintives, d'ordinaire sur un mode dérivé. Toutefois on n'en joue pas en compagnie d'autres instruments; ils restent l'apanage exclusif des charmeurs de serpents et de diverses catégories de jongleurs, d'acrobates et gens de métiers du même genre. Les charmeurs de serpents ne tirent de leur flûte que deux notes, qui semblent avoir le pouvoir d'animer les serpents que le charmeur veut exhiber (d'ordinaire le cobra de capello); les animaux se dressent sur leur queue, gonflent leur tête et l'agitent en tous sens; le charmeur s'excite alors de plus en plus et, à mesure qu'il presse son rythme, les serpents se mettent aussi à accélérer leurs mouvements. Les jongleurs font jouer de cette flûte avec accompagnement d'un petit tambour pendant leurs exercices, et cela semble aussi les exciter, surtout lorsqu'ils doivent jongler avec des boules ou des couteaux, qu'ils jettent en l'air et reçoivent de nouveau.

Pour mieux faire comprendre l'effet produit par cette flûte, le colonel Trench raconte le fait suivant. Un très grand cobra avait pénétré dans son jardin et répandait la terreur. On appela des charmeurs de serpents qui s'emparèrent du cobra en présence du colonel en se servant de la flûte. On commença par jouer doucement à l'entrée du bosquet d'aloës où se trouvait le trou habité par l'animal. Petit à petit les sons devinrent plus forts, la mesure plus pressée; le serpent montra sa tête; celui qui jouait de la flûte se mit alors à reculer lentement et le serpent le suivit, sortant tout à fait de son trou et prenant une attitude agressive. Un second homme prit ce moment pour se placer lestement derrière lui pendant que son attention était absorbée par le joueur de flûte, jeter sur lui une lourde couverture et immédiatement le saisir par la tête, sous les mâchoires. On fixa alors la tête au sol au moyen d'un bâton fourchu, puis avec de fortes pinces on arracha les crochets à venin de la dangereuse bête. Alors on la relâcha. Elle était évidemment intimidée et épuisée. On la mit dans un panier et on l'emporta pour la dresser. Aucun doute n'était possible sur l'identité du serpent, car un coup de fusil l'avait rendu reconnaissable en lui enlevant une partie de sa queue, une fois que l'on avait essayé de le tuer. Les mêmes hommes s'emparèrent une autre fois de serpents qui avaient élu domicile dans le toit de chaume de la maison, et qui semblèrent tous contraints d'en sortir par l'influence irrésistible de la flûte.

INSTRUMENTS DE PERCUSSION ET INSTRUMENTS QUE L'ON SECOUE.

Le tambourin commun et le petit tambourin.

On les frappe de la main pour accompagner la voix; mais on se sert d'une baguette lors qu'il faut accompagner des flûtes ou des instruments très sonores. Les deux instruments sont très répandus, mais se voient rarement aux mains de musiciens de profession.

Le tambour double (Catal. Nos. 69, 70, 75, 76).

On préfère souvent le tambour double au tambourin. Pour s'en servir on le suspend à une écharpe attachée à la taille, et on en joue avec les mains, ce qui se fait avec beaucoup de force. Le son en est doux et agréable, et accompagne fort bien la voix de concert avec les violons. La caisse de ces tambours se fait de cuivre rouge.

Les Indous font grand cas de l'art de jouer de ces instruments. Ils servent en effet à marquer la mesure, ce qui n'est pas facile, celle-ci étant fort compliquée. Elle diffère beaucoup de la nôtre, à cause de tous ces modes qui existent dans la musique indoue. Les tambours ont donc à exécuter des rythmes élégants, mais si difficiles, que pour en bien jouer il faut s'exercer pendant des années.

Cymbales en métal (Catal. Nos. 54, 55, 65, 66).

Ces instruments servent à accompagner toute la musique que font les indigènes; pourtant dans le Nord on les réserve pour la musique religieuse plus que dans le Sud, où ils sont très employés pour tout. Quand on choque les grandes cymbales faites d'argent ou de métal de cloche, le son qu'elles donnent ressemble à celui des cymbales de nos musiques militaires et s'harmonise bien avec les rauques éclats des trompettes, avec les flûtes aigües et les flageolets, avec les tambours et les grands chœurs d'hommes, qui exécutent d'ordinaire, par exemple, la musique religieuse. On fait des cymbales de formes et de qualités différentes. Il y en a qui retentissent comme de grands gongs; d'autres, au son plus doux et plus argentin, servent à accompagner la musique moins bruyante. En général cependant toutes servent à accentuer la mesure, ce dont s'acquittent d'ordinaire fort bien ceux qui les manient. Dans l'Inde méridionale on fait usage de cymbales en métal de cloche qui ont la forme de deux bassins hémisphériques. L'un des deux bassins reste immobile dans la main gauche, à laquelle il est solidement attaché au moyen d'un cordon qui s'enroule autour de la main. L'autre bassin est tenu librement de la main droite et sert à frapper en mesure. Les adeptes de cet instrument savent en tirer toutes sortes d'effets pour accompagner soit la voix, soit la musique instrumentale, dont ils suivent les nuances en frappant tantôt creu contre creu, tantôt les bords intérieurs ou extérieurs de leurs cymbales l'un contre l'autre.

Le Gong (Catal. N°. 64).

Cet instrument se passe de description spéciale. On s'en sert dans les orchestres des temples. On le frappe aussi pour inviter aux offrandes et à d'autres rites à différents moments de la journée. Les moines mendiants en font grand usage et plus encore les gens qui parcourent le pays avec des taureaux et des boncs pour faire des tours. On n'emploie pas le gong pour accompagner la voix, mais seulement la musique bruyante, stridente, d'ordinaire dissonnante, des cérémonies du culte. Les musulmans ne s'en servent que pour frapper les heures indiquées par la clepsydre ou par le sablier. Les Indous l'appliquent aussi à cet usage.

La sonnette (Catal. N°. 63).

La sonnette s'emploie comme instrument de musique à peu près de la même manière que les cymbales, mais plus rarement. Cependant il ne se fait jamais d'offrande ou de cérémonie religieuse, sans que le tintement de la sonnette ne l'annonce, puis ne l'accompagne de moment en moment, comme le prescrit le rituel. Les ustensiles du culte ne sont pas au complet si la sonnette y fait défaut.

Grelots pour les pieds (Catal. Nos. 57—60).

Ces grappes de grelots sont employées par tous les danseurs et danseuses mahométans et indous. On les attache à la jambe, au dessus de la cheville, et à chaque mouvement de ce membre elles mêlent assez agréablement leur tintement grésillé à la musique de la danse et aux chants que l'on fait entendre en même temps. Elles marquent la mesure et forcent en même temps danseurs et chanteurs à bien suivre la musique. Ces grelots sont pour tous les danseurs et chanteurs le symbole de leur profession et prennent à leurs yeux un caractère on pourrait dire sacré. Ils ne se les attachent jamais aux pieds avant une représentation sans les avoir portés à leur front et à leurs yeux et sans avoir récité une courte prière ou une invocation à quelque saint mahométan ou indou. Quand on en a fait don à une danseuse, ce qui se fait en grande pompe et à beaucoup de frais, c'est pour elle une manière solennelle de se lier à sa vocation, à laquelle dès lors elle ne renonce plus. Aussi quand on veut dire de quelqu'un qu'il s'est irrévocablement engagé à quelque objet, dit-on qu'il „s'est attaché les grelots". On pare aussi les chevaux avec des grappes de ces grelots, que l'on attache aux pieds de coursiers fringants au moyen de rubans de toutes couleurs de clinquant ou de drap; on les met aussi au cou des chiens de chambre, et même, mais alors plus gros, au cou d'un taureau favori. Ces derniers grelots sont tout à fait semblables à ceux des bouffons de cour. Tous les courriers de la poste dans l'Inde ont leur trousse de grelots attachée au bâton auquel est suspendu leur sac de cuir; quand ils poursuivent de nuit leur route solitaire, leurs grelots les annoncent de loin, égaient leur marche et ont de plus le grand avantage d'écarter les bêtes féroces.

> Extrait du catalogue d'instruments de musique indous par le colonel Trench; Mémoires de l'Académie royale irlandaise, vol. IX, 1re partie.

INSTRUMENTS DE MUSIQUE INDOUS,

OFFERTS AU GOUVERNEMENT NÉERLANDAIS

PAR LE

RAJAH COMM. SOURINDRO MOHUN TAGORE

ET EXPOSÉS PAR LE MUSÉE ETHNOGRAPHIQUE NATIONAL.

I.

Tata jantra. — Instruments à cordes.

A.

Instruments de Salon.

(*a*). Joués au moyen d'un Mizrab (plectrum d'acier).

1. **Mahati Vina.** Très ancien instrument que l'on dit avoir été inventé par le sage Narada. C'est le meilleur et le plus difficile à jouer de tous les instruments indous.

2. **Kachhapi Vina.** Porte maintenant le nom de Kachna Setar. Il doit son nom à la forme de la calebasse, aplatie

comme le dos d'une tortue (kachhapa). Instrument classique.

3. **Tritantri Vina.** Aussi un ancien instrument. Actuellement il porte la dénomination générale de „Setar" (trois cordes) qui lui a été donnée au XIIIe siècle par l'Emir Khusroo. La caisse de résonnance de cet instrument se fait quelquefois en bois. Pour le reste il est tout à fait semblable au kachhapi. Primitivement il avait trois cordes.

4. **Bipanchi Vina.** La caisse de résonnance de cet instrument se fait avec une espèce particulière de citrouille, connue au Bengale sous le nom de Tith Láu.

5. **Ranjani Vina.** De même qui le Mahati Vina, cet instrument a une citrouille à chacune de ses extrémités; du reste on le joue comme le Kachhapi.

6. **Sur-bahara.** Grand Kachhapi Vina, inventé il y a 50 ans par Golam Mohamed Khan de Lucknow. Spécialement propre à jouer des Alapas de Ragas et de Raginis.

7. **Kacha Vina.** Instrument très moderne, dont la touche est en verre. Pour le reste il ressemble au Sur-bahara.

8. **Showktica Vina.** La caisse de résonnance de cet instrument est en nacre. Pour le reste il est tout à fait semblable au Kachhapi Vina.

9. **Bharata Vina.** Instrument moderne, combinaison du Rudra et du Kachhapi Vina.

10. **Sruti Vina.** Ancien instrument du genre Setar. Donne les 22 Srutis ou intervalles enharmoniques de l'octave.

11. **Nadeshvara Vina.** Instrument très moderne, combinaison du violon et du Kachhapi Vina.

12. **Kairata Vina.** Cet instrument a une citrouille et six touches traversant le manche. Il ressemble partiellement au Mahati Vina.

(b). Instruments joués au moyen d'un Jawa (Plectrum) de fer.

13. **Prasarani Vina.** C'est un Tritantri Vina à double manche. D'invention moderne.

14. **Sur-sringara.** C'est une combinaison des Vina Mahati, Kachbapi et Rudra. Inventé par le célèbre joueur de Vina Piyar Khan.

(c). Instruments joués au moyen d'un Jawa (Plectrum) de bois.

15. **Rudra Vina.** Actuellement on le nomme Rabab. Il est en usage en Perse, dans l'Afghanistan et dans les provinces nord-ouest de l'Inde. En Arabie on l'appelle „Rubeb".

16. **Sharadiya Vina.** Actuellement connu sous le nom de Sharode. On l'emploie surtout dans les provinces du nord-ouest. Autrefois il figurait en plein air dans les processions princières.

(d). Instruments joués au moyen de deux petits bâtons.

17. **Kattyauna Vina.** Actuellement appelé Kanoon. Autrefois les Indous lui donnaient le nom de Shata-tantri Vina, ou Vina aux cent cordes, parce qu'en effet cet instrument a un très grand nombre de cordes. On dit qu'il a été inventé par le philosophe Kattyauna. Actuellement les musiciens mahométans en font grand usage.

18. **Khudra Kattyauna Vina.** Petit Kattyauna Vina.

(e). Instruments joués avec un archet.

19. **Sarangi.** Ancien instrument dont le son est très doux. On

s'en sert pour accompagner les voix de femmes, d'ordinaire dans les représentations données par les Nautchs, danseuses publiques de l'Indoustan.

20. **Alabu Sarangi.** Les Européens l'appellent quelquefois le violon de l'Inde. La surface de cet instrument ressemble à celle du violon. La caisse de résonnance est faite d'une citrouille. Il a la réputation d'être très ancien.

21. **Esrar.** Instrument moderne, Setar et Sarangi combinés. Il sert d'ordinaire à accompagner la voix des femmes et à jouer des airs et des mélodies simples.

22. **Taus** ou **Mayuri.** Autre forme de l'Esrar. Il emprunte son nom à la figure de paon (Mayur) qui est fixée à l'une des extrémités de la caisse de résonnance.

23. **Mina Sarangi.** Autre forme de l'Esrar. A l'exception de la surface du manche, l'instrument est d'une seule pièce, prise dans une citrouille. Il tire son nom de la figure de poisson (Mina) qui est fixée à l'extrémité de la caisse de résonnance.

24. **Sursanga.** Combinaison de l'Esrar et du Setar. Au fond, c'est tout simplement l'Esrar, moins les cordes latérales. On dit qu'il a été fait pour la première fois par Sebaram Dass de Bisnupur.

25. **Sanjogi.** Sarangi modifié. D'invention moderne.

26. **Sur Vina.** Il ressemble un peu au Rudra Vina, mais on le joue avec un archet. C'est un instrument classique.

(*f*). Instruments joués avec le bout des doigts.

27. **Pinaka.** On l'appelle le père de tous les instruments à cordes et on le dit inventé par le dieu indou Shiva.

28. **Tumburu Vina.** Plus connu sous le nom de Tumburu.

L'invention de cet instrument est attribuée au musicien céleste Tumburu. On en fait usage dans les concerts vocaux et instrumentaux, où il sert, en prolongeant le son, à empêcher qu'il se produise des moments de silence désagréables.

29. **Mochanga.** Instrument très ancien et original. On le tient avec les dents en s'aidant de la main gauche, et l'on pince la corde avec l'index de la main droite. Il produit une note unique.

B.

Instruments champêtres.

(*a*). Instruments joués au moyen d'un Jawa (Plectrum) de bois.

30. **Ananda Lahari.** Employé surtout par les mendiants chantants.

(*b*). Instruments joués avec l'archet.

31. **Sarinda.** Forme grossière du Sarangi. Connu comme ancien instrument. Actuellement en usage principalement parmi les Durwans, etc.

32. **Chikara.** Toutes les cordes sont faites de crin. Employé d'ordinaire par les Durwans, les Syces [1]), etc.

(*c*). Instruments joués avec le bout des doigts.

33. **Ektara.** Employé exclusivement, pour accompagner des

---

[1]) Les Durwans sont des portiers, les Syces sont des garçons d'écurie et des palfreniers.

chansons pastorales, par les Byragees et les Baûls (moines mendiants).

34. **Gopijantra.** Comme le précédent.

II.

Shushira Jantra. — Instruments à vent.

A.

Instruments de salon.

(a). La flûte.

35. **Murali.** Flûte indoue en bambou. On la dit inventée par le dieu indou Krishna, qui en tout cas l'aimait beaucoup.

36. **Sarala Bansi.** Flageolet indou. Il faut pour en jouer le tenir droit devant la bouche.

37. **Laya Bansi.** De même que le Sarala Bansi on doit le tenir droit devant la bouche, mais on doit faire sortir le souffle par l'un des coins des lèvres.

38. **Benu.** Instrument en bambou, long d'environ 1,40 m. Connu comme instrument classique. On en fait grand usage en Orissa.

39. **Algoza.** Autre forme de la flûte indoue. On en fait un instrument de salon à cause de la douceur de son ton. Parfois cependant on en joue en plein air.

B.

Instruments de plein air.

(a). La flûte de roseau.

40. **Kalama.** Ainsi nommée, parce qu'elle ressemble fort à une plume (Kalama).

41. **Shanaye.** Telle qu'on l'emploie dans le Nahabat [1]). C'était l'instrument de prédilection du sultan Akbar Shah. En persan on le nomme Sharana.

42. **Shanaye.** Telle qu'on l'emploie dans le Rawoshunchowki. Les Indous et les Persans en font usage. Cette flûte a beaucoup de ressemblance avec le hautbois. A l'époque des empereurs musulmans, on en jouait dans les fêtes.

43. **Shanaye.** Telle qu'on l'emploie au Bengale avec le dhola et d'autres instruments.

44. **Shanaye.** Telle que les Oorias [2]) en font usage.

(b). Le cor.

45. **Sringa.** Cor indou. C'était l'instrument de prédilection du dieu indou Shiva.

46. **Rana Sringa.** Instrument que l'on employait autrefois dans

---

[1]) Le Nahabat est un orchestre indou formé d'instruments à vent en cuivre, dont la musique se fait entendre dans les fêtes et dans les processions nuptiales. On fait d'ordinaire asseoir les musiciens dans quelque endroit élevé, le haut de portes, d'arcs de triomphe, etc. Cet orchestre provient de la période mahométane.

[2]) Habitants d'Orissa.

les corps de musique militaire; maintenant on s'en sert dans les processions religieuses.

47. **Turi.** Trompette indoue. On en fait usage à la guerre, et aussi dans le Nahabat.

C.

Instruments employés pendant le culte.

(a). La conque.

48. **Sankha.** Instrument très ancien, que l'on employait autrefois à la guerre, dans les cérémonies religieuses et dans les fêtes. Maintenant on ne l'applique plus qu'aux deux derniers usages. On pourrait le nommer le père des instruments à vent. Anciennement on faisait des sankhas de plusieurs formes, appelés Panchajanya (jouée par Krishna), Devadatta (jouée par Arjuna), etc. Les bouddhistes en font aussi usage dans leurs temples.

49. **Gomukha.** Autre espèce de conque, qui ressemble un peu à un mufle de vache; c'est de là qu'elle tire son nom.

50. **Barataka.** Très grande conque, faite avec le coquillage appelé kauri.

51. **Sughosa.** Espèce particulière de conque, que l'on dit avoir été employée par Nacula, frère du Rajah Yudhisthira. — Très ancien instrument.

52. **Ananta Vijaya.** Autre espèce de conque, que l'on dit avoir été employée par le Rajah Yudhisthira pendant la guerre contre Kurukshettra. — Très ancien instrument.

D.

Instruments champêtre.

(a). Flûte à double tube.

58. **Tubri.** En sanscrit elle s'appelle Tiktiri. C'est un instrument grossier qu'emploient les charmeurs de serpents.

III.

Ghana Jantra. — Instruments à percussion en métal.

A.

Instruments de salon.

54. **Mandira.** Le son se produit en heurtant l'une contre l'autre deux clochettes de métal de cloche. Elles servent à marquer la mesure dans les concerts.

55. **Maha Mandira.** Mandira de plus grandes dimensions.

56. **Khattali.** Castagnettes indoues. Maniées par quelqu'un d'habile, elles font un très bel effet.

57. **Ghungura.** Jeu de grelots, que les danseurs et les danseuses attachent à leurs chevilles pour se forcer à observer la mesure.

58. **Ghaghara.** Jeu de grelots d'une autre forme.
59. **Napura.** Employé pour la danse, de même que le ghun-
    gura et que le ghaghara.
60. **Khudra Ghanta.** Grelots pour marquer la mesure.

B.

Instruments employés dans les cérémonies religieuses.

61. **Karatala.** Cymbales qui accompagnent le Khol.
62. **Kansara.** Se joue avec un bâton. On l'emploie pendant le
    culte dans les temples et autres endroits consacrés à
    la religion.
63. **Ghanta.** Cloche, que l'on sonne pendant le culte.
64. **Ghari.** Gong indou, qui a de très amples vibrations; on le
    frappe avec un bâton.

C.

Instruments employés en plein air.

65. **Kharatala.** Cymbales employées dans le Nahabat.
66. **Kausi.** On le frappe avec un bâton. Il marque la mesure
    du Dhola.

IV.

Anaddhajantr. — Instruments à percussion tendus de peau.

A.

Instruments de salon.

(α). Joués avec la main.

67. **Mridanga.** Ancien instrument, que l'on prétend avoir été inventé par le dieu indou Brahma. Il sert à accompagner la musique grave et les hymnes religieuses. Il s'emploie aussi aux durbars impériaux pour les chants de genre noble, comme le Dhurpada et d'autres. Parfois aussi on s'en sert pour accompagner le Mahati Vina, le Rudra Vina, etc.

68. **Dholaka.** On s'en sert aussi en plein air. Il se prête particulièrement aux Jattras [1]), aux Panchalis, aux demi-Akrayees, etc. Parfois il accompagne les Kheals [2]).

69. **Banya.**
70. **Tabla.**
Tous deux sont d'invention moderne en imitation du Mridanga. On en joue ensemble, le Banya, de la main gauche, et le Tabla (aussi appelé Dahina), de la droite.

71. **Panaba.** Petit tambour ou tambourin. Instrument très classique.

---

[1]) Processions.
[2]) Chansons plaisantes.

B.

Instruments joués en plein air.

(α). Instruments qui se suspendent au cou.

I. Joués avec un bâton.

72. **Dhola.** Employé dans les fêtes. On s'en sert aussi pour accompagner les chants Kobi et autres. On frappe la partie gauche d'un bâton.

73. **Joraghayi.** Instrument double. On place un petit dhola sur un grand et l'on frappe le côté droit avec un bâton, tout en jouant sur le gauche avec la main.

II. Joués avec deux bâtons.

74. **Jagajhampa.** Autrefois on l'employait à la guerre, maintenant dans les fêtes.

C.

Instruments de l'orchestre appellé Nahabat.

75. **Khoradak.** 76. **Khoradak.**	On frappe sur les deux instruments en même temps, mais avec les doigts et la paume des mains. Celui dont on joue de la main droite donne la note haute, l'autre la note basse. Ces instruments servent avec le Rawoshunchowki.

D.

Instruments employés dans les cérémonies religieuses.

77. **Dhak.** Servant autrefois à la guerre, sous le nom de Dhakka. Actuellement on l'emploie dans les fêtes religieuses, comme le Durga Puja, le Charaka Puja, etc. On frappe de deux bâtons la face de droite de cet instrument. La face de gauche ne sert pas.

78. **Khol.** Employé surtout pour accompagner le Kritana et autres hymnes religieuses.

79. **Dampha.** Employé par les Byragees, Nagas [1]), etc. rattachés à des institutions religieuses, comme le Mathura, le Brindabana, etc. Il sert à accompagner les „Bhajan", prières chantées.

E.

Instruments champêtres.

80. **Marddala.** Connu d'ordinaire sous le nom de Madala. Il est surtout en usage chez les tribus primitives des montagnes, Bhils, Coles, Sonthals et autres. C'est un instrument classique, évidemment dérivé du Mridanga.

81. **Damaru.** Instrument très ancien que l'on dit avoir eu la prédilection du dieu indou Shiva. Actuellement il est employé par les charmeurs de serpents et les dresseurs de singes.

82. **Huruk.** Grand Damaru, employé par les Kaharas et autres tribus.

---

[1]) Fakirs et ascètes indous.

83. **Ghutru.** Cet instrument a la forme d'une aiguière. Il est employé par les Telègues et autres.

84. **Khanjani.** À l'usage des moines mendiants, et autres, qui chantent en s'en accompagnant.

85. **Dindimi.** Petit Khanjani.

86. **Dara.** Grand Khanjani.

87. **Jhanjh Khanjani.** Khanjani auquel sont attachées deux cymbales, qui vibrent quand on le frappe.

88. **Dhol.** Tel que les Ooria's l'emploient. Il ressemble beaucoup au Dhak.

V.

89. **Nyastaranga.** Quoique cet instrument soit d'origine classique, il n'a pas suscité peu d'étonnement dans le public indou. Il est très original. À le voir on dirait d'un instrument à vent; mais on n'y souffle pas. On le place contre la gorge, là où sont les cordes vocales, et alors, si l'on respire fortement, il produit un son analogue à celui d'une flûte de roseau. On peut exécuter de cette manière à volonté des alapas, des arias ou des chansons. Il est à croire que l'analogue de cet instrument n'existe nulle part hors de l'Inde. On peut aussi en tirer des sons en le plaçant contre les joues ou contre les narines.

OBJET ISOLE.

N°. 56.

Boîte à musique jouant huit mélodies indoues, qui suivent ici avec la notation musicale.

———

CHANSONS HINDOUES

DU

Rajah Comm. Dr. SOURINDRO MOHUN TAGORE.

Les pages ci-dessous contiennent un recueil de quelques-unes des chansons que le compositeur a faites en différentes occasions. Quand, cédant aux instances de ses amis européens, il les a transposées selon la méthode européenne et a tâché de les adapter au piano et aux autres instruments étrangers, il s'est vu obligé d'apporter dans quelques-unes des changements qui en ont ôté plusieurs des charmes variés qui caractérisent la musique des hindous.

33.

RÁGINÍ SÁRAŊGA.

Tála Ekatála.

34

RÁGINÍ PURABÍ.

Tála Madhyamána.

35.

RÁGINÍ JAÑGALÁ-SÁRAÑGA.

Tála Madhyamána.

36.

RÁGINÍ IMAN-PURIYÁ.

Tála Madhyamána.

37.

RÁGINÍ BEHÁGA.

Tála Chautála.

38.

RÁGINÍ SÁRANGA.

Tála Ekatála.

40.

RÁGINÍ YOGINÁ.

Tála Madhyamána.

41.

RÁGINÍ MÁLAŚRÍ.

Tála Druta-tritálí.

LA PERSE.

Grâce à la générosité de la Société de commerce persane de Rotterdam et à celle de deux membres de la famille van Assendelft de Coningh, dont on a réuni les envois dans les vitrines 57—60, la Perse occupe une place importante parmi les pays situés en dehors des Indes néerlandaises, qui sont représentés dans la section ethnographique. La place dont on disposait n'a pas permis d'exposer tous les outils d'artisans, ni un grand nombre de produits. Il n'en reste pas moins vrai que ce qui est mis sous les yeux des visiteurs suffit pour leur donner un aperçu assez exact du degré de développement auquel le peuple est parvenu en Perse et de l'état dans lequel se trouve actuellement l'industrie dans le royaume du Shah.

La Perse, ou plutôt l'Iran, est renfermée en gros entre le 40e et le 24e degré de latitude nord, et entre le 42e et le 58e degré de longitude à l'est du méridien de Paris. Elle est bornée au nord par la Transcaucasie, la Mer caspienne et le

Turkestan russe; à l'est, par la partie du Turkestan qui forme l'Etat de Merv, par l'Afghanistan, le Sistan et le Béloudchistan; au sud, par le Golfe persique, et à l'ouest par la Turquie d'Asie. L'Iran a une superficie d'environ 22000 milles carrés et est formé en majeure partie de hauts plateaux qui ont une altitude de 4000 à 4500 pieds au dessus du niveau de la mer, puis de plaines basses dans le voisinage de la Mer caspienne et du Golfe persique, et de grands déserts de sable entre Kum et Sistan.

Il résulte de cette configuration que la Perse n'a pas de rivières navigables. Quant aux lacs, celui d'Urumia, près de Tabris, est le plus grand, mais il est si salé que les êtres organisés ne peuvent pas y vivre.

Des chaînes de montagnes, la plus connue est celle de l'Elburz, qui forme une espèce de continuation du Caucase, et celle de l'Elwend (Zagros); enfin il faut mentionner quelques volcans éteints, entre autres l'Ararat et le Demawend, ce dernier, qui a 18000 pieds de haut, près de la capitale.

En été, surtout dans les steppes, le climat est très chaud et sec et l'on est exposé à des tourbillons de vent très fréquents; en hiver il fait froid et il tombe souvent de la neige. La nature de la flore dépend davantage de l'altitude que de la latitude, ce qui est naturel, puisque, par exemple, on n'a que 3° C. de température au lever du soleil à Shiraz, sous le 30e parallèle, tandis qu'à Masanderan, par 37° de latitude, il fait assez chaud pour que l'oranger croisse en pleine terre.

Les habitants de l'Iran sont de taille un peu supérieure à la taille moyenne, forts, sobres et de bonne constitution; ils sont actifs et se montrent particulièrement bien doués pour l'agriculture, l'horticulture, le tissage, le dessin, les arts mécaniques, les mathématiques et la poésie.

On n'en sait le nombre qu'approximativement; on l'évalue à environ sept millions. Il y a trop de steppes stériles et de déserts de sable pour que la population devienne jamais très dense. Les pâturages élevés, qui ne se prêtent pas à la culture, sont habités par des tribus nomades, à qui du reste on ferait grand tort si on les considérait comme des sauvages; leurs chefs appartiennent à la classe la plus cultivée du pays; ils ont leurs écoles sous leurs tentes, et c'est justement parmi eux que le tissage des toiles s'exerce le plus.

D'après les races qui la composent on divise la population comme suit:

1°. Les Iraniens proprement dits, au nombre d'environ 6000 âmes, qui vivent à Yezd du commerce et du produit des jardins.

2°. Les Kurdes, très rapprochés des Iraniens.

3°. Les tribus turques, qui forment la partie principale de la population nomade.

4°. Les Arméniens, qui ne doivent pas compter plus de 60000 âmes.

5°. Les Arabes, qui se sont établis dans plusieurs parties du pays depuis l'introduction de l'Islam.

6°. Les Nessariens de Chaldée, qui habitent quelques villages sur les bords du lac d'Urumia.

7°. Les Juifs, répandus surtout dans le Kurdistan au nombre d'environ 100000.

La religion de l'Etat est l'islamisme sous la forme shiite; il y a cependant beaucoup de sonnites parmi les Kurdes, les Turcs et les Arabes. Les principaux lieux de pélerinage sont Meshhed, Kum et Shah-Abdelazim. On y va beaucoup; quant au pélerinage de la Mecque et de Médine, il est relativement rare qu'on l'entreprenne.

La Perse ne possède pas de fabriques proprement dites. Il y

a des ateliers, où travaillent ensemble maîtres, ouvriers et apprentis. Tous les métiers sont organisés en guildes, et quoique la liberté de commerce existe, l'exercice de certains états est de fait depuis des siècles limité à des localités spéciales. Par exemple les sabres, les pistolets, les fusils, les conteaux et les ciseaux se fabriquent à Isfahan d'après des modèles européens; les objets de cuivre, à Kaschan, où vivent environ 400 chaudronniers; les ouvrages d'or et d'argent, surtout et le mieux à Schiraz; les lames se travaillent surtout dans le Chorassan, les vases, dans la contrée de Kum, les sculptures dans les monts Natan.

Les plus beaux châles de Perse viennent du Kirman; on en a un grand nombre de sortes, qui se distinguent les unes des autres par le dessin, la couleur, la nature du tissu et la grandeur. On les paie de 14 à 20 ducats. Les plus grands tapis viennent de Farahan dans le sud-ouest de la Perse; ils sont renommés, non seulement pour leur solidité et leur fermeté, mais aussi parce qu'ils sont fort durables. Les cuirs les plus solides se font dans la contrée d'Hamadan, surtout avec des peaux d'âne, de gazelle et de chameau.

F. S. A. DE CLERCQ.

V I T R I N E N°. 57.

Objets envoyés à l'Exposition par Mme. A. D. van
Assendelft de Coningh, d'Amsterdam, et M.
Wallaardt Sacré, de la Haye.

Pantalon de femme en shirting vert; il se termine en chaus-
settes.

Paire de souliers de femme.

Drap ou housse de toile, que l'on jette sur les objets pour
les protéger contre la poussière; patron de piqué.

Etoffe d'Isfahan appelée Naksche (image); c'est une pièce de
toile tellement remplie de points à l'aiguille que l'étoffe a
disparu aussi complètement que le canevas de nos broderies.
Autrefois les femmes s'en faisaient des pantalons, qui étaient
très raides.

Dessin à la plume (Kalamkar), en couleur, sur shirting d'Isfahan. Il y a vingt-cinq ans la toile pour ce genre de dessins se
tissait encore avec du fil du pays, depuis lors on s'est mis à
employer du fil anglais. Actuellement l'étoffe elle-même sort des
fabriques anglaises. On repasse ces dessins sur toile jusqu'à ce
qu'ils soient unis comme un miroir. Les couleurs sont très
solides et subsistent après d'innombrables lessives.

Aquarelle persane recouverte d'un vernis; on appelle ce genre
de peinture rugannè-kemun. La perspective y fait entièrement

défaut. Il est à noter que l'un des personnages a une auréole de saint.

Châle tissé dans le Kirman. Le dessin n'est pas dans la trame, mais cousu sur l'étoffe. C'est une imitation grossière des châles de l'Inde.

Aquarelle persane. L'art de l'Europe a exercé son influence sur la manière dont cette peinture a été exécutée.

Voile blanc, avec deux trous pour permettre de voir, dont les femmes persanes se couvrent le visage. On l'appelle Ru-band (couverture de visage).

Figure en bronze. Antilope grossièrement faite sur laquelle est un cavalier encore plus grossièrement fait.

Plateau de bronze avec des gravures plates en médaillons. Les gravures des médaillons représentent chacune un sujet, chasses et autres.

Plat carré de même.

Petit vase de bronze travaillé à jour, avec des imitations d'inscriptions kufiques. Moderne. On pousse si loin ces imitations de l'antique, que l'on encrasse exprès les creux.

Bouclier de fer avec de très belles inscriptions kufiques.

Lance à fer double, avec flammes damasquinées et figures en or. On fixe l'or sur le métal que l'on veut orner, soit en l'incrustant, c'est-à-dire en gravant le dessin et en remplissant les creux avec de l'or; soit en enfonçant à coups de marteau du fil d'or et de petits dessins faits avec de l'or, dans le métal, dont on a au préalable rendu la surface rugueuse (procédé employé pour le koftgari, voy. vitrine n°. 5); soit enfin en dorant tout simplement avec de l'or en feuilles. Les deux derniers procédés sont maintenant généralement usités.

Brassard et armure à dessins d'or et d'argent. Travail moderne, mais très bien exécuté.

Vases en fer, imitation de damasquinage. Voici comment se fait le damasquinage.

Pour le vrai damasquinage il faut une qualité spéciale de fer. Quand on a forgé l'objet, on le laisse pendant six ou huit jours dans un four, dans un bain très chaud, en ayant soin que la chaleur reste très égale. On chauffe le bain au moyen de fiente d'animaux desséchée, qui donne une très grande chaleur avec beaucoup de régularité; de plus on est persuadé que ce combustible renferme des sels nécessaires pour produire le vrai damasquinage. Quand on a retiré l'objet du bain, on le maintient au degré de dureté que la trempe lui a donné. On le finit et le polit. Pour faire apparaître le grain on emploie un certain minéral, dont on fait dissoudre environ trois parties dans dix parties d'eau dans un petit pot de terre ou de plomb au dessus d'un feu doux. On chauffe modérément l'objet, puis on l'enduit avec la solution au moyen d'un tampon en coton, et on le lave à l'eau froide. Si le damasquinage n'apparaît pas suffisamment, on répète l'opération. L'objet doit être très propre et bien poli avant qu'on y applique la solution (Major Murdoch Smith, l'Art persan).

Actuellement on imite le damasquinage au moyen d'un vernis de laque. Les vases exposés portent une inscription où se trouve le nom de Shah Abbas (1586), prince sous le règne duquel l'art persan a atteint son plus haut degré de perfection. On met souvent des inscriptions de ce genre sur des objets d'art de fabrication moderne.

Hache de combat avec damasquinage imité.

Lance à fer unique et lance à triple fer.

Casque avec une inscription en or; damasquinage imité; gorgerin de mailles.

Quoique le fusil ait rendu inutiles pour la guerre les anciennes armes défensives, casques, boucliers, cuirasses, on les porte encore, surtout chez les Kurdes, dans les fêtes religieuses historiques, comme les fêtes du mois de Moharram.

Arc et flèches. Actuellement on les emploie dans les jeux.

Couteau-poignard avec une profonde cannelure destinée à faciliter l'écoulement du sang; fourreau en bois; travail du Caucase.

Peinture représentant un médecin qui tâte le pouls à une malade. Il est à noter que les sourcils des femmes persanes se rejoignent souvent comme on le voit dans cette peinture, et qu'elles ont l'habitude de les teindre en noir.

Deux bonnets de derviches, faits en morceaux de toile cousus ensemble et brodés de versets du coran.

Manteau léger de soie noire dont s'enveloppent les femmes comme on peut le voir dans la peinture mentionnée ci-dessus. Il est orné de dessins en fil d'or, en partie dans le tissu, en partie brodés.

Portière faite à Resht sur la Mer caspienne. Mosaïque de morceaux d'étoffe de différentes couleurs.

Petit tapis fait d'un morceau carré de soie avec de petites palmes brodées en soie, et entouré d'une bordure d'une autre étoffe de soie brochée. On offre des présents (sucreries, pièces d'or, etc.) sur un plateau recouvert d'un tapis de ce genre.

Peinture représentant une troupe de cavaliers dans l'eau et plusieurs personnages sur la rive, parmi lesquels il y en a un qui a une auréole. Dans le lointain deux bateaux à vapeur. Peut-être le peintre a-t-il voulu représenter à sa manière, enfantine, l'armée de Pharaon noyée dans la Mer rouge après le passage des Israélites.

Etoffe de soie brodée d'or pour l'Abba, manteau; du Yezd ou du Kirman.

Mouchoir de soie blanche.

Morceau de l'étoffe d'Isfahan appelée Naksche, toile couverte de dessins formés par des points à l'aiguille, dont les femmes se faisaient autrefois des pantalons raides.

Objets envoyés à l'Exposition par la Société de commerce
persane de Rotterdam.

Selle turque-persane, dont le pommeau de derrière est très
haut, couverte de chagrin européen, au lieu de chagrin persan,
qui est d'ordinaire employé. Harnachement, accompagné d'une
couverture en cuir destinée à protéger la selle.

Petites timbales. Des timbaliers à cheval, munis de ces instruments, précèdent les cortèges de mariage.

Tambour qui a la forme d'un vase, tendu de parchemin fait
avec du cuir de chameau.

Tambourin à castagnettes servant, avec le tambour, à accompagner la danse.

Tapis avec dessins tissés, le même des deux côtés; on n'en
fait que dans le Kurdistan, en particulier à Resht; on nomme
ces tapis duruyè.

Lanterne (fannus); cylindre de papier avec pied et couvercle
de cuivre étamé. Les serviteurs s'en servent le soir pour accompagner leurs maîtres.

Brosse pour nettoyer les bouteilles.

Bidon, poire à poudre en calebasse et cartouchière.

Plat de faïence de couleur, de fabrique européenne.

Plat de faïence de couleur, de fabrique chinoise.

Plat de faïence de couleur, de fabrique persane, de Kaschan.

Cuillers de bois sculpté. Dans la province de Natans, située sur la route d'Isfahan, il croît beaucoup de cerisiers, avec le bois desquels les paysans sculptent très joliment des cuillers de bois fort bon marché, dont on se sert pour le sorbet. Ils savent aussi ramollir le bois pour y imprimer les dessins.

Petite boite de bois sculpté de la province de Natans.

Recueil des poëmes didactiques de Sadi, traité théologique et recueil de journeaux, le tout imprimé à Téhéran.

Deux plats ronds de bronze gravé et ciselé à jour.

Sacs de cuir de roussi (bulgar), dans lesquels on emporte en voyage du lait caillé.

Pistolet européen à silex, orné de dessins persans.

Tromblon, probablement de fabrication européenne.

Fusils à canons damasquinés, en usage chez les tribus nomades; fabriqués dans le Chorassan.

Poire à poudre incrustée d'ivoire.

Plateau de bronze.

Table de bronze, avec ornements gravés, de même que l'objet précédent; Isfahan.

Bougeoir de cuivre.

Petite coupe en bronze; travail grossier et bon marché.

Sébile de derwiche mendiant (keschkuld), faite de noix de coco; belles sculptures; ancienne.

Nargileh. Le valet porte à cheval le nargileh allumé derrière son maître, qui chevauche tenant le bout du tuyau.

Petite armoire avec mosaïque en plaqué, d'Isfahan; travail très médiocre. Pour exécuter ces mosaïques, on forme une masse avec de petites barres, de même forme, de laiton, d'os, d'étain, d'ébène et autres bois colorés, que l'on colle ensemble. On coupe ensuite des plaques très minces de cette masse et on les colle sur le bois que l'on veut plaquer (voy. la vitrine n°. 4).

Peignes de corne et de bois; on les fait souvent en ébène; ceux qui sont ici exposés sont en buis teint en noir.

Guitare persane (kentar).

Clochettes pour le cheval d'un chef de caravane.

Cartouchière en cuir.

Mortier et pilon.

Objets de serrurerie, serrures, robinets, garnitures de portes et charnières.

Poire à poudre.

Tapis kurde (duruyé).

Deux lanternes de papier (fannus) avec pied et couvercle de cuivre étamé.

Boîte avec fournitures pour écrire (kalam ou roseau taillé pour écrire, ciseaux et cuiller pour l'eau). On broie de la suie, obtenue en brûlant de l'huile de ricin, avec de la gomme arabique, de l'eau et des noix de galle, et on en imbibe un morceau de coton, qui sert d'encrier.

Deux casseroles de cuivre étamé, ornées d'arabesques et d'inscriptions. Très beau travail.

Pot pour verser l'eau (afhabé) et bassin (legèn) servant à accomplir les ablutions prescrites avant et après les repas. Un morceau de savon est déposé sur une petite grille; le serviteur verse sur les mains de son maître l'eau contenue dans le pot.

Poignard du Chorassan à lame damasquinée authentique.

Lampe européenne à esprit de vin, utilisée comme lampe à huile.

Deux balances avec poids de Qazwin. L'unité de poids est le mizgal, environ 4,9 grammes. Un certain nombre de points imprimés sur chaque poids indique combien il pèse de mizgals.

Grand plat à riz en cuivre étamé, orné d'un soleil et de petites palmes gravés. Travail médiocre.

Sébile de derwiche mendiant faite en noix de coco.

Cornet dont le derwiche sonne pour avertir qu'il réclame les dons des croyants; il n'est pas permis de refuser. Le cornet exposé est fait d'une corne de bouquetin.

Petit miroir avec mosaïque plaquée; Isfahan.

Colliers pour chameaux, chevaux et autres animaux des caravanes.

Tapis kurde (duruyé).

Sur la vitrine sont des vases anciens de cuivre étamé pour le sorbet dans les fêtes.

V I T R I N E N°. 59.

Objets envoyés à l'Exposition par la Société de commerce
persane de Rotterdam.

Petits souliers de femme.

Morceau d'une espèce de tissu appelé Kírmanama.

Court jupon de femme en cotonnade suisse ornée de petites
palmes.

Manteau tissé de fils d'or.

Diadème de Bagdad.

Echarpe de soie de Kaschan.

Deux bonnets de derwiches, l'un en feutre et l'autre d'étoffe
tissée, et de morceaux cousus ensemble (mosaïque).

Etoffes de Resht en deux qualités, ornées de petites palmes
et de raies et flammes.

Morceau d'étoffe de fabrication suisse, blanche à fleurs rouges;
elle s'emploie pour les vêtements.

Morceau d'étoffe ornée de dessins à la plume, kalamkar.

Gants persans faits de poil de chameau, bruns avec des broderies en fil.

Assortiments d'outils de cordonnier.

Cannes faites du bois d'une espèce d'amandier.

Tuyaux de pipes.

Pots à eau et pipes de terre très poreuse. On mêle à l'argile une forte dose de bicarbonate de chaux. L'acide carbonique

en s'échappant pendant la cuisson produit les nombreux pores de la masse.

Jaquette en étoffe ornée de dessins à la plume (kalamkar) et doublée d'une imitation suisse du kalambar.

Mousseline européenne blanche pour ceintures et turbans, ornée de belles guirlandes et petites palmes brunes, d'après des modèles de Bagdad.

Petit tapis de pied pour mettre sur un tapis; fabriqué à Yezd.

Etoffe persane de coton bleu d'indigo avec une bordure de soie brodée, qui y est cousue.

Vêtement d'homme (archiluk), de fabrication turque; Kaschan.

Etoffe persane de coton, blanche à bord rayé.

Etoffe rouge à raies, djeljun; les nomades qui errent entre Hamadan et Teheran les tissent, toujours très étroites. On en fait des essuie-mains de bain.

Double sac pour chevaux ou mules, couvert de beaux tapis. On les recherche beaucoup maintenant en Europe pour en faire des coussins ou de petits tapis.

Couverture de cheval pour placer sous la selle, ornée de pièces d'étoffe de plusieurs couleurs cousues dessus (mosaïque de Resht).

Objets envoyés à l'Exposition par la Société de commerce
persane de Rotterdam.

Bouclier, brassard et casque de carton, verni et peint de
façon à imiter l'émail. Exemple à imiter.

Triple fer de lance enrichi d'or et d'argent et damasquiné
authentiquement.

Deux haches de guerre emmanchées à des canons de fusils
damasquinés.

Deux haches de guerre, modernes, travail ordinaire.

Kalamkar ou dessin à la plume sur toile.

Casque, brassard et bouclier de fer; imitation de l'antique;
insciptions kufiques.

Boite de bronze, fort bien travaillée.

Bonnet de chambre en piqué de coton.

Etoffe de soie, bleue à reflet rouge, de Kaschan ou de Yezd.

Etoffe appelée Katni (atlas) avec raies et étoiles, de Kaschan.

Jaquette de femme en étoffe européenne ornée de dessins à
la plume (kalamkar).

Deux carafes à bouchon, en fer laqué pour imiter le damasquinage, ornées de beaux dessins en or.

Deux poignards modernes, dont la poignée est incrustée d'or.

Pièce de l'étoffe appelée Kirmanama.

Pièce d'étoffe de soie brochée.

Jaquette et habit de dessus de velours rouge brodé d'or, de Constantinople, et quelquefois, quoique rarement, portés aussi en Perse.

Etoffe de Resht avec des dessins de diverses couleurs faits au point à l'aiguille.

Jaquette d'homme, archiluk, d'étoffe européenne teinte en Perse. On met du feu dans un vase de cuivre; quand celui-ci est chaud, on place l'étoffe dessus et l'on y imprime les plis et les fronsures au moyen d'un fer à repasser.

Ballot d'étoffe brune en poil de chameau fabriquée à Bagdad. Elle sert à faire les manteaux (abba) et est imperméable à la pluie. On l'emploie depuis des temps immémoriaux et elle ressemble beaucoup à l'étoffe dont se font les tapis que l'on porte à la synagogue.

Semelles de chaussures (giweh), faites d'une manière très ingénieuse d'un très grand nombre de bandes d'étoffe de coton comprimées ensemble, et à travers lesquelles on fait passer une courroie. Elles peuvent servir deux ou trois ans.

Pantoufles persanes, toujours sans quartiers.

CONTRE LES MURS.

Tapis persans de la Société de commerce persane de Rotterdam. Les tapis tissés pour l'usage des indigènes sont toujours très étroits; ce qui reste de place sur le sol est rempli par des tapis de feutre. On tisse cependant actuellement aussi des tapis carrés pour satisfaire aux demandes de l'Europe.

———

GROUPE III.
La CHINE et le JAPON.

Ni l'industrie, ni les moeurs et usages de ces deux empires n'étant représentés dans la section ethnographique d'une façon un peu complète, nous nous croyons dispensé de placer une introduction en tête de ce groupe. Nous nous bornerons à énumérer les objets exposés, en ajoutant quelques remarques là où cela semblera nécessaire.

Objets envoyés à l'Exposition par MM. D. Boer et Fils, propriétaires du Bazar Royal à la Haye, et S. Bing, de Paris.

Tous les objets faisant partie de cet envoi se rapportent à la religion bouddhique, telle qu'elle se professe au Japon, qui l'a reçue de la Chine, où est établie la fraction septentrionale de l'église.

IMAGES DU BUDDHA ET ORNEMENTS DE TEMPLES BOUDDHIQUES.

Dans l'introduction de son ouvrage sur le bouddhisme M. le prof. Kern s'exprime à peu près comme suit: „Il y a différentes sortes de Buddhas, manifestations du très haut Tathâgata qui ont eu lieu depuis les temps les plus reculés, et dont la dernière a été Çakyamuni, le fondateur du bouddhisme. Ce sont les Buddhas Mânushi, c'est-à-dire ceux qui appartiennent à la race humaine. La fraction septentrionale de l'église reconnaît encore, comme distincts des sept Buddhas Mânushi dont nous avons parlé, cinq Buddhas Dhyâni (rêveurs), dont le premier porte le nom de Wairoçana et le quatrième, celui d'Amitabha. Il est difficile d'en déterminer la nature, parce que plusieurs conceptions différentes paraissent avoir été mêlées les unes avec les autres. On les considère comme créateurs indirects, jamais comme étant la cause première de l'univers."

Les statues et les dessins représentant Amitabha sont innombrables. Au Japon le nom de ce dieu se prononce Amida.

SUR LE POURTOUR DE LA SALLE.

OBJET ISOLÉ.

Nº. 61.

Exposants, MM. D. Boer et Fils.

Image en bronze d'Amida, „l'incommensurable, l'infini", assis, les cheveux frisés, les mains reposant l'une sur l'autre dans son giron, les pouces appuyés l'un contre l'autre. Cette disposition des mains est indicative de l'accomplissement de la loi (Hoffmann, Buddha Pantheon von Nippon). Sur le piédestal se lisent les noms de ceux qui ont contribué par leurs dons à l'érection de cette statue. En outre il s'y trouve une ouverture fermée d'un petit volet, dans laquelle les dévots peuvent jeter leurs offrandes.

OBJET ISOLÉ.

N⁰. 62.

Exposant, M. S. Bing.

Image en bronze d'Amida assis; semblable à la précédente, mais plus petite. Les mains comme ci-dessus, en outre avec le symbole de la guérison des misères de l'existence et des infirmités morales (Hoffmann).

Erigée à Yedo en 1648.

OBJET ISOLÉ.

N⁰. 63.

Même exposant.

Image assise, en bronze, représentant Dai-nitsi nyō-rai. D'après Hoffmann c'est la représentation japonaise de Wairoçana, le premier des cinq Buddhas Dhyâni mentionnés plus haut. La main droite tient le doigt, qui est de la main gauche levé; cela symbolise la fatigue de la pensée. Celui-ci est Kon-gō-kaino Dai-nitsi, „le grand soleil du monde des diamants; c. à. d. de la raison pure supérieure à toute variation'' (Hoffmann).

OBJET ISOLÉ.

Nᵒ. 64.

Exposants MM. D. Boer et Fils.

Daï-sjô Fu-dö, debout. L'un des cinq vénérables roi de la lumière, l'excellant immobile, le vainqueur des mauvais esprits et des passions. D'après les affirmations des Japonais il est identifié avec Wairoçana (Hoffmann). Fu-dö figure dans l'horoscopie japonaise en rapport avec le coq du zodiaque. Peut-être cela pourrait-il expliquer la tête de poule que l'on distingue dans le fond de flammes. Cheveux frisés et tresse qui pend à gauche; deux dents longues et pointues; dans sa main gauche un glaive, dans la droite un cordon; il est debout sur un rocher. D'après le catalogue du musée Guimet, le rocher désigne la constance, et le feu, les passions; il demeure inébranlablement calme au sein de toutes les agitations qui convulsent le coeur des hommes. Avec le glaive, il doit détruire les passions, et avec le cordon il lie les mauvais esprits.

Erigé a Yedo en 1665.

OBJET ISOLE.

Nᵒ. 65.

Mêmes exposants.

Image en bronze d'un Dzi-zo assis, avec un enfant. Un Bodhisatwa (jap. Bosats) a le caractère général d'un Buddha non encore parvenu à la perfection. Quelque hauteur qu'il ait atteinte, quelque rapproché qu'il soit du point où le réveil complet a lieu, il reste toujours plus ou moins accessible à la passion. Il n'est pas encore parvenu à éteindre comme les Buddhas tout sentiment humain. Un trait qui distingue les Buddhas Dhyâni, c'est qu'ils n'ont eux-mêmes jamais été des Bodhisatwas, mais qu'au contraire ils ont chacun un Bodhisatwa pour fils. Le nom du fils du quatrième Buddha Dhyâni, Amitabha, est Awalokiteçwara (Kern, Bouddhisme).

Dzi-sō le secourable, que l'on représente d'ordinaire sous la figure et avec les vêtements d'un patriarche bouddhique, est, d'après les attributs qu'on lui donne, une forme du Bodhisatwa Awalokiteçwara (Hoffmann).

Il a le crâne rasé et le bâton sacerdotal à la main; il est le pasteur et le guide des âmes et il les visite dans leur demeure souterraine; il s'efforce surtout d'arracher aux enfers les enfants qui y sont descendus à cause de péchés commis dans une existence antérieure (Catalogue du Musée Guimet); c'est la raison pour laquelle il est ici représenté portant un enfant sur son bras.

OBJET ISOLÉ.

N°. 66.

Exposant, M. S. Bing.

Image en bronze d'un Dzi-sō (voy. le numéro précédent), debout. Le bâton sacerdotal manque dans la main droite tendue en avant; dans la gauche le joyau.

Erigée à Ohosaka en 1731.

OBJET ISOLÉ.

Nº. 67.

Même exposant.

Image en bronze, assise, de Dai-nitsi niyo-rai (Wairoçana, voy. le Nº. 63). Cheveux frisés; coiffé de la tiare hexagonale; position des mains comme pour l'Amida du Nº. 61. Ce Dai-nitsi est Tai-zo kai no Dai-Nitsi, „le grand soleil du monde qui enfante, c. à. d. du monde de la matière et des ténèbres" (Hoffmann).

Erigée à Yedo en 1648.

OBJET ISOLE.

Nº. 68.

Même exposant.

Image en bronze, assise, d'Amida (voy. les Nos. 61, 62). Les mains à moitié levées et jointes, les deux index levés, légèrement courbés et se touchant par l'extrémité. Cette attitude ne se trouve pas dans le „Buddha-Pantheon".

Erigée à Yedo en 1648.

OBJET ISOLÉ.

Nº. 69.

Exposants, MM. D. Boer et Fils.

Image en bronze, debout, d'un Dzi-sö (voy. les Nos. 65, 66). Il a le bâton sacerdotal et le joyau. Celui-ci est Kei ki dzi-sö, représenté ordinairement avec un coq et une tortue, nommé aussi le prolongateur de la vie (Hoffmann).

Erigée en 1867.

OBJETS ISOLÉS.

Nº. 70.

Mêmes exposants.

Dix petites images de Kuwan-on, debout.

Comme on l'a dit à propos du Nº. 65, le Bodhisatwa Awalokiteçwara est le fils du Buddha Dhyâni Amitabha (Amida). Comme le présent est le fils du passé, on le dit fils d'un Buddha, d'une manifestation antérieure de la lumière; c'est à lui que les bouddhistes septentrionaux adressent leurs prières et de qui ils espèrent une intervention active quand ils sont dans le danger ou le besoin (Kern, Bouddhisme). On l'adore en Chine et au Japon de préférence sous le nom de Kuwan-on, et c'est donc sous cette forme que partout se voient de ses images. On le représente avec un chignon sur la tête et des traits tellement féminins que les ignorants le prennent pour une déesse. On le trouve par séries de sept ou de trente-trois formes.

Trois formes différentes sont réparties entre les dix statuettes exposées :

Celle qu'on appelle à mille bras ; ici il y a 18 bras.

Celle qui porte un vase de la main gauche, et qui tient la droite baissée et ouverte.

Celle dont la main gauche est fermée (elle a une fois tenu une fleur de lotus), et dont la main droite est levée avec l'index et le pouce réunis, symbole de la bienfaisance (Catalogue du Musée Guimet).

OBJET ISOLÉ.

Nº. 71.

Mêmes exposants.

Image, debout, en cuivre doré, de Kuwan-on (voy. le Nº. 70). Il tient de la main gauche une fleur de lotus, pour indiquer qu'il épanouira, pour ceux pour qui elle ne fleurit pas encore, la fleur de lotus de la doctrine merveilleuse (Hoffmann).

OBJET ISOLÉ.

Nº. 72.

Exposant M. S. Bing.

Pagode à trois étages, en bronze. Probablement elle a servi de reliquaire. Elle vient d'un temple qui a appartenu à la famille Tokugawa (la dernière dynastie des sjoguns).

OBJET ISOLÉ.

N°. 73.

Exposants MM. D. Boer et Fils.

Figurine de bois doré, représentant Amida (voy. les Nos. 61, 62) debout. L'index et le pouce de chaque main sont réunis; cela veut dire: Le Buddha de gloire ineffable (Hoffmann).

OBJET ISOLE.

N°. 74.

Mêmes exposants.

Petite image de Kuwan-on, dans le genre de celles du N°. 70, mais plus grande. La main droite est levée et ouverte, la gauche est fermée. La fleur de lotus que la main gauche a tenue a disparu.

A L'ENTRÉE DE LA SALLE.

OBJETS ISOLÉS.

N°. 75.

Mêmes exposants.

Lanternes de bronze que l'on place à l'entrée des temples bouddhiques.

OBJETS ISOLES.

N°. 76.

Mêmes exposants.

Lanternes de bronze analogues aux précédentes, mais plus petites. On y lit les mots yei taï 永 代 „jusqu'à la postérité lointaine"; ces mots reviennent souvent dans la prière par laquelle on demande la bénédiction.

———

AU CENTRE DE LA SALLE.

OBJET ISOLÉ.

N°. 77.

Mêmes exposants.

Petite image en bronze de Sjö zen tou si, le garçon à la fleur de lotus. Représentation allégorique de la bénédiction (image chinoise).

———

OBJET ISOLÉ.

Nᵒ. 78.

Mêmes exposants.

Petite image en bronze de Sjō aku ton si, le garçon à la massue (la massue manque), pendant du Nᵒ. 77. Représentation allégorique de la malédiction (image chinoise).

OBJET ISOLÉ.

Nᵒ. 79.

Mêmes exposants.

Figure en bronze représentant un animal mythologique (sisi); faite à Iwami; ornement de temple bouddhique.

OBJETS ISOLÉS.

Nᵒ. 80.

Mêmes exposants.

Deux éléphants de bronze, portant des tours. Imitation japonaise de modèles chinois, faite à Ohosaka. Ornements de temples bouddhiques. On les emploie aussi pour y brûler l'encens.

OBJETS ISOLÉS.

Nº. 81.

Mêmes exposants.

Deux éléphants en bronze, semblables aux précédents, mais plus petits.

OBJETS ISOLÉS.

Nº. 82.

Mêmes exposants.

Deux lanternes de bronze, voy. les nᵒˢ. 75 et 76.

OBJET ISOLE.

Nº. 83.

Mêmes exposants.

Vase en bronze; employé dans un temple bouddhique pour y mettre des fleurs; le piédestal représente une vache.

OBJETS ISOLES.

N°. 84.

Mêmes exposants.

Deux vases à fleurs appartenant à un temple bouddhique, avec de très beaux reliefs.

OBJETS ISOLÉS.

N°. 85.

Mêmes exposants.

Deux encensoirs en bronze représentant un animal mythologique (sisi) dont le pied droit de devant est posé sur une boule travaillée à jour. Imitation japonaise d'un modèle chinois. Ornement de temple bouddhique.

OBJET ISOLÉ.

N°. 86.

Mêmes exposants.

Figure chinoise représentant un cavalier couvert d'une armure complète. Ornement de temple bouddhique.

OBJETS ISOLÉS.

N⁰. 87.

Exposant le Dr. A. F. Bauduin.

Deux vases à fleurs en bronze en usage dans les temples bouddhiques (japonais). Vieux d'environ 200 ans.

VITRINE Nᵒ. 88.

OBJETS JAPONAIS.

Envoyés à l'Exposition par le Dr. A. F. Bauduin.

Etagère de laque noire.

Sur l'étagère, deux vases à fleurs et un encensoir de bronze, fabriqués à Kaga; objets d'autel bouddhiques.

Appareil pour le tabac; moderne.

Encensoir et deux théières en porcelaine de Satsuma.

Deux encensoirs en porcelaine de Satsuma.

Théière en porcelaine de Kutani.

Théière, pot à lait, sucrier, tasses et soucoupes en porcelaine d'Eï-raku; modernes.

Boite de toilette en laque avec miroir et accessoires (petites boites pour le fard, etc.).

Boite à thé en laque ornée de coquillages nacrés.

Assortiment de boites qui s'ajustent les unes aux autres (ziubako), où l'on met des pâtisseries; même ornementation que ci-dessus.

Deux assortiments de boites en laque dorée, pour pâtisseries, et de petits flacons pour le sake, eau de vie de riz; pour emporter en voyage.

Boite en laque dorée pour parfumeries.

Une autre plus grande.

Deux nécessaires d'écriture et une boite à papier en laque.

Deux vases en émail cloisonné (roy. la vitrine n°. 5) ; modernes.

Collection de figurines sculptées dans l'ivoire et dans le bois. Les plus petites servent de boutons (nétsuke) pour assujettir à la ceinture la blague à tabac et autres objets.

Boules de cristal de roche taillé, placées sur de petits plats en laque.

VITRINE N°. 89.

OBJETS JAPONAIS.

Envoyés à l'Exposition par le Dr. A. F. Bauduin.

Deux assortiments d'autel, composés d'un encensoir flanqué de deux vases à fleurs; bronzes de Kaga, avec reliefs.

Collection de monnaies d'or et d'argent, ancien et nouveau style.

Parmi les monnaies d'or il faut noter les ohobans, grandes pièces oblongues que l'on donnait autrefois en cadeau. Avant la revolution on ne frappait pas la monnaie au Japon, mais on la fondait. La nouvelle monnaie se fabrique en se basant sur le système américain; le yen d'or et celui d'argent ont la forme et à peu près le poids de fin des dollars d'or et d'argent américains.

Envoyés par M. E. F. van Assendelft de Coningh.

Collection d'anciennes monnaies japonaises en or, en argent et en cuivre.

VITRINE N°. 90.

Objets envoyés à l'Exposition par le Dr. J. W.
van Lansberge.

Armure japonaise complète. On n'en fait plus usage que dans les représentations dramatiques.

Deux selles japonaises avec housses.

Deux masques japonais, employés dans les jeux du culte de Sin-tō; l'un représente un buffle, l'autre un ki-rin, ou unicorne.

Deux sabres japonais.

Deux objets, ayant la forme de sabres, formés de pièces de monnaies attachées les unes aux autres; on suspend ces objets là où quelqu'un a commis un suicide, ou en général là où quelqu'un est mort de mort violente, afin que l'empereur sous le règne duquel les pièces ont été fondues empêche l'esprit du défunt de revenir. Objet chinois.

VITRINE N°. 91.

Objets envoyés par le Dr. J. W. van Lansberge.

Quatre vases de bronze, vieux d'environ cent ans, japonais.

Deux dito plus petits.

Deux encensoirs de bronze, jap.

Sept figurines de bronze, dont plusieurs représentent des Sennin ou des saints célèbres, et deux représentent Çakyamuni enfant, montrant le ciel et la terre.

Encensoir de bronze, représentant un cheval; chin.

Poignée de miroir; jap.

Trois miroirs à main, en métal poli; jap.

Petit pot de bronze; jap.

Encensoir représentant un animal mythologique, sisi; très vieux; chin.

Dix petites plaques de bronze avec des inscriptions, servant aux prêtres ou devins tao-ssé à tirer des horoscopes; chin.

Vieille sonnette d'autel bouddhique avec des signes astrologiques; chin.

Deux candélabres de bronze; chin.

Deux vases d'autel, en zinc; chin.

Deux encensoirs de bronze, représentant des éléphants; chin.

Petit vase à fleurs en bronze, à suspension, vieux d'environ 150 ans; jap.

Neuf figurines de bronze; jap.

Objets envoyés par Mme. Lange—Hüter, de Leide.

Collection de netsukés, boutons pour ceintures (voy. vitrine n⁰. 88), à savoir:

40 en ivoire sculpté.

18 en bois, et peints.

14 en bois brun.

12 en porcelaine.

T A B L E N⁰. 92.

Envoi de M. Theod. Bom, d'Amsterdam.

Album des 18 points de vue du lac occidental près de la ville de Hang-tcheu 117° 47′ 32″ Long. E., 30° 20′ 20″ Lat. N., édition revue et augmentée.

Cet album est formé de 20 double feuilles in folio oblong, et renferme 18 dessins de paysages accompagnés d'un texte en chinois, le tout imprimé sur soie. La première et la dernière garde ont des coins en cuivre, l'album est orné sur les deux plats de dessins brodés en soie et en fil d'or.

GROUPE IV.

COLLECTIONS

HISTORICO-ETHNOGRAPHIQUES.

AFRIQUE MÉRIDIONALE.

C'est un fait caractéristique que la plus grande découverte de la seconde moitié du XIXᵉ siècle soit l'œuvre d'un journaliste. Il me semblait voir paraître devant moi à l'heure des revenants un solennel professeur du siècle passé qui se mettait à ricaner de ma remarque. Il ne manque plus qu'une chose, semblait-il dire; c'est que votre impudente aventurière, avec sa couronne de clinquant, finisse par se parer de la toge et de la barrette professorales! Cette pauvre „presse"! Nous ne dirons pas qu'il n'y ait rien à lui reprocher; mais quels que soient ses crimes, beaucoup peut lui être pardonné pour avoir à son crédit les noms de James Gordon Bennett et de Henry Stanley.

L'histoire des voyages de découverte, chapitre de l'histoire des relations internationales, présente une succession de mobiles très variés qui ont poussé les explorateurs. Les Hérodote et les Ibn Batuta ont pour eux-mêmes soif de connaître et d'étendre leur horizon intellectuel; un Ruysbroeck, comme plus tard les pères de la société de Jésus, brûle du désir de propager sa foi; chez les Marco Polo et les Christophe Colomb, les Davis et les

Tasman, les intérêts commerciaux jouent le rôle de mobiles actifs, enfin depuis Cook et la Pérouse c'est surtout au service de la science que sont enrôlés les voyageurs. Il était réservé à notre époque de voir surgir une nouvelle espèce d'explorateurs, ceux qui le sont par spéculation. Si l'on prétend que leur mobile n'est pas très élevé, on devra cependant avouer que les résultats qu'ils ont obtenus sont des plus féconds. Que l'on jette un regard sur une carte de l'Afrique de la première moitié de ce siècle. La moitié méridionale du continent est presque vide. Est-ce que c'est que ces contrées n'eussent jamais été visitées par les Européens? Point du tout. Il y avait des siècles que les marchands portugais les traversaient en tous sens. Quelque inexactes qu'aient pu être leurs observations, leurs vieilles cartes démontrent qu'ils possédaient sur le cours des grands fleuves des renseignements, recueillis par eux-mêmes ou par voie d'information, qui ont fini par se trouver justes dans les grands traits, quoique pendant longtemps on leur ait refusé toute confiance. Mais les voyages des Portugais, entrepris en vue du négoce, sont restés stériles pour la science. La crainte de la concurrence recommandait le secret, et ce n'est que depuis que l'attention réveillée de nouveau à l'égard du continent nègre a fait faire des efforts pour rouvrir les anciennes voies commerciales, que l'on s'est préoccupé de ce qui avait été fait auparavant.

Ce réveil date déjà de la fin du siècle passé. C'est alors que les Portugais Pereira (1796) et Lacerda (1798) entreprirent leurs voyages à Lunda, le pays du *kazembé*. L'expédition avorta par suite de la mort de Lacerda, qui succomba au moment où sa présence et son habilité étaient indispensables pour mener à bonne fin des négociations qui avaient été nouées avec un prince bien disposé. Il était venu de l'orient, de Tété sur le Zambèse. En revanche, au commencement de notre siècle, les

factoreries portugaises d'Angola furent le point de départ
d'explorations entreprises par des *pombeiros*, ou voyageurs de
commerce indigènes, qui visitèrent le royaume du *muata jamvo*
et poussèrent jusqu'à Tété. Les récits concernant ces expédi-
tions[1]) n'ont pu cependant être que fort imparfaits, et les
données qu'ils contiennent ont très besoin d'être contrôlées.

A la même époque l'attention de la société anglaise de géographie, qui jusqu'alors s'était surtout concentrée sur le Nord
de l'Afrique, sur le Nil et le Niger, se porta plus au sud, sur
le bassin du Congo. Cela vint du mystère qui planait sur la
manière dont le Niger évacue ses eaux. Deux hypothèses seulement semblaient possibles. Ou bien le Niger se jetait quelque
part dans l'intérieur du continent dans un vaste lac, ou bien
il n'était autre que le cours supérieur du fleuve auquel les
Portugais ont donné le nom du royaume nègre qui est baigné
par lui, le Congo, fleuve qui roule jusqu'à la mer une si
grande masse d'eau que l'on devait lui attribuer un bassin
très étendu. Mungo Park lui-même avait considéré comme
vraisemblable la seconde de ces deux hypothèses. Au commencement de l'année 1816 James Kingston Tuckey partit pour
l'Afrique dans l'espérance de résoudre ce problème[2]). Il fut
accueilli avec bienveillance à Embomma, à l'embouchure du
Congo, par le prince de la contrée, et il remonta le fleuve en
bateau, jusqu'à l'endroit où les cataractes de Jellala interrompent
la navigation. Après une pénible marche qui lui fit atteindre le
fleuve plus haut, il ne put malgré tous ses efforts se procurer

---

[1]) Ils ont tous été traduits en anglais par R. F. Burton et le Dr. C. T. Beke,
qui y ont ajouté d'intéressantes notices. Ils forment un volume peu étendu,
qui a été publié par la Royal Geographical Society.

[2]) Narrative of an expedition to explore the river Zaïre, usually called the
Congo, in South-Africa in 1816, under the direction of captain J. K. Tuckey.

des bateaux et des guides pour pousser plus avant, et il fut obligé de rebrousser chemin. Les fatigues l'avaient tellement épuisé qu'il ne survécut que quelques semaines.

Les problèmes géographiques sont comme le sphinx de la fable; ils dévorent ceux qui ne parviennent pas à les résoudre. Il fallut plus d'un demi-siècle encore avant que le sphinx du Congo trouvât son Oedipe. Et comme l'Oedipe de la mythologie, ce fut jusqu'à un certain point fortuitement qu'il arriva.

Chacun sait que soudain, un beau jour en 1869, Henry Moreton Stanley, le reporter modèle de journal, reçut de son chef, Gordon Bennett, la mission d'aller à la recherche de Livingstone pour le compte du *New-York Herald*. Le reporter obéit comme un militaire à la consigne. Ses préparatifs sont des plus sérieux. On le voit avec Baker sur le Nil, puis à Tiflis, à Téhéran, à Bombay. Enfin il est prêt. Le 8 janvier 1871 il part de Zanzibar. Il dépense il est vrai plus de deux cent mille francs, mais le *N.-Y. Herald* est le premier à publier les nouvelles qui mettent un terme à l'anxiété que le monde entier éprouvait depuis des années. Stanley lui-même raconte dans son style pittoresque : *How I found Livingstone.*

Son nom était désormais indissolublement lié aux grands problèmes africains. Mais il n'était pas homme à se contenter d'une place au second rang, quelque honorable qu'elle fût. Déjà en 1874 nous le retrouvons sur la brèche. Cette fois l'Angleterre secondait l'Amérique; le *Daily Telegraph* s'était associé au *New-York Herald* pour assurer le succès de l'expédition. Le mot d'ordre est *go ahead!* en avant! Il ne s'agit pas d'expériences minutieuses, de longs calculs, d'observations scientifiques. Les deux grands journaux veulent des nouvelles, des nouvelles à sensation, qui fassent dresser les oreilles au plus indifférent.

Cette fois encore la fortune sourit à l'audace et à l'énergie intrépide. Parti en novembre 1874 de Bagamoyo sur l'Océan indien, Stanley arrive le 8 août 1877 à Embomma. Il apporte avec lui la certitude que le Lualaba de Livingstone forme le cours supérieur du Congo; il a conquis pour la géographie un nouveau fleuve géant. Mais presque aussitôt il se demande: Est-il conquis aux communications? Et son plus grand mérite est peut-être d'avoir posé cette question.

D'autres, avant et après Stanley, ont osé entreprendre de „traverser de part en part le continent noir" [1]; d'autres ont contribué, au moins autant que lui, à augmenter notre connaissance de la surface terrestre. Mais il a acquis plus de gloire que d'autres, sans doute en partie par les conquêtes qu'il a faites, mais pour une part tout aussi grande par la manière dont il les a faites. Tranquillement, sans faire aucun fracas, Livingstone s'était avancé vers l'ouest depuis le Zambèse. Stanley marche à la tête d'une petite armée et se fraie à grands coups sa voie à travers tous les obstacles. Le contraste est complet. Et il faut l'avouer, cette marche intrépide du reporter américain est justement ce qu'il faut pour frapper l'imagination, c'est à-dire pour conquérir l'admiration du plus grand nombre.

Après 1877 Stanley occupe une tout autre place qu'auparavant. Il est devenu un pouvoir, une autorité, et son étoile lui reste fidèle. Il nourrit de vastes projets que le roi Léopold II prend sous son égide. C'est qu'il est trop américain pour avoir envie de servir la science pour elle-même, et pour se préoccuper de découvertes sans utilité pratique. Avoir découvert le Congo, c'est quelque chose; mais il ne sera satisfait que lorsque ce Congo sera devenu une grande voie commerciale. C'est à cela

---

[1] Stanley a raconté en détail ses aventures sous le titre de *Through the Dark Continent.*

que doit servir l'Association internationale africaine. Grâce à elle Stanley a maintenant des millions à sa disposition, et il n'est pas homme à les laisser chômer. Il entreprendra ce que l'on eût pu croire impossible. Là où le terrain, s'élevant en terrasses, interrompt la navigation, une large route s'ouvrira par voie de terre aux communications; des stations commerciales fortifiées offriront des points de halte et une garantie contre les interruptions subites des communications avec l'intérieur, toujours à craindre avec le caractère mobile et inconstant des habitants.

La première station a été établie à Vivi, près des cataractes de Jellala, la seconde à Isangila, où le fleuve redevient navigable sur une assez grande distance, la troisième à Manianga. Au dessus de Manianga recommence une succession de rapides, qui ne cessent que lorsqu'on arrive à Stanley Pool, endroit où le fleuve s'élargit considérablement et où tous les obstacles peuvent être considérés comme surmontés. C'est là que l'on a fondé Léopoldville, et l'on compte établir une dernière station près de Bolobo, au dessus du confluent du Quango avec l'artère principale. Cependant Stanley aime trop les surprises pour que l'on puisse prévoir facilement le développement que prendront ses entreprises, et de son côté le Comité d'études du Haut-Congo, qui représente l'entreprise en Europe, s'enveloppe d'une atmosphère de mystère difficile à pénétrer, qui a donné lieu déjà à plus d'une supposition peu favorable.

Lorsque Stanley arriva au bassin qui porte son nom, il éprouva sans doute une déception en s'apercevant qu'il avait été prévenu par un compétiteur. Disposant de ressources bien moins considérables, mais armé d'une persévérance aussi inébranlable que celle de Stanley, l'officier de la marine française Savorgnan de Brazza avait poursuivi le même but pendant des années. Le commerce français avait fondé Libreville sur le large estuaire du Gabon, abandonnant aux Hollandais établis à Banana l'embouchure du Congo. Il est vrai que le Gabon lui-même n'était pas propre à devenir une voie commerciale, mais l'Ogowé, peu éloigné, promettait beaucoup.

De Brazza mit à profit un séjour de trois ans qu'il fit dans ces contrées, pour étudier soigneusement le régime des eaux entre l'Ogowé et le Congo avec son effluent l'Alima, et il acquit la conviction qu'il n'existait pas d'obstacles insurmontables à l'établissement d'une route de commerce pour aboutir de là au haut Congo. Cet ardent Français n'eut plus qu'une pensée, celle d'assurer à son pays la jouissance des avantages offerts par cette route.

Il ne réussit pas du premier coup à communiquer à ses concitoyens et à son gouvernement l'enthousiasme dont il était animé. Il ne parvint à se faire allouer qu'une somme qui semble misérable en comparaison des ressources qui ont été mises à la disposition de Stanley. De Brazza sait néanmoins se contenter du peu qu'il a obtenu. Il compte sur la confiance qu'il a su inspirer aux nègres, et en même temps il tire habilement parti de la terreur que répand le seul nom de Stanley. Il a remonté l'Ogowé avec une flottille de bateaux montés par des rameurs indigènes, et là où il quitte ce cours d'eau il fonde Franceville, et pousse en avant sans perdre de temps pour atteindre le Congo. Aussi quand Stanley fera son apparition, il trouvera sur les lieux un sergeant français avec deux hommes, et une population abritée sous le pavillon de la France. Quant à de Brazza lui-même, il a eu hâte de redescendre le fleuve, afin de faire ratifier par les représentants du peuple dans sa patrie le traité qu'il a conclu avec le roi nègre Makoko, par lequel ce dernier a cédé à la France un morceau de territoire situé sur

la rive gauche du Congo. Actuellement ce grand fleuve sépare
l'un de l'autre les deux rivaux.[1]) Quel que soit le résultat de
leur compétition, on leur devra le fait que le grand commerce
aura en tout cas conquis un nouveau théâtre d'opérations dont
pour le moment l'importance est encore incalculable. Puisse
l'esprit d'entreprise se montrer à la hauteur des circonstances!

Nous n'avons pu citer ici que les noms de quelques hommes
proéminents; mais l'histoire des explorations aura à y ajouter
ceux d'un grand nombre d'autres dont le courage et le mérite
sont considérables, ceux d'un Cameron et d'un Pogge, d'un Serpa
Pinto et d'un Holub, et de tant d'autres, grâce aux travaux
desquels l'espace vide qui reste sur les cartes de l'Afrique
diminue de plus en plus. Nous avons dû ici, à cause du caractère spécial que doit avoir cet aperçu, nous attacher de
préférence au côté commercial des ces explorations.

Quand on s'occupe de l'Afrique méridionale, on doit avoir
soin de ne pas perdre de vue les différences naturelles, et davantage encore les différences historiques, qui distinguent l'une
de l'autre la côte occidentale et la côte orientale. On pourrait
au premier abord méconnaître ces différences. La population
Bunda de la côte occidentale a des affinités évidentes avec les
tribus des Bantu, qui habitent la côte orientale; depuis des
siècles le Portugal règne à Mozambique aussi bien qu'à Angola.
Mais si l'on consulte l'histoire des établissements portugais, on

---

est immédiatement frappé du contraste que présentent, d'un côté, la population de Congo, si facile à gagner au christianisme, et de l'autre côté, celle de la côte orientale, bien plus civilisée que la première par son contact avec les Arabes, mais pour cela même bien plus méfiante à l'égard des Européens. L'influence arabe s'est exercée depuis des temps très reculés, non seulement sur la côte de Zanzibar, mais aussi sur celle de Sofala et de Mozambique, et elle a mis son cachet particulier à tout ce qui caractérise l'ethnographie de ces contrées.

L'Exposition possède justement pour toute cette côte orientale une importante série d'objets, dont la science est redevable à M. Hendrik P. N. Muller, fils de l'entreprenant négociant de Rotterdam, M. Muller, qui sait, mieux que bien d'autres, soutenir l'honneur de nos vieilles traditions commerciales. Vraiment on peut le dire, le nom néerlandais est dignement représenté le long d'une grande partie des côtes orientales et occidentales de l'Afrique. A Liberia, c'est par les factoreries de M. Muller; depuis les bouches du Congo jusqu'à Loanda, par la nouvelle Société de commerce africaine; sur la côte de Mozambique, par la compagnie commerciale qui en a pris le nom. M. Muller est au nombre des directeurs de ces deux compagnies, et c'est heureux; on peut être certain que sa grande activité dans ces vastes parages ne portera pas des fruits seulement dans l'intérêt du commerce, mais qu'au contraire ceux de la science continueront à ne point être oubliés.

Un des plus importants anneaux de la chaine ethnographique qui relie l'Arabie à l'Afrique est en dernier lieu représenté à l'Exposition. C'est le pays des Somalis. Deux races habitent la péninsule par laquelle l'Afrique s'avance à l'orient jusqu'au sud de l'Arabie et qui se termine au cap Gardafui, celle des Somalis, qui se rapproche davantage de la race arabe, et celle des Gallas, qui incline plutôt vers le type nègre. Les Gallas tendent de plus en plus à abandonner la presqu'île à leurs compétiteurs et à s'établir eux-mêmes sur les plateaux de l'Abyssinie. Depuis 1846, C. J. Cruttenden, agent anglais à Aden, ayant visité, contraint par un naufrage, Medjurtin sur la côte septentrionale de la presqu'île africaine, le vif intérêt des ethnographes s'est porté sur les Somalis et a continué dès lors à être tenu en éveil par les rapports de plusieurs voyageurs, jusqu'à ce qu'enfin notre curiosité ait été satisfaite par Révoil, premièrement par la publication de son „Voyage au cap des Epices", puis tout dernièrement par celle d'une description détaillée du pays des Somalis [1]). Il nous fait faire connaissance avec une contrée aride et sauvage où „le seul champ que l'on cultive est le champ de mort," mais où les tombeaux nous révèlent „des trésors ethnographiques et une page entière de l'histoire des siècles passés." Il dépeint les habitants, leurs rudes mœurs, leur rapacité et leur caractère méfiant, dont avant lui von der Decken avait déjà été victime. Lui-même courut les plus grands dangers et n'a réussi à parcourir une partie considérable du pays des Somalis qu'à force de fermeté et de tact, ce qui lui a permis d'explorer au moins un des nombreux tumuli funéraires de Haïs. Il y a trouvé les preuves non équivoques de l'existence dans ces contrées d'une civilisation antérieure; on peut espérer que de nouvelles explorations donneront la clef de plus d'un problème que présente l'histoire de la civilisation.

---

[1]) Georges Révoil, La vallée du Darror, voyage aux pays Çomalis (Paris, 1882).

L'OCÉANIE.

Il est difficile à celui qui a le cœur néerlandais de parcourir cette partie de l'Exposition sans éprouver un certain sentiment de tristesse. Tout sans doute est de nature à lui rappeler la gloire de ses ancêtres, mais tout en même temps lui rappelle combien on a laissé échapper par étroitesse d'esprit et par de mesquines rivalités. Il suit par la pensée ce Jacques le Maire qui fit en 1615 avec Willem Cornelisz. Schouten le tour du monde pour le compte de la Compagnie australienne, et qui se vit arracher la récompense de ses efforts par la déplorable jalousie de la Compagnie des Indes orientales. Le gouverneur-général au service de cette compagnie, Coen — avec combien de regret on est obligé de constater l'existence de cette tache sur la gloire de cet homme — Coen confisqua son navire lorsqu'il arriva à Batavia, le fit arrêter lui-même et l'envoya en qualité de prisonnier dans leur mère-patrie à tous deux.

Voici la Nouvelle-Zélande et l'Australie! Voici donc le souvenir vivant du plus grand des navigateurs du XVIIᵉ siècle, de notre impérissable Abel Tasman. Quel voyage riche en résultats que celui qu'il fit en 1642! Il accomplit le périple du continent australien, il découvrit la Nouvelle-Zélande et l'archipel de Tonga, auquel le caractère pacifique de ses habitants aurait alors déjà pu mériter le nom d'îles des Amis qu'un navigateur subséquent lui donna. Et pourtant van Diemen ne sut pas terminer le rapport qu'il adressa au sujet de ces découvertes aux directeurs de la Compagnie par rien de plus élevé que par les paroles: „Dieu veuille que l'un ou l'autre (de ces pays nouvellement découverts) devienne une riche mine d'argent et d'or pour le profit des actionnaires et la gloire des explorateurs", comme si la gloire des navigateurs n'avait pas été déjà complètement acquise. Et ce van Diemen qui s'exprimait ainsi avait des devoirs que lui imposaient ses hautes fonctions une conception plus élevée qu'on ne la voit chez aucun de ses prédécesseurs et de ses successeurs!

Au commencement du XVIIIe siècle, c'est Jacob Roggeveen que nous voyons porter le pavillon néerlandais dans le Grand Océan. L'île de Pâques et ses curieuses idoles, déjà décrites par Willem Schouten, l'archipel de Tuamotu, les îles de Samoa ou des Navigateurs, sont visités et décrits en détail. Mais lorsque Roggeveen arrive à Batavia dans l'espérance de refaire son équipage épuisé par les travaux d'une navigation prolongée, il se voit à son tour traité comme le Maire l'avait été. Et, comme pour le Maire, sa réhabilitation vint trop tard.

Qu'est-il resté de tant de découvertes accomplies par le courage et la persévérance des marins néerlandais? Quelques noms hollandais épars dans l'Océanie, voilà tout; un vague souvenir et rien de plus. On ne sut pas accorder à nos courageux explorateurs pour leurs travaux les marques les plus vulgaires d'estime. Les journaux de leurs grands voyages restèrent ensevelis dans la poussière des archives (celui de Tasman n'a été publié qu'en 1860, celui de Roggeveen en 1838). Les cartes qu'ils avaient dressées se perdirent, et ce n'est que fortuitement que l'on en a retrouvé quelques-unes. Les étrangers croient toujours, et ils s'en étonnent à juste titre, que l'on ne sait rien au sujet de Tasman en dehors de ses voyages de 1642 et 1644, et quant à Roggeveen ils continuent à l'appeler Roggewein sur l'autorité plus que mince du sergent-major Behrens.

Il est vrai que James Cook a rejeté tous ses prédécesseurs dans l'ombre, non seulement par la grande étendue de ses voyages de découverte, mais aussi par l'importance des résultats scientifiques qu'ils ont eus. Avec lui commence une nouvelle époque dans l'histoire des découvertes. Tant que les navigateurs avaient eu avant tout en vue les intérêts du commerce, ils s'étaient bornés à chercher la route la plus courte conduisant là où l'on désirait parvenir, et tout au plus en même temps s'étaient-ils préoccupés, tout à fait en seconde ligne, d'ouvrir de nouveaux débouchés aux marchandises et de constater l'existence de contrées non encore exploitées. Cela ne les empêchait naturellement pas de faire des découvertes; mais alors c'était toujours la question commerciale qui décidait du prix que l'on y attachait. Cependant à mesure que l'esprit scientifique a progressé, il a de plus en plus eu sa part dans les mobiles qui poussaient à entreprendre des voyages de découvertes, que l'on a fini par comprendre devoir servir aussi à l'avancement des connaissances humaines [1]).

Lorsqu'en 1769 le gouvernement anglais décida d'envoyer à Tahiti une expédition pour observer le passage de Vénus sur le soleil, l'amirauté chargea du commandement de l'expédition James Cook, qui s'était distingué pendant la guerre du Canada, non seulement par son courage et son intelligence, mais aussi par les études hydrographiques très précieuses qu'il avait faites sur le St. Laurent. Il eut pour former son état-major scientifique l'astronome Charles Green, le Dr. Solander, Suédois attaché au Musée Britannique en qualité de professeur d'histoire naturelle, et Joseph Banks, riche particulier qui avait déjà fait un voyage scientifique à Terre-neuve et au Labrador, et qui s'était joint à l'expédition à ses propres frais. Cook fit un séjour

---

[1]) Voy. mon *Boek der reizen en ontdekkingen* (Livre des voyages et des découvertes), vol. IV, p. 7, et pour les voyages de Cook, vol. III, p. 180.

de trois mois à Tahiti, ce qui lui permit d'explorer cette île et les îles voisines beaucoup plus en détail que ses prédécesseurs ne l'avaient fait. Il donna au groupe le nom d'îles de la Société en l'honneur de la Société de géographie. De là il se rendit à la Nouvelle-Zélande. Les indigènes ne lui firent pas meilleur accueil qu'à son prédécesseur Tasman, dont il avait évidemment étudié le récit de voyage, et dont il suivit la route, seulement en sens inverse. Il eut le bonheur d'atteindre le continent australien précisément au point le plus favorable, sur la côte sud-est, que Tasman avait manquée, et il put ainsi signaler la belle situation de Botany-bay, qui devint en réalité le point d'attaque pour la colonisation de l'Australie. Il contourna ensuite le continent par le nord, traversa le détroit de Torres, où aucun vaisseau européen n'avait reparu depuis que le navigateur espagnol dont il porte le nom l'avait découvert 160 ans auparavant, et il revint en Europe en passant par Batavia.

Le mérite scientifique de ce premier voyage de Cook autour du monde fut grand, mais il fut dépassé par celui qu'il entreprit de nouveau en 1772 avec deux vaisseaux, la Résolution et l'Aventure, et qui dura trois ans. Il eut le bonheur d'être accompagné par le célèbre naturaliste Johann Reinhold Forster et le fils de celui-ci, Johann George, qui ont beaucoup contribué à faire connaître les résultats du voyage. Le but direct de l'expédition était de rechercher si véritablement, comme beaucoup de personnes le pensaient alors, le Grand Océan était limité au sud par une vaste terre ferme. On ne parvint pas à élucider cette question. Mais le voyage ne fut aucunement stérile pour cela. Les îles qui forment la Nouvelle-Zélande furent explorées plus en détail que cela n'avait encore en lieu, on découvrit l'archipel de Hervey, on retrouva dans les îles des Amis le Middelbourg et l'Amsterdam de Tasman, et dans l'archipel de Tonga l'île à laquelle le même navigateur avait donné le nom de Rotterdam ; enfin et surtout on découvrit la Nouvelle-Calédonie, la plus grande terre de l'Océanie après la Nouvelle-Zélande. Tout cela était plus que suffisant pour donner à ce voyage un haut intérêt, augmenté encore par l'excellence du récit que Cook publia après son retour. La Société de géographie lui décerna sa grande médaille d'or, qu'il avait bien méritée, et le gouvernement reconnut ses services en l'élevant au grade de capitaine de vaisseau. Jamais peut-être un navigateur ne s'était jusqu'alors aussi consciencieusement et aussi complètement acquitté de sa tâche, et n'avait en même temps su joindre à l'habilité consommée du marin autant de tact dans ses rapports avec les indigènes.

Cook était trop actif pour s'endormir sur ses lauriers, quoique il eût bien gagné le droit de jouir pendant un peu plus longtemps qu'il ne le fit des joies de la vie domestique. Non seulement le problème du continent austral n'était pas encore résolu, mais encore on se préoccupait beaucoup de la vieille question du passage du nord-ouest, c'est-à-dire de la possibilité de trouver pour aller aux Indes une route maritime le long des côtes septentrionales de l'Amérique. On consulta Cook à ce sujet, et il comprit que si quelqu'un devait être en état de résoudre le problème, ce devait être lui. Ce fut l'occasion de son troisième grand voyage, qu'il entreprit en 1776, de nouveau avec deux navires. De nouvelles recherches vinrent compléter ce que l'on savait déjà des différents groupes d'îles du Grand Océan, puis Cook visita les côtes nord-ouest de l'Amérique et parvint à son point extrême occidental, auquel il donna le nom du prince de Galles. Des banquises de glaces flottantes l'empêchèrent de pénétrer dans l'Océan glacial du nord. La principale découverte nouvelle qu'il fit pendant ce voyage fut celle des îles Sandwich. Cette découverte lui fut fatale. Il fut accueilli, lorsqu'il y toucha pour la première fois, avec les marques du plus profond respect, ce qui venait surtout de ce que les habitants crurent qu'il réalisait une ancienne prédiction; mais lorsqu'il revint après son exploration de la mer de Behring, un malentendu déplorable amena avec les indigènes une collision dans laquelle il fut massacré. Il périt le 14 février 1779, après avoir découvert le dernier groupe d'îles qui manquât encore à la connaissance de ce vaste océan qu'il avait exploré si complètement dans tous les sens.

Le XIX⁰ siècle n'a plus eu qu'à compléter là où Cook n'avait eu le temps que d'observer seulement en passant, et de plus a élaborer systématiquement les matériaux réunis par lui; mais il ne restait plus de grandes découvertes à faire dans ces parages, et les données recueillies par Cook sont restées une précieuse mine pour les recherches ethnographiques. On a fait avec raison dans cette exposition une place à ce qui vient de ses voyages.

Parmi les voyages entrepris à notre époque, l'expédition du „Challenger" n'est certainement pas un des moins remarquables. Le gouvernement anglais équippa ce vaisseau en 1872 surtout pour faire une série d'expériences hydrographiques, tâche dont il s'acquitta d'une manière brillante. Mais en même temps il rendit des services non moins signalés à l'histoire naturelle, et l'ethnologie aussi lui a été fort redevable. L'expédition visita en effet plusieurs îles du Grand Océan sur lesquelles on n'avait encore que des données vagues et incomplètes, et elle rapporta sur leur compte des renseignements exacts. Ce genre de recherches eut surtout lieu en 1875, la troisième et dernière année que dura l'expédition.

Au commencement de 1875 le Challenger avait séjourné

pendant quelque temps sur les côtes de la Nouvelle-Guinée, dans la baie de Humboldt et dans le voisinage; mais les indigènes commettaient sans cesse des vols qui menaçaient d'amener une collision, et le commandant de l'expédition, le capitaine Frank T. Thomson, de concert avec le chef de la commission scientifique, le professeur Wyville Thomson, résolut de cingler vers l'orient, dans la direction des îles de l'Amirauté. Ces dernières avaient été découvertes en 1767 par Philippe Carteret; mais les indigènes avaient fait dès son apparition des démonstrations si hostiles qu'il n'avait pas jugé prudent de descendre à terre. Thomson fut plus heureux. Il parvint à nouer avec les habitants des relations amicales, et comme l'exposition possède les remarquables objets ethnographiques recueillis alors, et qui étaient les premiers que l'on ait eus provenant de ces îles, nous croyons devoir reproduire ce que Thomson dit des habitants.

Ils sont de la race des papous de la Mélanésie, mais se rapprochent davantage de ceux de la Nouvelle-Irlande et de la Nouvelle-Bretagne que de ceux de la Nouvelle-Guinée. Les arcs ne leur étaient pas inconnus, et ils faisaient usage de lances armées d'une lourde pointe d'obsidienne et de javelots légers longs de 6 ou 7 pieds. Ils ont aussi de longs couteaux ou poignards d'obsidienne, très tranchants, et presque chacun d'entre eux portait sur son épaule une sorte de doloire, assez bien faite d'un petit morceau de cercle de fer. Quelques uns avaient des outils de la même forme, mais dont le tranchant, au lieu de fer, était fait d'un coquillage que l'on avait aiguisé. Les indigènes ne s'opposèrent pas cette fois au débarquement; seulement ils tâchèrent d'empêcher les Européens de trop se rapprocher de leurs huttes et ils tinrent leurs femmes cachées. Parfois cependant la curiosité des femmes prenait le dessus de leur honte et on en voyait de petits groupes se rapprocher pour

examiner les étrangers. Ceux-ci ne les dépeignent pas comme des
Vénus. Leur unique vêtement était composé de quelques franges
d'herbe ou de feuilles de palmier. Il suffit de quelques jours
pour établir les relations les plus cordiales entre les indigènes
et les Européens, qui purent dès lors aller et venir à leur
guise. Les indigènes ne connaissaient évidemment ni l'usage du
tabac, ni celui des boissons alcooliques. Leur principale nourriture était formée de noix de coco, de sagou, de poisson et
de la chair du porc [1]).

La Suède n'avait occupé qu'un rang très secondaire pour ce
qui concerne les voyages de découverte, jusqu'à ce que Nor-
denskjöld vînt dans ces derniers lui apporter sa part de gloire
et qu'en même temps l'attention se portât sur les richesses
contenues dans le remarquable musée scandinave de Stockholm,
ce musée que le Jonkheer J. K. W. Quarles van Ufford dépei-
gnait en 1876 à nos millionnaires comme un modèle fort bon
à suivre [2]). Ce n'est pas à dire que la Suède n'eût rien fait
auparavant. Toute une série d'objets intéressants qui se trouvent
à l'exposition est un témoin de l'importance du voyage accompli
en 1851—1853 par la frégate l'Eugénie, voyage dont C. Skog-
man a publié un récit [3]). Environ la moitié d'une année fut
consacrée à visiter divers points des côtes de l'Amérique du
Sud, puis l'Eugénie cingla vers l'ouest et visita successivement

---

[1]) Le prof. H. N. Moseley, qui était chargé spécialement des recherches eth-
nologiques, a donné dans le *Journal of the Anthropological Institute*, mai, 1877,
une description détaillée des habitants des îles de l'Amirauté.

[2]) Dans ses *Herinneringen uit Scandinavië.*

[3]) Traduit en allemand par A. von Etzel, *Erdumsegelung der Königl. Schwe-
dischen Fregatte Eugenie in den Jahren 1851 bis 1853 ausgeführt unter dem
Befehl des Commandeur-Capitän C. A. Virgin.*

les îles Sandwich, Tahiti, les îles des Amis et quelques autres groupes d'îles moins importants. Après avoir touché à Sidney et à Canton, l'Eugénie reprit la route de l'Europe en passant par l'archipel indien et par le cap de Bonne Espérance.

L'archipel des Carolines, que l'Eugénie reconnut en allant de Sidney à Canton, et celui de la Nouvelle-Bretagne, sont plus spécialement représentés à l'Exposition par la collection appartenant au capitaine marchand holsteinois Johannes Rohlfs. Il l'a réunie pendant les voyages qu'il a faits pour le commerce dans le Grand Océan, de 1879 à 1882, pour le compte d'une maison de Hambourg, donnant ainsi un exemple que les commandants de navires de notre flotte marchande ne sauraient prendre trop à cœur.

Dr. G. J. DOZY.

VITRINE N°. 93.

Collection d'objets recueillis sur la côte de Mozambique et
envoyés à l'Exposition par M. H. P. N. Muller,
de Rotterdam.

Bracelet d'argent repoussé. Zanzibar.

Chaînes d'argent repoussé, l'une composée d'anneaux, l'autre
de chaînons carrés. Zanzibar.

Châle de coton indigène, que l'on a mis neuf mois à fabriquer; il a des dessins représentant des vues des monts Morum-
bala, des champignons et des crocodiles; patron blanc, bleu et
rouge. Zanzibar.

Chaînes fétiche, formées de petits morceaux rectangulaires
de bois huilé; on leur attribue une vertu magique. Quilimane.

Deux petites boites rondes de corne noire. Senna sur le
Zambèze.

Deux paires de boutons d'argent avec pointes proéminentes.
Zambèze.

Deux paires de boutons d'argent plus petits avec pointes
proéminentes. Zambèze.

Arc. Pays de Maganya sur le Zambèze.

Flèches de jonc empoisonnées, pointes en fer, hampes empennées. Pays de Maganya sur le Zambèze.

Quatre anneaux d'ivoire pour les jambes. Tété, haut Zambèze.

Deux étuis à cigares en perles de verre, dessin à carreaux.
Gorongosa, au N.E. du Zambèze.

Couteaux divers avec gaines en bois sculpté. Gorongosa.

Neuf colliers de perles de verre. Gorongosa.

Assagaies, dont la hampe est d'ordinaire entourée de fil de cuivre jaune. Intérieur de Sofala.

Haches diverses; le manche de la plupart est entouré de fil de cuivre jaune. Musselane.

Court bâton de commandement ciselé. Pays de Gosen.

Sac à lettres de messager postal, cuir avec dessins moulés. Pays de Gosen.

Deux petits sacs faits de semences d'Abrus et autres plantes. Ste Hélène.

Deux fanons de baleine. Ste Hélène.

Quelques toiles importées. Zambèze.

Chaîne faite de griffes de lion. Zambèze.

Grand pot de terre, employé par les nègres.

Baquet à riz en bois.

Plateau à billes (jeu) avec douze creux ronds et deux longs, l'un à chaque extrémité. Ce jeu ressemble à celui du Tjongka des indigènes des Indes néerlandaises.

Calebasse à musique ornée de vertèbres du dos d'un serpent. Afrique orientale.

Deux bracelets tournés en spirale. Afrique orientale.

Sac à poudre en peau de tigre avec cordons de cuir brun. Afrique orientale.

Paire de sabots de bois grossièrement travaillés. Afrique orientale.

Ceinture de cuir brun, avec poignard dans un fourreau de cuir orné de dessins moulés. Afrique orientale.

Sac à lettres. Afrique orientale.

Diverses étoffes portées dans l'Afrique orientale, de fabrication européenne.

Ecorce servant à se vêtir. Afrique orientale.

OBJET ISOLE.

Même exposant.

Siége de bois brun-rouge poli, avec pieds tournés et dossier élevé. Afrique orientale.

———

VITRINE N°. 94.

Même exposant.

Deux tabatières d'argent repoussé. Zanzibar.

Deux paires de mules mauresques en cuir rouge, avec des raies vertes et blanches tressées dans le cuir près de l'ouverture des mules. Le bout se relève en bec. Zanzibar.

Paire de pantoufles en peau de tigre. Senna sur le Zambèze.

Deux tabatières de calebasse avec ornements en carreaux faits à la pointe. Senna sur le Zambèze.

Deux pots en corne. Senna sur le Zambèze.

Trois coquetiers d'ivoire en forme de calices. Senna sur le Zambèze.

Arc. Pays de Manganya sur le Zambèze.

Flûte de bois entourée d'anneaux de rotin. Inhaccaranga Zambèze.

Tambour de bois tendu de peau de bœuf, avec deux baguettes. Inhaccaranga Zambèze.

Petite boite d'ivoire. Tété sur le Zambèze.

Deux pipes en terre noire (têtes de nègres), tuyaux de roseau. Tété sur le Zambèze.

Instrument de musique dans une calebasse, formé de seize petites barres de fer assujetties à un morceau de bois creux, orné de verroterie et de fragments de coquilles (*Achatina*). La calebasse dans laquelle l'instrument est placé est ornée de la même manière. Tété sur le Zambèze.

Deux coupes en bois avec couvercle noir poli. Zumbo sur le Zambèze supérieur.

Baquet dans lequel on pile la farine. Zumbo sur le Zambèze supérieur.

Couteaux divers, la plupart avec gaînes sculptées. Gorongosa au nord-est du Zambèze.

Vase à eau en terre brune, entouré de fibres tordues. Gorongosa au nord-est du Zambèze.

Deux coupes de bois à poignées sculptées à jour. Inhamissenga sur le Zambèze.

Jattes à boire faites d'une calebasse en forme de cuiller. Moromana.

Hamac de fibres de cocotier tordues et tressées. Sofala.

Assagaies ou javelots, la hampe de la plupart est entièrement entourée de fil de cuivre. Sofala.

Marimba (piano nègre) avec deux bâtons. Il se compose de dix larges morceaux de bois qui reposent sur des calebasses. Inhambane.

Boîte à tabac en calebasse sculptée. Inhambane.

Haches diverses; le manche de la plupart est entouré de fil de cuivre; le tranchant a la forme d'un croissant. Musselane.

Oreillers carrés en bois avec sculptures à jour. Musselane.

Panier de diverses couleurs. Lourenço Marques.

Cinq oreillers ronds en bois, affectant la forme de coupes, ornés de sculptures. Lourenço Marques.

Vêtement pour la nudité, en peau. Pays des Zoulous.

Pipe faite d'une corne d'antilope. Pays des Zoulous.

Bâton. Pays de Gosen.

Photographies diverses. Voir les inscriptions.

Pièces d'étoffe et châles divers employés par les nègres. Zambèze.

Quatre châles de nègres, en coton. Zambèze.

Chapeau de feutre de fabrication anglaise. Zambèze.

Couteau. Zambèze.

Paquets de coton brut, brun et blanc. Zambèze.

Toiles importées. Zambèze.

VITRINE N°. 95.

Même exposant.

Chapeau de paille partiellement teint. Zanzibar.

Coussin de cuir avec dessin en application, aussi en cuir. Zanzibar.

Deux ceintures de femme, à patron brun et rouge. Quilimane.

Poire à poudre de bois ciselé. Quilimane.

Chaînes fétiche formées de petits morceaux de bois rectangulaires oblongs, imprégnés d'huile, auxquelles on attribue une puissance magique. Mutu, partie du Zambèze.

Bracelets de femme, en cuivre, trouvés dans l'estomac d'un crocodile. Pays de Maganya sur le Zambèze.

Flèches de roseau, la plupart empoisonnées; pointes en fer, hampes empennées. Pays de Maganya sur le Zambèze.

Pelotons de coton du pays du Zambèze. Zumbo sur le haut Zambèze.

Poignard (dague) avec fourreau de cuir. Zumbo sur le haut Zambèze.

Tapis de table en verroterie que l'on a mis un an et demi à faire. Dessin à carreaux rouges, jaunes, bleus, verts et noirs. Gorongosa, au nord-est du Zambèze.

Couteaux divers, la plupart avec gaînes sculptées. Gorongosa, au nord-est du Zambèze.

Cavallo marino (cravache de peau d'hippopotame). Inhamissenga Zambèze.

Morceau de naputa (écorce servant à se vêtir). Moromana. Inhambane.

Idole, figure humaine assise sur un animal. Moromana. Inhambane.

Oreillers ronds en bois, affectant la forme de coupes, ornés de sculptures. Lourenço Marques.

Cuiller de bois partiellement teinte en noir. Pays des Zoulous.

Bouclier de cuir. Pays des Zoulous.

Métier à tisser, navette, trois bâtons. Zambèze.

Paquets de coton brut, brun et blanc. Zambèze.

Toiles importées. Zambèze.

Pipes. Zambèze.

VITRINE N°. 96.

Objets provenant de Natal, envoyés par M. B. W. Colenbrander, de Herwen.

1. Collier avec tabatière, que l'on porte en travers de la poitrine lorsqu'on exécute une danse ou que l'on rend visite à des membres de sa famille.

2. Ceinture portée sur les hanches par les très jeunes filles.

3. Ceinture de filles plus âgées.

4. Collier.

5. Cuiller de bois, tressée; elle sert à prendre le maïs dans le pot où il a cuit et à le verser dans la main; celle-ci le porte à la bouche.

6. Petit instrument en os au moyen duquel on se racle la transpiration sur la figure, après quoi on se le plante dans les cheveux.

7. Petit panier.

8. Grand panier.

9. Cuiller tressée.

10. Cuiller de bois massif.

11. Tête de caffre sculptée en bois, sur un manche court.

12. Dito sur un manche long.

13. Natte pour dormir.

14. Collier avec tabatière.

15. Ceinture pour jeunes filles.

VITRINE N⁰. 97.

Collection d'objets provenant de Banana, Afrique occidentale,
offerte à l'Etat des Pays-Bas par M. A. de Bloeme, agent
supérieur de la Nouvelle Société de commerce africaine; exposée par le musée ethnographique
de Leyde.

16—18. Petites pipes à tabac en terre noire. Cabinda.

25—26. Tamis. Congo et Cabinda.

33. Pipe de cuivre jaune, fondue par les nègres Mayombo.
Ils achètent le métal en petites barres à des marchands européens. Ils font leurs moules avec une espèce d'argile rouge.

34—38. Pipes à tabac en terre. Loango.

39—41. Tuyaux de pipes à tabac. Loango.

42—43. Pipes à tabac. Cabinda.

44—49. Cruches à eau. Congo.

56. Pilon d'ivoire de l'intérieur, Congo, district du côté
sud, servant à écraser de la farine (tirée d'une racine qu'on
nomme ,,M'Paanze''). En portugais la racine s'appelle ,,Mandioca''.

67. Tabac cultivé par les Mundombos (tribu nègre qui demeure
en arrière de Mossamédes, l'Angola portugais); en boules.

3. Couteau. Mayombo.

4—6. Couteaux. Mayombo.

7. Couteau. Mayombo.

8. Conteau. Mayombo.

9. Conteau. Mayombo.

22—23. Petits paniers faits par les nègres de Pungo-Andongo, sur la rivière de la Quanza. Colonie portugaise d'Angola.

69—70. Paniers fabriqués par les nègres de la rive du Congo, du Loango, etc., avec les parties grossières des feuilles du palmier éventail. On nomme ces paniers „N'tendé".

78—85. Nattes tressées par les nègres de Loango.

86—89. Nattes tressées par les nègres de Mayombo; ils les offrent d'ordinaire en vente quand ils viennent de l'intérieur faire l'échange dans les factoreries du haut Congo.

10—11. Peignes nègres. Congo.

21. Parure des négresses de Mundombo; elles se l'attachent sur le front. Angola portugais.

19—20. Pièces d'étoffe servant de vêtements. On les fabrique tout le long de la côte sud ainsi que dans l'intérieur avec les feuilles épaisses du palmier éventail. On appelle cette étoffe „N'fula".

27—29. Peignes. Congo.

30—31. Vêtements d'une femme mariée de la tribu des Kisamma.

32. Vêtement d'une jeune fille nubile. Tribu des Kisamma.

64—65. Bonnets des nègres de Loango, faits d'écorce de baobab. Le n°. 65 a été teint avec un roseau vert qui croît dans les lagunes.

66. Vêtement que porte une petite fille jusqu'à l'âge d'environ six ans dans la tribu des Kisamma (tribu indépendante, qui habite au sud de la Quanza dans l'Angola).

13. Filet.

61. Bonnet de chasseur. Tribu des Kisamma.

58. Imitation en petit de la manière dont on s'y prend pour

apporter de l'intérieur les défenses d'éléphant sans les endommager et pour se faciliter le transport.

50—52. Couteaux fabriqués par les indigènes des environs de la rivière Quillo.

53. Couteau fabriqué et employé par les nègres de Mayombo, intérieur, Congo, côté nord.

54. Couteau avec gaîne, arme des indigènes fabriquée par eux. Rive nord du Quillo.

55. Couteau. Quillo.

60. Cartouchière avec cartouches. Tribu des Kīsamma.

62. Arc et flèches des nègres du Zumbo.

2. Bonnet de prince. Congo.

63. Bonnet de prince fait de feuilles d'ananas, appelé „N'Zita" ou „Pou N'Zita".

68. Col porté exclusivement par les princes et les chefs de villages le long du Congo et sur toute la côte; on l'appelle „Zinzimba", et on le fait avec les feuilles extérieures du palmier éventail.

24. Instrument de musique appelé „Chengonge", venant de l'intérieur du Congo méridional. Les nègres emploient pour le fondre les petites barres de cuivre qu'ils achètent en grand nombre aux Européens. On le frappe avec une baguette de bois dur. C'est le symbole de la dignité royale.

59. Instrument de musique employé tout le long de la côte sud, originaire du Congo et appelé „Tchengo" (le *g* toujours prononcé comme un *k* doux).

77. Instrument de musique de Cabinda et de la côte de Loango. Cet instrument se nomme „Mouenno". On en siffle, comme avec une clef, en appuyant la grande ouverture contre la lèvre inférieure et en tenant verticalement l'instrument, qu'auparavant on a mouillé.

14. Fétiche appelé „M'bânde"; il protège à la guerre. Les combattants le portent sur l'épaule.

15. Fétiche de médecin nègre; il voit dans le miroir qui ou quoi est cause de la maladie. Le nom de l'objet est „N'Kutu".

57. Instrument de musique employé lors des obsèques sur toute la côte et dans l'intérieur de Loango Tella. Les nègres l'appellent „N'Bombe" ou „Mombe".

VITRINE N°. 98.

Collection d'objets provenant des Somalis, côte orientale de
l'Afrique, offerte à l'Etat des Pays-Bas par M. E. C. M.
Ooms, consul des Pays-Bas à Aden; exposée par le
musée ethnographique de Leyde.

1. Pièce de coton rectangulaire oblongue destinée à servir de
vêtement; fond noir avec bordure et dessins blancs.

2. Natte rectangulaire oblongue faite de roseaux, à bandes
ou raies alternativement blanches, noires, jaunes et rouges.

3, 4. Vases ronds en bois.

5. Panier de roseau en forme de seau, avec un pied et deux
liens. Il sert au transport du vase en bois.

6. Couvercle de roseaux tressés pour le panier.

7. Vase en bois comme le N°. 3, mais beaucoup plus petit.

8. Couvercle de roseaux tressés pour le vase N°. 7.

9—15. Sept cuillers de bois; les manches des six premières
sont couverts de sculptures très élaborées et sont de formes
différentes; celui de la dernière est uni.

16. Sorte de bidon de bois avec bouchon, élégamment
sculpté; courroie pour le porter.

17. Mortier et pilon en bois; le mortier élégamment sculpté.

18, 19. Assagaies ou javelots; hampes en bois noueux;
pointes en fer plates et acérées. La partie inférieure de la
hampe est revêtue de petites figures rondes plates, taillées dans
le bois.

20, 21. Assagaies; les fers armés d'un double croc dont les

pointes sont tournées l'une contre l'autre; l'un des deux est en outre entouré de fil de cuivre sous le croc inférieur.

22. Arc de bois et sa corde.

23. Carquois de bois doublé de cuir; avec couvercle et courroies de cuir.

24. Quatorze flèches, hampes de bois, pointes de fer; deux non barbelées, dix barbelées, deux sans fer; toutes empennées excepté deux.

25, 26. Deux boucliers ronds en cuir, avec des dessins élégants moulés, qui immitent le nattage. En bas, à l'intérieur, il y a deux sortes de poignées entourées de paille ou de coton. Le bouclier n°. 25 a une poignée tressée; il est orné de trois franges à chaque extrémité.

27, 28. Deux épées dans leurs fourreaux; le lame et la poignée semblent être d'une seule pièce; pourtant la poignée est revêtue de plaques de corne. La lame du n°. 27 n'a qu'un tranchant et a un dos, celle du n°. 28 est à deux tranchants. Fourreaux en cuir, avec anneaux de cuir et agrafes de fer.

29. Paire de sandales de cuir, pour homme.

30. Paire de sandales de cuir, pour femme; la place du talon est en forme de coeur.

31—33. Trois cordons de cuir tressé, employés par les femmes pour relever leurs habits; l'un est fait de 8, l'autre de 9 lanières.

34, 35. Deux scapulaires en cuir, à chacun desquels sont suspendus trois sachets carrés, qui contiennent quelques versets du Coran.

36. Panier ovale à couvercle en roseaux tressés, servant à battre le beurre.

37. Panier à couvercle fait comme le précédent, mais avec une autre forme.

38. Corbeille à couvercle en forme de boule, avec un pied, tressée en roseaux colorés.

39. Bol servant de plat, tressé en roseaux colorés.

40. Jatte pour la nourriture, en roseaux colorés.

41. Assiette pour la nourriture, en roseaux colorés.

42. Autre assiette moins profonde.

43. Autre assiette tout à fait plate.

44. Bassin en bois.

45. Jatte en bois, plus petite que le n°. 44.

46—49. Quatre cuillers de bois, deux à manche plat, et deux à manche rond, sculptées.

50. Bouteille pour l'eau, faite de roseaux et d'écorce, avec un bouchon en bois.

51—53. Trois oreillers de bois.

54. Selle de cuir avec sangles et étriers.

55. Mors de fer avec bride de cuir.

56. Fouet en cuir; le manche recourbé à l'extrémité supérieure, recouvert de cuir et orné de petits morceaux de plomb.

57—58. Deux casse-tête de bois, appelés „Kirri" par les Caffres; ils se terminent par une sorte de boule.

59. Bâton avec pommeau, d'une seule pièce.

60. Bâton à pommeau.

61. Bâton à pommeau.

62. Bâton à pommeau avec un ornement sculpté en forme de spirale.

63. Bâton à pommeau sans ornements.

64. Idem.

65. Bâton terminé par un crochet, d'une seule pièce.

66. Idem. Le bout inférieur orné comme celui du n°. 62.

67. Idem. Partiellement recouvert de fil de cuivre. L'extrémité inférieure ornée comme celle du n°. 62.

68. Bâton à pommeau droit, l'extrémité sans ornement.

69. Corde faite de fibres végétales blanches.

275(1—2). Deux étuis de cuir ornés de coquillages, dans chacun desquels se trouve une jatte à lait en terre colorée.

275(3). Peigne de femme de bois sculpté.

275(4). Coiffure à franges rouges, nœud de ruban à franges rouges.

275(5). Deux pièces de vêtements faites de cuir.

TABLE Nᵒ. 99.

***

Objets envoyés par la Société de géographie
commerciale de Paris.

Collection de semences et de fruits du Soudan égyptien.

Album de photographies représentant des paysages et des indigènes de Khartum et du Soudan égyptien.

(Tous deux rapportés de son voyage par M. L. Vossion).

Mesures en bois sculpté et poids des Somalis, rapportés par M. G. Révoil.

VITRINE N⁰. 100.

CÔTÉ INTÉRIEUR.

Collection d'objets provenant du second voyage du capitaine Cook, exposée par l'Ashmolean Museum d'Oxford.

Il est fort heureux que ces objets se trouvent à l'Exposition, car cela servira à les faire plus généralement connaître que ce n'a été le cas jusqu'à maintenant. Il faut dire que l'on n'a point encore publié de description et de dessins de ces vénérables reliques du plus célèbre des explorateurs, ou si on l'a fait, ce n'est que très imparfaitement. On ne peut se dispenser d'en faire une étude directe et détaillée, d'autant plus nécessaire qu'à Tahiti, à Tonga et à la Nouvelle-Zélande, les anciennes mœurs des indigènes ont presque totalement disparu par suite de leurs constantes relations avec les Européens.

Nous donnerons la liste des objets exposés, ne nous arrêtant un instant qu'aux plus importants.

1. Grande parure de plumes, pour la tête, en forme de diadème, provenant des îles Marquises. Deux petites plaques en coquillages (nacre usée par le frottement), et sous ces deux une troisième plus grande, sont assujetties aux plumes. Sur ces trois plaques est une rosace en écaille de tortue travaillée à jour. Le dessin des ciselures rappelle celui du tatouage propre

aux habitants de ces îles. Le travail de cette parure est très soigné. Elle a servi à un grand chef (Voy. Cook, Second voyage, pl. 17 et Wood, Peuples incultes, p. 410).

2. Tablier pour la nudité, de Tahiti (îles de la Société), formé de trente-cinq rosettes étoilées, faites des fibres très flexibles d'une espèce de fougère. Au centre de ces rosettes se trouvent deux ronds faits de petits anneaux en coquillages, et les bords des rayons de l'étoile ont aussi de ces petits anneaux qu'on y a introduit en tressant.

3. Natte fort bien faite avec les fibres du „Phormium tenax". Nouvelle-Zélande.

4. Vêtement d'écorce du „Morus papyrifera" (tapa). L'un des côtés est orné de raies brunes et noires, courant en biais et en zig-zag. Tonga.

5. Ecran pour protéger les yeux contre les rayons du soleil, en fibres de cocotier tressées; il est presque triangulaire, arrondi par en haut et muni d'un trou par lequel on peut passer la tête. Ile d'Egmond (Voyage de Beechey).

6. Grand peigne rectangulaire allongé à dos arrondi, fait d'un morceau d'os provenant de la machoire inférieure d'une baleine. Employé comme parure. Nouvelle-Zélande.

7. Instrument de tatouage, fourchu. Tahiti. Quelques pointes en os assujetties à un manche en bois s'appliquent sur la peau et y sont enfoncées au moyen d'une espèce de mince maillet. Ce dernier est en bois noir poli; la partie mince sert de manche, celle qui est plus large sert à frapper (Voy. Wood, Peuples incultes).

8. Poche tressée en fibres de cocotier partiellement teintes en noir. Le tissu forme des triangles dans les côtés desquels on a introduit tout en tressant de petits anneaux de coquillages (Cook, 2e voyage, p. 21, fig. 3).

9. Boite en bois, en forme de vase, enfermée dans un tissu

analogue au précédent; les triangles du bord supérieur sont disposés obliquement (Cook, 2e voyage, p. 21, fig. 6).

10. Instrument servant de couteau. C'est une plaque de bois magnifiquement sculptée en forme de tête d'animal et teinte en brun. L'une des extrémités est mince et arrondie et sert de poignée, l'autre est large, sculptée à jour près du dos; la place du tranchant est armée de dents de requin. Nouvelle-Zélande (voy. Cook, 2e voyage, p. 19).

11. Ciseau ou couteau, armé d'une dent de requin; fibres de cocotier tressées autour de la poignée. Tonga (Cook, 2e voyage, p. 217. Wood, Peuples incultes, p. 164).

12. Couteau comme ci-dessus; la dent de requin est remplacée par un morceau de fer.

13. Engin de pêche. Une baguette flexible est fixée à la pointe d'un morceau conique de pierre calcaire, sur le cône se trouvent des fragments de coquillages (Cypraea Tigris). Le tout figure un rat et se fait ainsi en vertu d'une légende qui a cours parmi les habitants des îles Tonga. Ils croient qu'autrefois le rat vivait dans la mer, où il entra en lutte avec la sèche (Octopus). Il fut vaincu et dut se réfugier à terre. Depuis lors le combat recommence dès que la sèche aperçoit un rat, disent les indigènes; c'est pourquoi ils donnent la forme d'un rat à l'engin dont ils se servent pour pêcher cet animal, dont ils sont très friands. La légende est probablement née de ce que le rat leur est arrivé par mer, sans qu'ils le comprissent, apporté par les vaisseaux européens.

14. Deux idoles cylindriques. Toutes deux ont le bras gauche serré contre la poitrine. Le menton de l'une est proéminent. L'une représente un être mâle, l'autre une femelle.

15. Puisoir pour l'eau en bois brun, en forme de plat; la partie arrondie de derrière est sculptée; c'est là qu'est assujettie

la poignée, qui se recourbe en dedans. La sculpture représente un animal dont les yeux sont figurés par deux coquillages. Nouvelle-Zélande.

16. Hache de néphrite; manche de bois brun sculpté (Cook, 2d voyage, p. 19, fig. 1 et 2).

17. Casse-tête de bois brun; la section du bout inférieur a la forme d'un rhombe. Poignée cylindrique. Iles Tonga ou des Amis.

18. Idem. Section du gros bout comme ci-dessus, seulement un peu plus allongée. Sculptures. Iles Tonga.

19. Idem, plat. Poignée cylindrique. Gros bout sculpté.

20. Arc avec deux flèches. La face interne de l'arc a été creusée pour pouvoir y loger les flèches. Le catalogue de l'Ashmolean Museum dit que cet arc et ces flèches ne sont pas destinés au combat, mais ne servent aux indigènes des îles de la Société que pour leur amusement. Cette remarque est très digne d'attention, comme jetant du jour sur la manière dont l'usage de l'arc s'est propagé dans les îles de l'Océan pacifique du Sud (Cook, 2d voyage, p. 21, fig. 1. Forster, Voyages maritimes, p. 330).

20a. Fronde en fibres de cocotier. Nouvelle-Calédonie.

21. Tige de bambou servant de carquois pour deux flèches à pointes en bois et à hampes faites de tiges de canna. Tahiti.

22. Eventail d'orateur, fait de fibres de cocotier fixées à un manche en bois; ces fibres sont tordues en spirale. Le manche est sculpté, il représente deux petites idoles de forme humaine, adossées l'une à l'autre (Cook, 1r voyage, pl. 12. Wood, Peuples incultes, p 270. Ellis, Recherches polynésiennes, vol. II, p. 181).

23. Tambour en bois, tendu de peau de requin; cordes pour tendre faites de fibres de cocotier. Tahiti.

24. Flûte de roseau dont on joue avec les narines. On prétend

que deux personnes peuvent en jouer en même temps par les deux bouts (Cook, 1r voyage, pl. 7).

25. Flûtes de pan de Tonga.

26. Idem de Tanna, Nouvelles-Hébrides; tous les tuyaux ont la même longueur.

<hr>

SUSPENDU A LA PAROI.

TABLEAU A L'HUILE.

N°. 101.

Exposé par les Lords de l'Amirauté, Londres.

Cette peinture représente Poedoöa, fille d'Oreo, chef d'Ulaieta, l'une des îles des Amis. Elle a été faite en 1777 par J. Webber, R. A., dessinateur de l'expédition de Cook.

<hr>

QUATRE LAVIS A L'ENCRE DE CHINE.

N°. 102.

Mêmes exposants.

I. Rencontre de Cook avec des indigènes de la baie de l'Aventure. Terre de van Diemen.

„Nous avions à peine débarqué qu'une vingtaine d'hommes et de jeunes garçons indigènes s'approchèrent de nous sans manifester la moindre crainte ou la moindre défiance. Il y en avait un de tout contrefait, aussi facile à distinguer des autres par la bosse qui ornait son dos que par l'excentricité des gestes dont il accompagnait les discours, probablement fort spirituels dans son opinion, qu'il nous adressait, à ce que nous supposions, pour nous amuser. Malheureusement nous ne comprenions pas un mot des belles choses qu'il nous débitait, la langue parlée dans cette contrée nous étant parfaitement inconnue. J'ai cru m'apercevoir qu'elle différait de celle des naturels des contrées plus septentrionales dont j'avais fait la rencontre lors de mon premier voyage. Cela n'est pas étonnant, puisque les gens à qui nous avions affaire différaient des autres en plusieurs autres manières. Ces indigènes nous parurent aussi misérablement stupides que ceux que Dampier dit avoir vus sur la côte occidentale." Cook, Voyage to the Pacific ocean. Londres, 1785. Vol. I, p. 99.

II. Les vaisseaux de Cook dans le détroit de la Reine Charlotte. Nouvelle-Zélande.

„Le 16 au point du jour je me rendis à terre avec quelques uns de mes gens dans cinq embarcations pour aller chercher de la nourriture pour mes bœufs. Le capitaine Clerke avec plusieurs officiers, Omai et deux indigènes m'accompagnaient. Nous remontâmes le détroit à la rame pendant environ trois milles et nous abordâmes sur la rive orientale à un endroit où je m'étais déjà trouvé auparavant. Nous y fauchâmes assez d'herbe pour en charger deux chaloupes.

„En redescendant le détroit, nous nous arrêtâmes à Grasscove, le théâtre de l'affreux massacre de l'équipage du capitaine Furneau. J'y rencontrai mon vieil ami Pedro, qui m'avait accompagné la dernière fois que j'avais séjourné dans cette passe et dont j'ai fait mention en racontant ce voyage. Lui et un autre de ses compatriotes nous reçurent, armés du patô et de la lance. Je ne pus savoir si c'était par politesse ou par crainte, mais je trouvai que lui et son compagnon donnaient des signes manifestes de cette dernière émotion." Cook, ouvrage cité. Vol. I, p. 126.

III. Rencontre de Cook avec les naturels (Tschuktsches) de la côte voisine du cap du Prince de Galles.

„Ils semblaient très craintifs et se tenaient sur la réserve, donnant à connaître par leurs gestes qu'ils désiraient qu'il ne vint pas davantage de notre monde à terre. Comme je voulus

poser ma main sur l'épaule de l'un d'eux, il recula. A mesure
que je m'approchais, ils se retiraient, en restant toujours sur
leurs gardes et toujours prêts à se servir de leurs armes; en
même temps ceux qui se tenaient sur les hauteurs manifestaient
l'intention de venir avec leurs arcs et leurs flèches au secours
de leurs compagnons dans la plaine. Tout doucement je me
glissai parmi eux avec deux de mes hommes et en leur distri-
buant quelques grains de verre nous finîmes par les amadouer;
ils ne s'effrayèrent même pas de ce que petit à petit plusieurs des
nôtres se joignirent à nous, et au bout de quelque temps on
put faire avec eux quelques échanges." Cook, ouvrage cité. Vol. II, p. 447.

IV. Les vaisseaux de Cook à Resolution cove,
Détroit de Nootka, île de Vancouver.

„J'employai ce qui restait de jour à quelques travaux utiles,
à faire détacher les voiles, descendre les hauts mâts et dégréer
le mât de misaine de la Résolution, afin d'y mettre une nouvelle voile, la vieille étant usée." Cook, ouvrage cité. Vol. II, p. 270

VITRINE N°. 100.

CÔTÉ EXTÉRIEUR.

Objets provenant de la Nouvelle-Guinée, des îles de l'Océan
pacifique du Sud, etc., rassemblés pendant le voyage d'exploration de la frégate anglaise le „Challenger"
par le prof. H. N. Moseley d'Oxford, et
envoyés par lui à l'Exposition.

Arcs. Iles Aru.

Flèche pour tirer les oiseaux de paradis; au lieu de fer elle
a une espèce de bouton; elle est empennée. Iles Aru.

Flèches avec pointes en bois. Iles Aru.

Flèches faites de nervures de feuilles de Canna. On les tire
sur des oiseaux et on ne les ramasse pas une fois tirées. Iles
de Key.

Flûte de pan de forme particulière. Mindanao (Philippines).

Haches de pierre à poignées de bois recourbées de sept façons
différentes. Vitschi.

Flèches avec pointes en os. Api, Nouvelles-Hébrides.

Amulette fait avec une plante (Focus?). Nouvelles-Hébrides.

Ornement pour les oreilles fait avec la queue d'un jeune porc.
Nouvelles-Hébrides.

Paire de boucles d'oreilles en écaille de tortue. Baie de Humboldt, Nouvelle-Guinée.

Ornement pour le nez fait de deux dents de porc. Baie de Humboldt.

Epingles à cheveux, longues, en bois de palmier; à l'extrémité supérieure on y a planté quelques baies de diverses couleurs. Baie de Humboldt.

Perruque de plumes de casoar; elle se porte sur le sommet de la tête. Baie de Humboldt.

Poignard en os de casoar, qui se porte passé à un lien au bras gauche. Baie de Humboldt.

Hache de pierre avec poignée en bois. Baie de Humboldt.

Marteau de pierre dont la face inférieure est convexe, avec poignée en bois. Baie de Humboldt.

Lance à pointe de pierre (Obsidienne) assujettie sur une hampe en roseau au moyen de liens tressés et de ciment. Iles de l'Amirauté.

Pointes de lances comme ci-dessus.

Lance comme ci-dessus, imitation en bois de la pointe.

Couteaux faits avec des pointes de lances en pierre. Iles de l'Amirauté.

Bracelets faits avec un coquillage (Trochus niloticus). Iles de l'Amirauté.

Objet servant à couvrir la nudité, coquillage (Ovula ovum) avec ornements tracés avec une pointe. Iles de l'Amirauté.

Flûtes de pan faites de quatre roseaux. Iles de l'Amirauté.

Hache de pierre. Iles de l'Amirauté.

Hache faite d'un coquillage (Terebra maculata) fendu en deux, avec poignée de bois. Iles de l'Amirauté.

Calebasse dans laquelle on tient de la chaux pour mâcher avec le bétel, avec dessins faits au moyen du feu (lézards, etc.). Iles de l'Amirauté.

Planchette de forme très remarquable servant à lancer les

javelines; le crochet qui saisit la javeline est dirigé contre le
bord et non pas contre le plat de la planchette. Australie.

Javelines en bois. Australie.

NB. Il se trouve ici en outre quelques objets de la collection de l'Eugénie,
formant un tout avec le trophée, n⁰. 103.

TROPÉE N⁰. 103.

Objets rassemblés pendant le voyage de la frégate suédoise
„l'Eugénie". Exposés par l'Académie royale des
sciences de Stockholm.

La majeure partie de ces objets (N⁰. 1—23) proviennent de
l'île Niué ou Savage et possèdent un grand intérêt ethnographique, parce qu'ils ont été collectionnés, tels qu'ils sont
exposés, à l'époque où l'on en faisait encore véritablement
usage, et qu'ils n'ont pas simplement été fabriqués pour être
vendus à titre de curiosités.

1—8. Lances à pointes simples ou doubles en bois peint en
noir, munis de crochets en retour des deux côtés. Les hampes
sont faites d'un bois tendre jaunâtre; le point de jonction entre
la lance et la pointe est entouré de petites tresses plates de
cheveux et de plumes de pigeon jaunes.

9—11. Casse-tête, plats, à poignée arrondie, ornés de dessins
faits de points en creux. Ce sont des armes de chefs.

12—14. Armes d'estoc, droites, ornées comme les massues.

Une des pièces a en outre la poignée entourée de tresses.

15. Manche de hache en bois jaunâtre, de la forme du chiffre 7. La poignée est ornée de lignes de points en creux.

16, 17. Pagaies, la poignée arrondie, la palette plus ou moins convexe.

18. Outil servant à battre l'écorce pour faire le Tapa, étoffe indigène pour vêtements. En bois; partie inférieure ou poignée ornée de lignes croisées de points faits en creux.

19, 20. Outils en bois en forme de glands; usage inconnu.

21. Ornement pour la poitrine, coquillage (Ovula ovum) suspendu à un cordon (européen?).

22. Idem, l'ouverture du coquillage enlevée par frottement, suspendu à un morceau de Tapa (servant à couvrir la nudité?) (voy. Moseley, Inhabitants of the Admirality Islands).

23. Idem, taillé dans un coquillage (Conus virgo).

24, 25. Pagaies de bois dur brun, palettes planes, incrustées de petites plaques de nacre. Iles Manihiki.

26. Massue de bois de forme plate, la poignée entourée de fibres. Archipel de la Nouvelle-Bretagne.

27. Masque en bois, peint comme le N°. 28; on s'en sert pour les danses sacrées. Archipel de la Nouvelle-Bretagne.

28, 29. Oiseau sculpté, peint en rouge, en noir et en blanc. Ornement de canot? Archipel de la Nouvelle-Bretagne.

30—35. Pagaies, palettes sculptées, des plus intéressantes pour l'étude du développement de l'ornementique; tête d'indigène, développement d'un motif primitif des plus simples. Archipel de la Nouvelle-Bretagne.

36—39. Casse-tête des indigènes des Nouvelles-Hébrides, de formes variées; la partie supérieure a un rebord saillant auquel s'attache un cordon servant à suspendre l'arme à l'épaule du guerrier.

40. Plat de bois des îles Salomon, peint en noir, magnifiquement orné en forme de vase au moyen de morceaux de nacre incrustés.

41. Massue de bois; l'extrémité de l'arme destinée à frapper est en forme de bec d'oiseau. Figurines d'idoles sculptées sur la poignée. Iles Salomon.

42. Massue de danse, gros bout en forme de canot, peint en rouge et en noir, poignée arrondie. Iles de Santa-Cruz.

NB. Les objets de faible volume peu propres à être suspendus dans le tropée, le masque (27), les sculptures (28, 29), les ornements pour la poitrine (21, 22), le manche de hache (15), les objets en forme de glands (19, 20) et le maillet à tapa (18), ont été placés dans la vitrine N°. 100, côté extérieur.

TROPÉE N°. 104.

Javelines, flèches et autres objets exposés par
M. P. van Eeghen, d'Amsterdam.

Arcs de bois de palmier avec des cordes en rotin. Iles Aru.
Quatre-vingt-huit flèches de roseaux avec pointes en bois. Iles Aru.
Six lances de bambou avec pointes en bois de pinang, partiellement peintes. Nouvelle-Guinée.
Trente-huit harpons de pêche; manches en bambou, pointes en bois, avec ou sans crocs.

VITRINE N°. 105.

Objets provenant des îles de la Mer du Sud, collectionnés
dans ces parages et offerts à l'Etat des Pays-Bas par
le capitaine J. Rohlfs de Hambourg. Exposés par
le Musée ethnographique de Leyde.

Paquet d'un aliment fait de fruits du Pandanus broyés. Iles
Gilbert (Voy. Schmeltz und Krause, Die Ethnographisch-Anthropologische
Abtheilung des Museum Godeffroy in Hamburg. Hambourg, 1881; p. 275,
N°. 1817).

Calebasses dans lesquelles on tient la chaux que l'on mâche
avec le bétel. Archipel de la Nouvelle-Bretagne (Ouvrage cité, p. 75,
1580).

Natte pour couvrir la nudité; large bordure ornée; elle est
faite de feuilles de Pandanus. Iles Marshall (Ouvr. cité, p. 274).

Natte dito, dessin de la bordure en partie en carreaux, en
partie en zig-zag. Iles Marshall (Ouvr. cité, p. 274).

Panier circulaire en feuilles de Pandanus, avec anse en fibres
de cocotier. Ile Pleasant, Archipel de Gilbert.

Deux hameçons non barbelés avec un trou pour la ligne,
tige en nacre, crochet en écaille de tortue. Carolines.

Carte marine formée d'un grand nombre de brins de bambou,
réunis aux croisements par de petites bandes d'écorce. La position des îles est indiquée au moyen de nœuds faits de corde
de cocotier; les brins de bambou indiquent la direction à suivre
en raison des courants et des vents. Cette carte représente le
groupe des Iles Marshall. Iles Marshall (Ouvr. cité, p. 271).

Ceintures ou vêtements pour la nudité, en forme de sac, en écorce. Nouvelle-Irlande.

Coiffure de plumes. Archipel de la Nouvelle-Bretagne.

Ornement pour la poitrine, plaque en coquillage, non encore achevée et sans trou. Très grand. Archipel de la Nouvelle-Bretagne.

Bracelet fait d'un coquillage (Tridacna). La surface extérieure a beaucoup de côtes aplaties. Iles Salomon (Ouvr. cité, p. 44, n°. 1457).

Bracelets en coquillages (Trochus niloticus), très étroits. Ile de Gerrit-Denys (Ouvr. cité, p. 44).

Ornement pour les hanches fait de tresses noires, l'extrémité ornée d'un nattage jaune. Nouvelle-Irlande.

Dito, sans nattage. Nouvelle-Irlande ou Nouveau-Hannovre.

Ceinture pour les hanches analogue à celle ci-dessus, mais faite d'une seule pièce, sans bouts. Nouvelle-Irlande (Ouvr. cité, p. 86).

Couteau ou cuiller, long morceau d'écaille de tortue, la partie inférieure large et tranchante, la partie supérieure terminée en pointe, avec un trou près de la pointe. Archipel de la Nouvelle-Bretagne (Ouvr. cité, 15, p. 31).

Sac en mailles comme un filet, fait en fibres végétales; il sert à mettre des provisions de route. Nouvelle-Irlande (Ouvrage cité, p. 75).

Carrelet en ficelle d'Hibiscus tordue serré, flotteurs formant un trapèze, plomb remplacé par des morceaux de coquillages. Nouvelle-Irlande.

Ornement de canot, imitant la tête du Buceros rhinocéros; peint en rouge, en blanc et en noir; la place des yeux marquée par des coquillages (Ouvr. cité, 19, p. 72).

Ornement de canot très ressemblant au précédent; la sculpture et la couleur diffèrent. Archipel de la Nouvelle-Bretagne.

Monnaie, plaques rondes blanches, faites de coquillages, percées d'un trou enfilées à des fibres. Archipel de la Nouvelle-Bretagne.

Massue de bois brun rougeâtre, longue et ronde, en forme de bâton, le bout avec lequel on frappe terminé en pointe, l'autre bout sans pointe. Archipel de la Nouvelle-Bretagne.

Javeline grossièrement faite, deux cercles près de la pointe. Archipel de la Nouvelle-Bretagne.

Javeline de bois de palmier, entourée à une largeur de main de la pointe avec des cordons de fibres tordues, ornée de plumes rouges, blanches et noires arrangées en bandes circulaires. Archipel de la Nouvelle-Bretagne (Ouvr. cité, p. 58).

Deux javelines en bois de palmier, la pointe assujettie au moyen de fibres de rotin, la ligature enduite de chaux. Archipel de la Nouvelle-Bretagne.

Javeline. Ornement brun rougeâtre à la hampe, ligature en rotin enduite de chaux. Archipel de la Nouvelle-Bretagne.

Arc en bois de palmier, corde en fibres tordues. Iles Salomon.

Quatre flèches de roseaux, à pointes de bois de palmier poli, teintes en vert. Iles Salomon.

Cinq flèches ornées de deux cercles blancs à l'extrémité supérieure. Iles Salomon.

Flûte de pan faite de huit roseaux attachés avec des fibres de rotin, les extrémités inférieures en pointe. Archipel de la Nouvelle-Bretagne.

Instrument de musique fait avec un gros bloc de bois. Les bouts arrondis et polis, avec trois incisions triangulaires qui vont en s'élargissant, sculpture sur les faces de côté ressemblant à une figure humaine, avec des yeux en coquillages. Le son se produit en frottant l'instrument du plat de la main. Nouvelle-Irlande.

Instrument de danse, sorte de sceptre orné à un bout d'une boule de plumes (Eclectus) et à l'autre bout d'un bouquet de plumes jaunes et vertes (Electus et Gallus). Archipel de la Nouvelle-Bretagne.

Instrument de danse imitant un oiseau (Buceros) combiné avec un poisson ou dauphin. Les yeux des deux animaux sont faits de coquillages. L'objet se termine par une plaque que l'on tient avec la bouche. Détroit de Byron, Archipel de la Nouvelle-Bretagne (Ouvrage cité, p. 73).

Masque de bois en forme de casque, peint de diverses couleurs, les cheveux représentés par des fibres. Archipel de la Nouvelle-Bretagne (Ouvrage cité, p. 23).

Dito, peinture différente.

Masque fait de la partie antérieure d'un crâne humain; la chair est imitée au moyen de ciment. Archipel de la Nouvelle-Bretagne (Ouvrage cité, p. 20, nº 1501, etc.).

Guimbarde en bambou. Archipel de la Nouvelle-Bretagne.

Lances le long desquelles il y a des dents de requin. Iles Marshall.

OBJETS DIVERS.

Exposant, M. M. Guery, de Point à Pitre, Guadeloupe.

Collection de dessins à l'aquarelle, représentant des antiquités, haches de pierre et autres outils des tribus caraïbes à présent éteintes, que l'on a exhumés à la Guadeloupe.

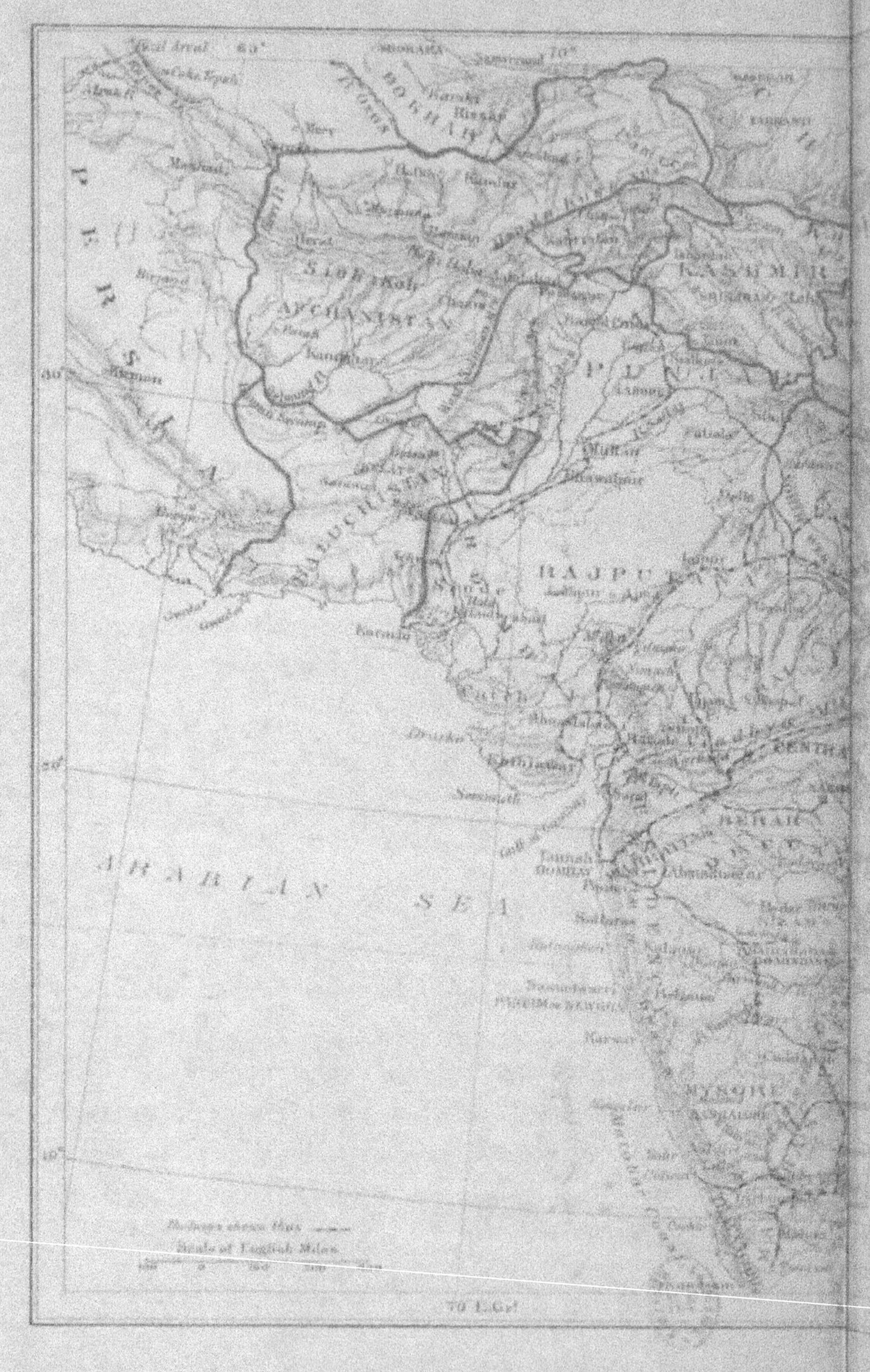

PERSIA
AFGHANISTAN
BALUCHISTAN
KASHMIR
PUNJAB
RAJPUTANA
BERAR
MYSORE
BOKHARA
CUTCH
ARABIAN SEA
Scale of English Miles

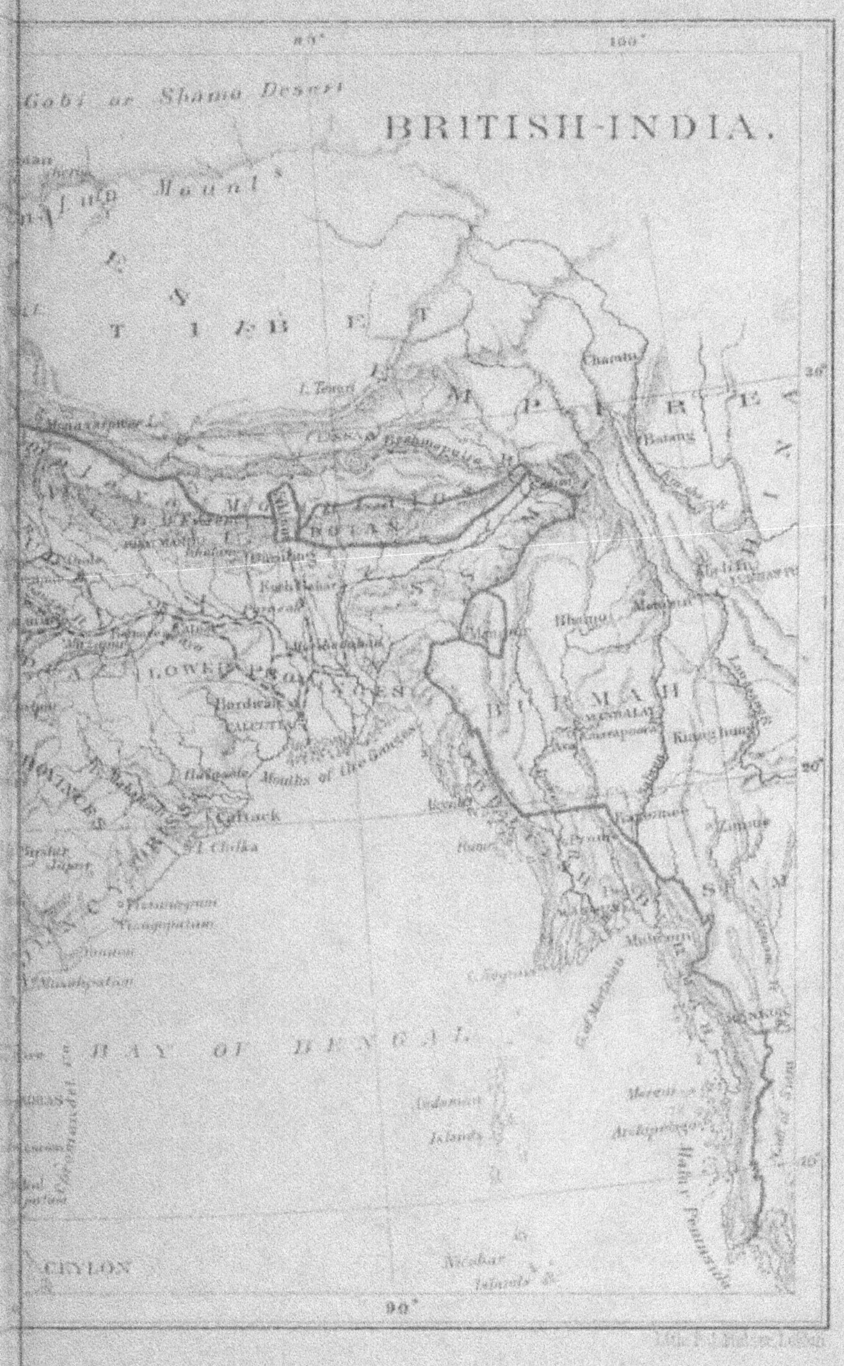

Gobi or Shamo Desert
BRITISH-INDIA.
Mount
TIBET
Lassa
Brahmapootra
Chamdo
Batang
BOTAN
Cooch Behar
LOWER PROVINCES
BURMAH
Burdwan
CALCUTTA
MANDALAY
Kiang hung
Mouths of the Ganges
Cuttack
L. Chilka
SIAM
Moulmein
BAY OF BENGAL
Andaman
Islands
Mergui
Archipelago
CEYLON
Nicobar
Islands